Celebremos la Recuperación

Guía del Líder

Rick Warren es el pastor principal de la iglesia Saddleback en Misión Viejo, California (www.saddleback.com), una iglesia que se fundó en 1980 y que ha crecido hasta tener una asistencia semanal de alrededor de 14,000 personas. Es autor del libro *Una Iglesia con Propósito*, el cual fue galardonado con el premio Medallón de Oro y constituyó un gran éxito de ventas. También es autor de *Una vida con propósito*, *Respuestas a las dificultades de la vida* y *El poder de trasformar tu vida*, entre otros.

John Baker desarrolló el ministerio Celebremos la Recuperación en la iglesia de Saddleback en 1991. En la actualidad sirve como pastor de ministerios, supervisa totalmente el proceso C.L.A.S.E 301, que cuenta con un personal de más de 150 ministerios, y ayuda a iniciar otros ministerios nuevos. Además supervisa el desarrollo e implementación del excepcional programa de consejería legal de Saddleback.

Celebremos la Recuperación

Guía del Líder

Un programa de recuperación basado en los ocho principios de las Bienaventuranzas

JOHN BAKER

Prólogo por Rick Warren

NOTA DEL AUTOR:

Debido a que he escogido una variedad de citas y frases sobresalientes de un gran número de reuniones de recuperación, cintas y seminarios, no he sido capaz de proveer todas las fuentes para el material que se muestra aquí. Si advierte que he citado su material, por favor, hágamelo saber y estaré muy complacido de darle a usted el crédito.

La misión de Editorial Vida es ser la compañía líder en comunicación cristiana que satisfaga las necesidades de las personas, con recursos cuyo contenido glorifique a Jesucristo y promueva principios bíblicos.

CELEBREMOS LA RECUPERACIÓN
Edición en español publicada por
Editorial Vida – 2003
Miami, Florida

Celebrate Recovery
© 1998 por John Baker
Publicado por The Zondervan Corporation

Traducción / Edición: *Purpose Driven Ministries*
Diseño interior: *Eugenia Chinchilla*
Diseño de cubierta: *Cynthia Tobey*

ISBN: 978-0-8297- 3836-0

CATEGORÍA: *Ministerio cristiano / Consejería y recuperación*

IMPRESO EN ESTADOS UNIDOS DE AMÉRICA
PRINTED IN THE UNITED STATES OF AMERICA

10 11 12 13 14 15 ❖ 11 10 9 9 8 7 6

Dedico este libro a mi Señor y Salvador, Jesucristo. A mi esposa, Cheryl, y mis hijos Laura y Johnny, por amarme sin condiciones. A los pastores Rick Warren y Glen Kreun, por confiar y creer en mí. Al personal de la Iglesia Saddleback, por su gran apoyo. ¡Y a los miles de hombres y mujeres valientes que han celebrado su recuperación conmigo a lo largo de estos seis años!

Contenido

de vista convencional, la mayoría de esas declaraciones no tienen sentido. Suenan como contradicciones. Pero luego de entender completamente lo que Jesús está diciendo, usted se da cuenta que estos ocho principios son el camino de Dios a la recuperación, integridad, crecimiento y madurez espiritual.

2. *"Celebremos la Recuperación" es una mirada a lo que está adelante.* En lugar de revolcarse en el pasado o desenterrar y ensayar recuerdos dolorosos una y otra vez, *"Celebremos la Recuperación"* se enfoca en el futuro. A pesar de todo lo que ya ha sucedido, la solución es comenzar a tomar ahora decisiones sabias y depender del poder de Cristo para ayudarnos a tomar esas decisiones.

3. *"Celebremos la Recuperación" destaca la responsabilidad personal.* En vez de jugar al juego de víctima de "acusación y excusa", este programa ayuda a la gente a enfrentar sus propias decisiones y tratar con lo que pueden hacer acerca de su problema. No podemos controlar todo lo que nos sucede, pero sí podemos controlar cómo responder a todo lo que nos pasa. Ese es el secreto de la felicidad. Cuando dejamos de gastar el tiempo en buscar culpables, tenemos más energías para solucionar el problema. Cuando dejamos de esconder nuestras faltas para lanzar acusaciones a otros, entonces el poder sanador de Cristo puede comenzar a trabajar en nuestra mente, voluntad y emociones.

4. *"Celebremos la Recuperación" destaca un compromiso espiritual con Cristo Jesús.* El tercer principio lleva a la gente a rendir sus vidas a Cristo. Una recuperación duradera no puede suceder sin este paso. Todos necesitamos a Jesús. "Celebremos la Recuperación" es totalmente evangelístico en su naturaleza. De hecho, la primera vez que realizaramos este programa en nuestra iglesia, más de 500 personas oraron para recibir a Cristo en un solo fin de semana. Fue una cosecha espiritual asombrosa. ¡Y durante la serie de diez semanas que yo prediqué al iniciar este programa, nuestra asistencia creció a más de 1.500 personas! No se sorprenda si este programa llega a ser el ministerio de ayuda más efectivo de su iglesia. Hoy, cerca del setenta y tres por ciento de la gente que ha estado en el programa *"Celebremos la Recuperación"* han llegado de fuera de nuestra iglesia. Vidas cambiadas siempre atraen a otros que desean ser cambiados.

5. *"Celebremos la Recuperación" utiliza la verdad bíblica que necesitamos cada uno para crecer espiritual y emocionalmente.* Está edificada alrededor de la interacción de grupos pequeños y el compañerismo de una comunidad de amor. Hay muchas terapias, programas de crecimiento y consejeros que hoy operan alrededor de la interacción uno a uno. Pero "Celebremos la Recuperación" se edificó sobre el principio del Nuevo Testamento de que nosotros no mejoramos por nosotros mismos. Nos necesitamos unos a otros. Tener compañerismo y rendir cuentas son dos componentes importantes del

crecimiento espiritual. Si su iglesia está interesada en comenzar con grupos pequeños, esta es una excelente manera de iniciar.

6. *"Celebremos la Recuperación" es para todo tipo de hábitos, heridas y complejos.* Algunos programas de recuperación tratan solamente con el alcohol, la drogas u otro problema similar. Pero *"Celebremos la Recuperación"* es un programa "sombrilla amplia" bajo el cual se puede tratar un sin número de aspectos. En la iglesia Saddleback solo una de tres personas que asisten al programa "Celebremos la Recuperación" viene para el tratamiento por drogas o alcohol. Tenemos otros grupos especializados también.

7. *Finalmente, "Celebremos la Recuperación" produce ministros laicos.* Por ser bíblico y basarse en la iglesia, *"Celebremos la recuperación"* produce una fuente continua de personas moviéndose en los ministerios, luego de encontrar recuperación en Cristo. El ochenta y cinco por ciento de la gente que ha estado en el programa ahora son miembros activos de la iglesia Saddleback; y sorprendentemente, el cuarenta y dos por ciento está ahora utilizando sus dones y talentos sirviendo al Señor en alguna capacidad en nuestra iglesia.

Para terminar déjeme decirle que el tamaño de su iglesia no es barrera para iniciar un ministerio de "Celebremos la Recuperación." Puede iniciarlo con solamente un grupo pequeño de gente y verlo crecer literalmente. ¡No podrá mantenerlo como secreto durante mucho tiempo!

Me alegra mucho que haya decidido comenzar un ministerio de *Celebremos la Recuperación* en su iglesia. Verá vidas cambiadas en forma dramática. Verá matrimonios sin esperanza, restaurados y gente liberada de toda clase de hábitos pecaminosos, complejos y heridas, en tanto que permiten que Jesús sea el Señor de cada área de sus vidas. ¡A Dios sea la gloria! Estaremos orando por usted.

DR. RICK WARREN
Pastor
Iglesia de la Comunidad del Valle de Saddleback

DE MI CORAZÓN AL SUYO

Mi nombre es John Baker y tengo el privilegio de servir a Jesucristo en la Iglesia Saddleback como Pastor de Ministerio. Hace cinco años me uní al personal de Saddleback como pastor de Recuperación y de Grupos Pequeños. Hace dos años se me pidió servir como uno de los ancianos y supervisar más de 150 ministerios en Saddleback. Eso es lo que John Baker hace.

Como una forma para presentar quién es John Baker, me gustaría relatar basado en mi testimonio, mis experiencias, fortalezas y esperanzas, luego de transitar mi propio "camino a la recuperación".

Me crié en un hogar cristiano en la ciudad del medio oeste de Collinsville, Illinois, que tiene una población de 10, 000. Tuve lo que se llama una infancia "normal", si se le puede decir así. Mis padres eran miembros de una iglesia bautista pequeña que pastorea un joven llamado Gordon MacDonald. A la edad de trece años recibí a Cristo en mi corazón . En bachillerato era el presidente de mi clase y experto en basketball, baseball y atletismo. Sentí el llamado al ministerio a la edad de dieciséis y apliqué a varias universidades cristianas. Hasta este momento, todo suena normal casi aburrido.

Pero tenía un problema: debía ser el mejor en todo. En lo más profundo de mi ser nunca me sentí suficientemente bueno para mis padres, mis compañeros de equipo, mis novias, para nadie. Si no era lo suficientemente bueno para ellos, me preguntaba, cómo podría ser lo suficientemente bueno para Dios. Debí haberme perdido los servicios dominicales acerca de la misericordia de Dios, Su amor incondicional y la inmerecida gracia de Jesús. Yo era una paradoja caminando, hablando, una combinación de la más baja autoestima y el más grande ego del mundo. Créanme, ese no es un sentimiento interior muy cómodo. Una candente soledad- un vacío - exactamente en lo más profundo es la mejor forma en que puedo describir tal sentimiento.

Luché con el llamado de Dios y me juzgué a mí mismo como indigno para entrar al ministerio. En cambio, luego de terminar mi bachillerato fui a la Universidad de Missouri. Cuando empaqué para mi primer año, llevé mi inexistente autoestima. Me uní a una fraternidad y pronto descubrí la "solución" —o lo que creí ser la solución— para el dolor de mi vida: el alcohol. ¡Funcionó! ¡Encajé allí! Por primera vez en mi vida sentí que pertenecía a algo.

Mientras estaba en la universidad estudiando una especialidad en administración de empresas (y con un diplomado en política), conocí a la que después fue mi esposa, Cheryl. Nos casamos en mi último año. Por causa de que la Guerra en Vietnam estaba en su apogeo, supimos que luego de la universidad me llamarían al servicio militar. En poco tiempo Cheryl vislumbró lo que los próximos diecinueve años traerían consigo.

En 1970 me gradué del College, me uní a la Fuerza Aérea y me seleccionaron para ser piloto. Asistí a la Escuela de Entrenamiento de Oficiales, y en diecinueve días aprendí a actuar como un oficial y a beber como un caballero. Seguí abusando del alcohol, viéndolo como la cura para mi dolor y ciertamente ¡no como pecado!

En el servicio encontré con rapidez el uso apropiado para un ciento por ciento de oxígeno - ¡una cura para las resacas! El servicio es un excelente lugar para descubrir los talentos que uno tiene. Pronto me seleccionaron como el oficial social de mi escuadrón. ¡Perfecto! Un trabajo que requería muchas horas de planificación de funciones en el bar del club de los oficiales. Luego, terminó la guerra y me asignaron a una unidad de reserva.

Después del servicio militar me uní a la Compañía de Papel Scott. Obtuve mi diploma como Especialista en Administración de Empresas en una escuela nocturna y Dios nos dió nuestra primera niña, Laura. Dos años más tarde fuimos bendecidos con nuestro hijo John.

Me promovieron ocho veces en los primeros once años de mi carrera de negocios. Fui el vicepresidente de ventas y mercadeo para dos manufactureras de consumo de alimento.

¡Había alcanzado todos mis objetivos profesionales y metas para el tiempo en que cumplí mis treinta años! Junto con todo este éxito financiero, sin embargo, llegaron varias nuevos traslados. Nos mudábamos cada dos años y se nos hizo difícil establecer una iglesia donde asistir, pero como yo seguía con mi problema de la bebida, eso llegó a ser menos y menos importante para mí. Sabía que si moría era salvo, pero mi cristianismo no se reflejaba en mi estilo de vida, prácticas de negocios y prioridades.

Aun así, pensaba que mi vida era normal ante los observadores casuales. Era el líder del ministerio para jóvenes OANSA. No me costaba nada salir temprano del trabajo para ir a un bar antes de la reunión del miércoles por la noche y así descansar y relacionarme mejor con los niños. ¿No hacían eso todos? También fui el entrenador de la pequeña liga de mi hijo durante cinco años, pero después de cada juego siempre me detenía por pizza y por unos pocos tragos de cerveza, junto con mi entrenador asistente. Y otra vez, ¿no lo hacían todos? ¡Qué insensatez!

Lentamente llegué a sentirme más y más incómodo con el estilo de vida que estaba llevando. Enfrenté una decisión fuerte. Tenía una opción: hacerlo a mi manera - seguir bebiendo y viviendo acorde con los criterios del mundo - o rendirme, arrepentirme y hacerlo a la manera de Dios.

Desearía decirte que vi la luz y que lo hice a la manera de Dios, pero la verdad es que escogí hacerlo a mi manera. Mi problema con la bebida continuó y le di la espalda a Dios. Proverbios 14: 12 (NVI) dice: "Hay caminos que al hombre le parecen rectos, pero que acaban por ser caminos de muerte."

Yo era lo que se conoce como un alcohólico funcional. Nunca perdía un trabajo, y nunca me arrestaron por manejar ebrio. No, lo único que había perdido era mi relación con el Señor (mis pecados me separaban de Él) y con mi familia (Cheryl y yo estábamos separados) y todo el propósito de vivir. Como puedes ver, lo que había considerado la solución para el problema de mi vida, el alcohol, ¡llegó a ser el problema!

Mi vida estaba fuera de control. ¡Había creado mi propio infierno en la Tierra! Una mañana de octubre estaba en la Ciudad de Salt Lake en un viaje de negocios, cuando me levanté y supe que no podía tomar otro trago. ¡Pero también sabía que no podía vivir sin esto! Finalmente había llegado a lo más bajo. Estaba muriendo física, mental, y lo más importante, espiritualmente. Estaba en el **Principio 1**[1].

Principio 1. Reconozco que no soy Dios. Admito que no tengo el poder de controlar mi tendencia a hacer lo malo y que mi vida es inmanejable.

Dichosos los pobres en espíritu.

Paso 1. Admitimos que no tenemos el poder sobre nuestras adicciones y comportamientos compulsivos, que nuestras vidas han llegado a ser inmanejables.

Yo sé que en mí, es decir, en mi naturaleza pecaminosa, nada bueno habita. Aunque deseo hacer lo bueno, no soy capaz de hacerlo (Romanos 7:18 NVI).

Dios nunca me ha guardado de cometer un error. Él es un caballero. Él no se entromete. Él me ama tanto que me permite tomar mis propias decisiones y errores, sabiendo que cuando ya no tenga alternativa, regresaré a Él como Él lo planeó.

Cuando regresé a casa, fui a mi primera reunión de Alcohólicos Anónimos. Pero eso era solo el principio. En resumen, fui a más de noventa reuniones en noventa días. Mientras el tiempo pasaba, conocí el **Principio 2**.

[1] En todo este material, usted notará varias referencias a los 12 Pasos Cristo-céntricos. Nuestra oración es que el programa cree un puente para los millones de personas que están familiarizados con los 12 pasos seculares y de tal forma que los presente delante del Poder Superior, Jesucristo. ¡Una vez hayan comenzado esa relación, pidan a Cristo que sea Su Señor y Salvador, y entonces comenzará la verdadera sanidad y recuperación!

Principio 2. En forma sincera creo que Dios existe, que le intereso, y que Él tiene el poder para ayudarme en mi recuperación.

"Dichosos los que lloran, porque serán consolados".

Paso 2. Llegamos a creer que un poder mucho más grande que nosotros mismos podía restaurarnos hasta la cordura.

"Pues Dios es quien produce en ustedes tanto el querer como el hacer para que se cumpla su buena voluntad" (Filipenses 2:13 NVI).

¡Aquí es donde encontré mi primer rayo de esperanza! Dios me ama incondicionalmente. Finalmente podía entender Romanos 11:36 (NVI): *"Porque todas las cosas proceden de Él, y existen por Él y para Él."*

Hoy mi vida con Cristo es una esperanza sin final; ¡mi vida sin Él era un final sin esperanza! Mi fuerza de voluntad me dejó vacío y destrozado, así que cambié mi definición de fuerza de voluntad. Ahora sé que la verdadera fuerza de voluntad es la disposición de aceptar el poder de Dios para mi vida.

Esto me llevó al **Principio 3**.

Principio 3. Conscientemente decido comprometer toda mi vida y voluntad al cuidado de y control de Cristo.

"Dichosos los humildes."

Paso 3. Tomamos la decisión de volver nuestras vidas y voluntad al cuidado de Dios.

"Por lo tanto, hermanos, tomando en cuenta la misericordia de Dios, les ruego que cada uno de ustedes, en adoración espiritual, ofrezca su cuerpo como sacrificio vivo, santo y agradable a Dios" (Romanos 12:1 NVI).

Al trabajar los primeros tres principios, dije: "No puedo, Dios puede" y decidí permitírselo. Un día a la vez. Si no nos rendimos a Cristo, ¡nos rendiremos al Caos!

Pensé que los primeros tres principios eran difíciles, pero ahora venía el **Principio 4**.

Principio 4. Una apertura para un autoexamen y confesión de mis faltas a mí mismo, a Dios, y a alguien en quien confío.

"Dichosos los de corazón limpio"

Paso 4. Sin temor hicimos un inventario moral de nosotros

"Hagamos un examen de conciencia y volvamos al camino del SEÑOR" (Lamentaciones 3:40 NVI).

Paso 5. Admitimos ante Dios, ante nosotros mismos y ante otro ser humano la naturaleza exacta de nuestros errores.

"Por eso, confiésense unos a otros sus pecados, y oren unos por otros para que sean sanados (Santiago 5:16 NVI).

Hasta este punto tenía que volver a visitar al joven John Baker, para afrontar las heridas, complejos y hábitos que yo había intentado esconder con el alcohol. Tuve que enfrentar la pérdida de mi hermano. Reconocí la destrucción que mi alcoholismo le causó a toda la gente que una vez había estado cerca de mí. Luego de aceptar todo mi problema, enfrenté la verdad y acepté el poder y la sanidad de Jesús, los cuales me sacaron de la oscuridad de mis secretos y me llevaron a ¡Su maravillosa luz!

Le agradezco a Dios que me diera un mentor que me ayudara a permanecer estable y no me juzgara mientras le contaba lo de mi inventario personal. ¡No puedo comenzar a contarte la carga que Dios me quitó cuando seguí completamente las instrucciones en Santiago 5:16! Ahora sé que fui perdonado por la obra de Jesucristo —el único y verdadero Poder Absoluto — en la cruz y que todos los pecados y errores de mi pasado no eran más un secreto. Ahora, finalmente, estaba dispuesto a que Dios me cambiara. Estaba listo para someterme a todos los cambios que Dios quería hacer en mi vida.

El Principio 5 me hizo reconocer que era tiempo para "dejar ir y permitirle a Dios." ¡Para este tiempo me alegraba hacerlo! Ya había visto suficiente de mí como para saber que era incapaz de cambiar mi vida por mí mismo.

Principio 5. Para que Dios pueda hacer los cambios en mi vida, me someto voluntariamente a Él y con humildad le pido que me quite mis defectos de carácter.

Dichosos los que trabajan por la paz.

Paso 6. Estábamos completamente listos para que Dios me quitara todos esos defectos de carácter.

"Humíllense delante del Señor y él los exaltará" (Santiago 4:10 NVI).

Paso 7. Humildemente le pedimos quitar todos nuestros defectos.

"Si confesamos nuestros pecados, Dios, que es fiel y justo, nos los perdonar· y nos limpiar· de toda maldad." (1 Juan 1:9 NVI).

Para mí, completar el Principio 5 significó tres cosas: (1) Permitir que

Dios transformara mi mente —su naturaleza, su condición, su identidad; (2) Aprender a regocijarme en un progreso constante y una paciente mejoría que permitió que otros vieran los cambios en mí que yo no podía ver; (3) Dios reconstruyó mi valor personal basado en Su amor por mí, más que en los criterios del mundo.

Durante este tiempo Dios me dio Su definición de Humildad: "*Te basta con mi gracia, pues mi poder se perfecciona en la debilidad*" (2 Corintios 12:9 NVI). Luego pude decir con el apóstol Pablo: "*Por lo tanto, gustosamente haré más bien alarde de mis debilidades...*" (Versículo 9-10 NVI).

Ahora estaba listo para trabajar el **Principio 6**, mi favorito:

Principio 6. Evalúo todas mis relaciones. Ofrezco perdón a los que me dañaron y enmiendo los daños que causé a otros, excepto cuando ello pudiera dañar a estas personas o a otros.

"Dichosos los compasivos" y "Dichosos los que trabajan por la paz."

Paso 8. Hicimos una lista de todas las personas a quienes les habíamos dañado y estuvimos dispuestos a enmendar todo lo que les habíamos hecho.

"Traten a los demás tal y como quieren que ellos los traten a ustedes." (Lucas 6:31 NVI).

Paso 9. Tan pronto como se nos hizo posible, hicimos enmiendas directas a tales personas excepto cuando tales enmiendas les pudiera causar daño a ellos o a otros.

Por lo tanto, si estás presentando tu ofrenda en el altar y allí recuerdas que tu hermano tiene algo contra ti, deja tu ofrenda allí delante del altar. Ve primero y reconcíliate con tu hermano; luego vuelve y presenta tu ofrenda (Mateo 5:23-24 NVI).

Dije que este es mi principio favorito, pero ¡no el más fácil! Tenía una lista de nombres para hacer enmiendas. Y había desde jefes, empleados hasta amigos y vecinos. Pero las enmiendas más especiales tenían que ver con mi familia, especialmente con mi esposa, Cheryl. Todavía estábamos separados. Le dije que realmente sentía haber causado tanto daño en su vida, que todavía la amaba y que si alguna vez podía hacer algo por ella - cualquier cosa —ella solo tenía que pedírmelo.

A través de los meses de separación, Cheryl vio los cambios que Dios estaba haciendo en mi vida, cambios que ocurrieron mientras estaba en el programa. (¡Aquí es donde realmente se pone interesante!) Ella y los niños habían comenzado a asistir a una iglesia que se reunía en un gimnasio. Se llamaba Saddleback. Un sábado por la noche estaba yo visitando a los niños y ellos me invitaron a ir con ellos el domingo por la mañana. ¡Y para su sorpresa yo dije que sí! Habían pasado cinco años desde que yo asistí por última vez a la iglesia, pero cuando escuché la música y el mensaje del pastor Rick Warren, supe que estaba en casa. Cheryl y yo comenzamos a trabajar arduamente en nuestros problemas y cinco meses más tarde Dios abrió nuestros corazones y renovamos nuestros votos matrimoniales. ¡¿No es eso realmente Dios?!

Nos bautizaron juntos como familia y luego tomamos todas las clases de la iglesia: 101 Membresía, 201 Madurez y 301 Ministerio. Allí encontré unos de los versículos de mi vida:

Ustedes son linaje escogido, real sacerdocio, nación santa, pueblo que pertenece a Dios, para que proclamen las obras maravillosas de aquel que los llamó de las tinieblas a su luz admirable (1 Pedro 2:9-10 NVI).

El pastor Rick Warren dice: "Dios nunca desaprovecha una herida." ¡Todo el dolor y la tristeza de mi adicción finalmente tuvieron sentido! Dios me dio la visión de "Celebremos la Recuperación", un programa de recuperación Cristo-céntrico. Y ¡gloria a Dios! Finalmente acepté el llamado de Dios. Ingresé al Seminario Bautista "Golden Gate" y comprometí mi vida a Dios, para servirle dónde y cuándo él decidiera.

He dedicado mi vida a servir a Jesucristo. Pienso trabajar diariamente en los últimos dos principios para recordar mi tiempo en la tierra.

Principio 7. Reservar un tiempo diario con Dios para una evaluación personal, lectura de la Biblia y oración, para conocer a Dios y Su voluntad para mi vida y para obtener el poder para cumplirla.

Principio 8. Al rendir mi vida a Dios para ser usada puedo llevar las Buenas Nuevas a otros, tanto con mi ejemplo como con mis palabras.
"*Dichosos los perseguidos por causa de la justicia.*"

Paso 10. Seguimos haciendo un inventario personal y cuando estábamos equivocados, lo admitíamos inmediatamente.
"*Por lo tanto, si alguien piensa que está firme, tenga cuidado de no caer* (1 Corintios 10:12, NVI).

Paso 11. En oración y meditación buscamos mejorar nuestro tiempo con Dios, orando solamente para saber su voluntad para nosotros y el poder para cumplirla.
"*Que habite en ustedes la palabra de Cristo con toda su riqueza.*" (Colosenses 3:16 NVI).

Paso 12. Luego de tener una experiencia espiritual como resultado de estos pasos, tratamos de llevar este mensaje a otros y practicar estos principios en todas estas áreas.

"Hermanos, si alguien es sorprendido en pecado, ustedes que son espirituales deben restaurarle con una actitud humilde. Pero cuídese cada uno, porque también puede ser tentado" (Gálatas 6:1, NVI).

Dios me ha bendecido ricamente y así, agradecido, te paso estas bendiciones. Mi oración es que este libro ayude a tu iglesia a comenzar un programa de recuperación donde tu gente pueda trabajar unida en confianza curando sus heridas, complejos y hábitos en un programa donde el amor, la verdad, la gracia y el perdón de Cristo estén demostrados en todas las cosas.

INTRODUCCIÓN

I. Estrategia de inicio de noventa días
II. Siete llaves para comenzar su ministerio de recuperación y mantenerlo en crecimiento
III. Formatos y materiales de las reunión

El propósito de *Celebremos la Recuperación* es motivar el compañerismo y celebrar el poder sanador de Dios en nuestras vidas al transitar por el camino de la recuperación. Somos cambiados al compartir nuestras experiencias, fortalezas y esperanzas con otros. Además, nos disponemos a aceptar la gracia y el perdón de Dios al resolver los problemas de nuestras vidas.

Al trabajar en los principios, crecemos espiritualmente y somos liberados de nuestras heridas, complejos y hábitos. Esta libertad crea paz, serenidad, gozo y, lo más importante, una relación más estrecha con otros y con nuestro personal, tierno y perdonador y Poder Superior, Jesucristo.

Celebremos la Recuperación está ahora en su séptimo año en la iglesia de Saddleback en Mision Viejo, California. El programa no solamente ha sobrevivido, sino ha sido verdaderamente bendecido y sigue creciendo más allá de mis grandes expectativas. Más de 2.500 personas valientes han tratado con sus heridas, complejos y hábitos en la iglesia Saddleback desde que el ministerio se inició en 1991.

En esos seis años hemos intentado, con un sinnúmero de nuevas ideas y conceptos, ayudar a que el ministerio crezca. Por supuesto, no todo lo que intentamos funcionó, pero desde el inicio yo le dije al equipo de liderazgo que la única cosa que no pudimos cambiar en *Celebremos la Recuperación* es que Jesucristo es el único Todopoderoso. De otro modo, cada parte de Celebremos la Recuperación —formato, reuniones, discusión de grupo, reglas— pueden y se deben siempre evaluar y cambiar para mejorar y crecer.

Esta guía para líderes es una recopilación de lo que ha funcionado en Saddleback. Mientras lee el libro, verá que en capítulos posteriores cada aspecto de *Celebremos la Recuperación* se explica en detalle. Esta introducción, sin embargo, se ha provisto para que pueda comenzar. La estrategia de despegue de noventa días le ayudará a organizar el ministerio de *Celebremos la Recuperación* de su iglesia. Las siete llaves le mostrarán cómo el programa de *Celebremos la Recuperación* de Saddleback creció de 45 personas en 1991 a más de 400 miembros, hoy. Y finalmente, el formato de la reunión y la lista de materiales le darán un anteproyecto de lo que puede planificar en un año de reuniones de recuperación.

I. Estrategia de inicio de noventa días

Días 1 – 30

1. ¡ORE! "Ore continuamente" (1 Tesalonicenses 5:17)

2. Use anuncios desde el púlpito y en el boletín para informar a la iglesia que el programa de recuperación Cristo-céntrico va a comenzar dentro de pocos meses. Pida personas con experiencia en los 12 Pasos que oren para ver si Dios los está llamando a ser parte de este nuevo ministerio.

"Oren en el Espíritu en todo momento, con peticiones y ruegos. Manténganse alerta y perseveren en oración por todos los santos" (Efesios 6:18 NVI).

3. Lea la guía del líder y las guías de los participantes para que las conozca y se sienta cómodo con el programa.

Esto es lo que pido en oración: que el amor de ustedes abunde cada vez más en conocimiento y en buen juicio (Filipenses 1:9 NVI).

4. Pida el currículo "*Celebremos la Recuperación*" para su nuevo equipo de líderes. (Los líderes serán reclutados y seleccionados en un mes o dos.)

Días 31 – 60

1. Reclute y entreviste a posibles líderes.
2. Determine la reunión de la noche y el local para el programa de *Celebremos la Recuperación*.
3. Haga que los líderes en prospecto lean el currículo de Celebremos la Recuperación.
4. Planifique los grupos de recuperación inicial. Sugiero que comience con no más de cuatro grupos: Grupo de Hombres Fármaco-dependientes, grupo de Mujeres Fármaco-dependientes, Grupo de Hombres Co-dependientes y Grupo de Mujeres Co -dependientes.

Días 61 – 90

1. Reúnase semanalmente con su equipo de liderazgo. Trabaje en la primera guía del participante: Cómo ir de la negación a la gracia de Dios. Háganlo juntos.
2. Anuncie a la iglesia la fecha de inicio del programa Celebremos la Recuperación.
3. Ponga la información de los diferentes grupos en el boletín de la

iglesia y prepare una mesa de información en los servicios de la iglesia.

4. Use los anuncios desde el púlpito para demostrar que cuenta con la aprobación del pastor general del programa. Esto permitirá saber que su iglesia es un lugar "seguro" para tratar las heridas, complejos y hábitos.
5. Pida el currículo de los participantes de *Celebremos la Recuperación* por lo menos tres semanas antes de su primera reunión.
6. Haga que los líderes de *Celebremos la Recuperación* den un testimonio corto de 5 a 8 minutos en los servicios regulares y haga que inviten a otros a la primera reunión y que lo hagan personalmente.

"Quien nos consuela en todas nuestras tribulaciones para que con el mismo consuelo que de Dios hemos recibido." (2 Corintios 1:4 NVI).

7. Informe a los terapeutas locales y use periódicos locales para invitar a la comunidad al programa.
8. "Oren sin cesar" (1 Tesalonicenses 5:17).

NOTA: El cuarto mes del programa es un tiempo excelente para comenzar a llevar a toda la iglesia a través de las series de ocho semanas de "El camino a la recuperación" del pastor Rick Warren.

II. Siete claves para iniciar su ministerio de recuperación y mantenerlo en crecimiento

Hay siete claves para iniciar un ministerio de recuperación y mantenerlo en crecimiento: (1) Adoración, (2) Capacitación de liderazgo, (3) Apoyo del pastor, (4) Actividades de compañerismo, (5) Currículo, (6) Nuevos grupos, (7) Alcance. Empecemos con lo que creo es la llave más importante par el crecimiento continuo en cualquier programa de recuperación: Adoración.

Adoración

La Adoración ha sido una parte central de *Celebremos la Recuperación* desde la primera reunión. Cada viernes por la noche comenzamos la reunión de nuestro grupo grande con veinte minutos de alabanza y adoración. Creo que nuestro tiempo de adoración es importante por las siguientes razones:

- La adoración es una fortaleza y también una diferencia principal entre un programa de recuperación Cristocéntrico y un programa de recuperación secular.

Ustedes cantarán como en noche de fiesta solemne; su corazón se alegrará, —como cuando uno sube con flautas a la montaña del Señor, a la Roca de Israel." (Isaías 30:29 NVI).

- La adoración provee un tiempo para que todos pongamos a un lado nuestras ocupaciones y problemas del mundo y nos conectemos con el verdadero Poder Superior, Jesucristo. Permita que haya un tiempo para que el Espíritu Santo llene a todos aquellos que asistan, con una paz y seguridad que solamente él puede dar. Habrá gente allí que está tan mal herida que solo será capaz de expresar su dolor a través de una oración en silencio y adoración.
- ¡¡La adoración nos da el medio a través del cual podemos celebrar nuestras recuperaciones!! Sugiero seguir con los cantos de alabanza para edificar, fortalecer y animar a aquellos que asisten y enfocarnos en el gozo de la presencia, paz y poder de Dios en sus recuperaciones.

¡Desearía que todos pudieran asistir a *Celebremos la Recuperación* en la Iglesia de Saddleback! Usted podría ver de primera mano el poder de la adoración en la recuperación; tenemos más de veinte cantores y músicos que ministran a otros fielmente en la semana. No importa si su ministerio de recuperación es pequeño; un grupo con veinte instrumentos no es necesario para incorporar la adoración en su programa de recuperación. Cuando iniciamos nuestro programa de Celebremos la Recuperación en

1991, teníamos dos cantantes y una banda con tres instrumentos. No importa si usted solo usa un casete o CD, o simplemente encuentra a alguien que pueda dirigir mientras toca la guitarra, pero asegúrese de incluir la adoración como parte importante de su programa de recuperación.

Capacitación de Liderazgo

La segunda clave para el crecimiento de su ministerio de recuperación es la capacitación de su liderazgo. Proverbios 23:12 dice: "Aplica tu corazón a la disciplina y tus oídos al conocimiento." Una y otra vez el Pastor Rick Warren le ha dicho a la directiva de la iglesia Saddleback: "Una vez que deje de aprender, usted deja de enseñar".

Si tuviera que escoger una palabra que describiera la capacitación de liderazgo en *Celebremos la Recuperación*, sería *constancia*. Programamos reuniones mensuales para discutir aspectos de recuperación y dinámicas de grupo. Estas reuniones de liderazgo incluyen cuatro elementos: planificación, enseñanza, tiempo de comentarios y compañerismo.

El Tiempo de Planificación incluye asignar las lecciones que el equipo de enseñanza estará impartiendo para el siguiente mes. Para este tiempo también ordenamos los testimonios que serán usados para apoyar el principio particular en el que se esté trabajando ese mes.

Además, en este momento se distribuyen las asignaciones para la mesa de Información del Programa, Café Roca Sólida, Barbacoa y otros programas especiales. En este elemento de planificación de la reunión, la participación del grupo es esencial.

El *Tiempo de Enseñanza* es también muy importante. Actualmente tenemos tres consejeros cristianos que voluntariamente otorgan su tiempo y apoyo para ayudar al instructor y a nuestros líderes. Ellos han enseñado una variedad de temas desde: "Cómo manejar a una persona suicida en su grupo", hasta, "Ayudar a los padres que están en su grupo a obtener la colaboración necesaria de sus hijos."

Durante el *Tiempo para Comentarios*, exhorto a los líderes a que se separen en grupos pequeños. Esto les da la oportunidad de comentar ideas y diferencias de cómo manejar un conflicto en su grupo, cómo hacer cumplir las reglas o cualquier consejo o estrategia general que haya funcionado en sus grupos. También comentar sus experiencias, fortalezas, esperanzas y especialmente sus dificultades unos con otros.[1]

[1] Debido a que animamos a los líderes a que siempre comenten sus esperanzas y victorias con sus grupos de viernes por la noche. Ellos entienden que si han tenido una semana difícil y sienten que no son capaces de dirigir su grupo con todo el ánimo, entonces pueden acercarse a mí antes de la reunión para encontrar un substituto para esa noche.

Les digo que veo su aceptación de ese problema como una fortaleza y no como una debilidad. Me reuniré con ellos la siguiente semana para animarlos. Usualmente para el siguiente viernes por la noche estarán nuevamente liderando su grupo hablando sobre la esperanza y el poder de Cristo con un renovado entusiasmo y compasión.

Usamos el *Tiempo de Compañerismo* en nuestras reuniones de liderazgo para celebrar la Cena del Señor. Este es un tiempo excelente para hablar de lo que Cristo ha hecho en cada una de nuestras vidas y unirnos como un equipo de ministerio en propósito y espíritu. La reunión concluye con una pequeña cena o una comida de lo que haya. Algunas veces incluimos a nuestros cónyuges y familiares.

Los líderes firman un pacto anual de liderazgo (ver Apéndice A) y también deben reunir las siguientes cualidades:

1. Deben ser cristianos en crecimiento, no nuevos creyentes.
2. Deben haber completado todos los niveles de Vida Cristiana de Saddleback y los Seminarios de Servicio.
3. Deben firmar y estar de acuerdo con los Criterios de la directiva de Saddleback (ver Apéndice B).
4. Necesitan haber trabajado mucho en su recuperación y hablar tranquilamente acerca de sus propias victorias y dificultades.
5. Necesitan tener una cadena de ayuda personal fuerte: familia, amigos de recuperación, compañeros a quienes rendir cuentas, líderes de la iglesia, un consejero cristiano, etc.
6. Deben estar de acuerdo en asistir a sesiones de capacitación para el liderazgo cada mes.
7. Deben estar alerta ante la tentación de desarrollar una relación codependiente con miembros de sus grupos.

Apoyo del Pastor

La tercera clave para el crecimiento en el ministerio de recuperación es el apoyo del pastor. Por más que se destaque la importancia de esta clave, nunca será suficiene. En 1993 el pastor Rick dirigió a toda la iglesia por ocho semanas a través de un estudio acerca de la recuperación, que se basa en las Bienaventuranzas, y ¡Celebremos la Recuperación dio inicio!

Esdras 10:4 (NVI) dice: "Levántate, pues Ésta es tu responsabilidad; nosotros te apoyamos. Cobra ánimo y pon manos a la obra!". La gente en Saddleback cooperó y el ministerio no solamente creció sino que llegó a ser parte de la familia de la iglesia. La ayuda de su pastor hará que el Programa sea aceptable para alguien en recuperación. No es más "esa gente", ¡es "nosotros"![2]

Además, su ministerio de recuperación necesita participar en un servi-

[2]Las familias disfuncionales no hablan, no confían, no sienten. ¡Las familias seguras hablan, confían y sienten! La iglesia es también una familia. Puede ser una familia disfuncional, en la cual no se le permita sentir, hablar abiertamente ni confiar en otros; o puede ser un lugar seguro, en el cual los miembros pueden expresar sus sentimientos, hablar abiertamente y confiar a que otros no les juzgarán. Los que no hablamos constructivamente, lo haremos destructivamente. ¡Su iglesia necesiten ser un lugar seguro!

cio a la iglesia que se añada a su propósito principal. Si desea que su programa de recuperación sea respetado y apoyado por toda la iglesia, necesita ser y actuar como un ministerio regular de la misma, no como algo separado. *Celebremos la Recuperación* participa en todos los programas de la iglesia. Por ejemplo, tenemos un kiosco de comida en Western Day (Día del Oeste), un kiosco de comida y otro de juegos en Harvest Party (Fiesta de la Cosecha) y patrocinamos el salto del calcetín en la celebración de Año Nuevo en la iglesia.

Actividades de Compañerismo

La cuarta clave para el crecimiento es actividades de comunión (compañerismo):

> "Más valen dos que uno, porque obtienen más fruto de su esfuerzo. Si caen, el uno levanta al otro. —¡Ay del que cae y no tiene quien lo levante! Uno solo puede ser vencido, pero dos pueden resistir.¡La cuerda de tres hilos no se rompe fácilmente! (Eclesiastés 4: 9-10, 12 NVI).

Hasta hace poco tiempo los que estaban en recuperación eran vistos por otros como faltos de ánimo por tanto que buscar ayuda para los problemas de sus vidas. Algunas de las primeras reuniones de Alcohólicos Anónimos se hacían en los sótanos de las iglesias, donde los miembros entraban por la puerta posterior para que nadie los viera ni los identificara como alcohólicos. Gracias a Dios, esos días de las puertas de atrás y de los sótanos ya pasaron.

Su programa de recuperación necesita estar a la vista de todos, en un lugar regular donde la gente en recuperación pueda reunirse, tener comunión con otros y recibir la respuesta de Dios para vencer sus dificultades con su poder.

En *Celebremos la Recuperación* tenemos dos actividades de compañerismo importantes: La Barbacoa y El Café Roca Sólida (Ver Apéndice C). La Barbacoa se inicia a las 6:00 p.m. cada viernes durante todo el verano. Nuestro menú incluye Perros en Recuperación, Pollo 12 Pasos, Salsas de Serenidad, y Hamburguesas Negación. ¡Tenemos precios excelentes y una excelente comunión! El Café Roca Sólida sigue luego de nuestros grupos pequeños. Es un excelente lugar para seguir nuestra reunión "no oficial."

En *Celebremos la Recuperación*, el enfoque principal de cada actividad de compañerismo es ayudar a los miembros a desarrollar relaciones sanas que crecerán hasta llegar a ser un equipo de apoyo de mentores y compañeros a quienes rendir cuentas. Tanto la Barbacoa como el Café Roca Sólida están diseñados para animar los individuos a conocerse, ya sea antes o después de nuestras reuniones de viernes por la noche. Estas actividades le brindan la oportunidad para formar los equipos para rendir cuentas y relacionarse con los mentores. (Nosotros no asignamos mentores; es la responsabilidad de cada persona encontrar a alguien y establecer esa relación personal tan importante.)

Currículo

La quinta clave para un programa de recuperación de éxito es encontrar el currículo correcto. La pregunta número uno que me hacen al comenzar un ministerio de recuperación es:"¿Cuál es el mejor currículo?

Hay una gran variedad de recursos a escoger, pero creo que el fundamento para un currículo efectivo de ministerio de recuperación debe ser el mismo: **La Biblia**. La Palabra de Dios necesita estar en el centro de su programa de recuperación. Y no puede serlo si no es el centro de su currículo (En *Celebremos la Recuperación* usamos y nos ayudamos con la Biblia de Vida en Recuperación.)

Romanos 15:4 nos dice: "De hecho, todo lo que se escribió en el pasado se escribió para enseñarnos, a fin de que, alentados por las Escrituras, perseveremos en mantener nuestra esperanza." El "Libro grande de los Alcohólicos Anónimos" contiene 12 promesas excelentes, pero el libro Grande de Dios —la carta de amor de Dios para nosotros— ¡tiene más de siete mil promesas milagrosas!

Segundo, asegúrese que su currículo se pueda aplicar a todos los grupos — todas las áreas de recuperación. ¡Si está basado en la Biblia, funcionará! En *Celebremos la Recuperación* intentamos romper con el círculo de disfunción de la familia en su nivel más básico –los niños. Es por eso que tenemos "Celebremos con los Niños" un programa para niños de 5 a 11 años, cuyos padres están en recuperación. También ofrecemos un programa para padres que participan dos veces al año durante seis semanas llamado "Recuperándose con sus hijos."

Un tercer punto para buscar en un currículo es su utilidad: ¿Es el currículo fácil de usar? Recuerda, es imposible comerse un elefante de una sola mordida, pero si lo cortas en pequeños pedazos es mucho más fácil (¡aunque no necesariamente más sabroso!).

Cuarto, el material necesita crear movimiento a través de los pasos. Algunos libros hacen un gran trabajo de enseñanza acerca de los doce pasos y áreas específicas de recuperación; sin embargo, no animan al movimiento a través de los pasos. He visto mucha gente llegar al cuarto paso y estancarse, morando en el fango de su pasado. ¡Aún peor, juzgan el programa como muy difícil y detienen todo el proceso!

El currículo de *Celebremos la Recuperación* llena los cuatro requisitos de un buen currículo: Está edificado en la Palabra de Dios; se puede usar en todas las áreas de recuperación; está empacado en cuatro guías del participante fáciles de usar, tamaño adecuado; además, completar cada uno de los libros da un sentido de progreso y seguridad de movimiento a través de los pasos y los principios.

Nuevos Grupos

La sexta clave para el crecimiento de su ministerio de recuperación está basado en nuevos grupos. Edificado alrededor de las necesidades de individuos y aspectos de recuperación, los nuevos grupos actúan como transfusiones de sangre en su ministerio de recuperación. La gente obtiene un sentido de emoción y entusiasmo cuando se inician los grupos nuevos. Segunda de Corintios 9:12 dice: "Esta ayuda que es un servicio sagrado no sólo suple las necesidades de los santos sino que también redunda en abundantes acciones de gracias a Dios."

Me gustaría, sin embargo, ofrecer una palabra de precaución: Inicie su Ministerio de Recuperación lentamente. Le garantizo que tendrá mucha gente que llegará a decirle: "¿Por qué no tiene un grupo para esta adicción o esta compulsión o comportamiento?" o, "¿No considera ______________ tan importante como su grupo de fármaco-dependencia?" Y siendo la persona compasiva que es, su primer instinto será decir "lo comenzaremos la próxima semana" y luego se va a tratar de encontrar a alguien que lo dirija.

Esa es la forma equivocada de iniciar su programa de recuperación. Nosotros iniciamos *Celebremos la Recuperación* con sólo cuatro grupos: Hombres fármaco-dependientes y Mujeres fármaco-dependientes, Hombres co-dependientes y Mujeres co-dependientes. Desde entonces he utilizado el siguiente sistema para iniciar los nuevos grupos: Cuando alguien se me acerca y me pregunta por qué no tenemos un grupo para recuperación para "x y z", usualmente respondo: "¿Tiene alguna experiencia de recuperación en esa área específica?" (Esta experiencia puede ser secular o Cristocéntrica). Y luego: "¿Conoce a alguien que se ha recuperado en esa área?"

Si la respuesta a ambas preguntas es NO, entonces le pido a esa persona el nombre y su número de teléfono y la archivo para notificarle si ese grupo se inicia y cuándo.

Tampoco iniciamos un nuevo grupo hasta tener en ese momento un líder capacitado y su co-líder entrenado por el mismo líder. Una vez que tenemos los líderes, anunciamos el nuevo grupo en el boletín durante dos semanas. Luego hacemos que nuestro líder y co-líder den su testimonio en el tiempo indicado del grupo grande de *Celebremos la Recuperación*. Luego de completar ese proceso, el nuevo grupo comienza a reunirse.

No le puedo decir el número exacto de mujeres que me preguntaron si teníamos un grupo que tratara el abuso sexual y físico. Yo tenía que decir:

"Todavía no." Pasaron dos años antes de que Dios nos mandara el equipo de liderazgo indicado. Prefería decepcionar a alguien al no tener un grupo cuando lo querían que causar un gran daño teniendo un grupo sin líderes capacitados y no calificados para el trabajo.

Alcance

La última de las siete claves para mantener su ministerio saludable y creciendo es alcanzar a otros.

Mateo 5:14 nos dice: "Ustedes son la luz del mundo. Una ciudad en lo alto de una colina no puede esconderse. Ni se enciende una lámpara para cubrirla con un cajón. Por el contrario, se pone en la repisa para que alumbre a todos los que estén en la casa. Hagan brillar su luz delante de todos, para que ellos puedan ver las buenas obras de ustedes y alaben al Padre que está en el cielo."

Es de bendición para los que asisten a la iglesia Saddleback tener *Celebremos la Recuperación*. Mucha de nuestra gente nueva llega a la iglesia llena del mundo y todo su bagaje. *Celebremos la Recuperación* ofrece un lugar seguro para que ellos inicien el peregrinaje de la salida de su negación a la gracia de Dios, así como también ayudarles a luchar con las heridas, complejos y hábitos de su vida.

Mientras que el solo hecho de "estar" aquí es grandioso, podríamos perder el objetivo de poner nuestras lámparas en un lugar del todo adecuado para alumbrar a los hombres. Así que: ¿Cuáles son algunas áreas de alcance a considerar para su programa de recuperación?

Una forma en la que hemos tenido éxito es iniciar las reuniones en locales llamados Casas de Recuperación. Actualmente estamos trabajando con dos casas Cristo-céntricas. Tienen sus propias reuniones de *Celebremos la Recuperación* usando nuestro programa y también llegan en camionetas a las reuniones del viernes por la noche en Saddleback.

Otra oportunidad de alcance es ayudar a otras iglesias a iniciar sus ministerios de recuperación. Hay muchas formas de hacer esto.

Primero, vamos a una iglesia local con nuestro grupo de música de *Celebremos la Recuperación* y el equipo de liderazgo, y pasamos el día dando testimonios y enseñando el tercer principio: "Conscientemente decido comprometer mi vida y voluntad al cuidado y control de Cristo." Esto atrae a los miembros de la iglesia que ya están asistiendo a programas de recuperación secular o a programas de recuperación Cristo-céntricos en otras iglesias.

Con frecuencia algunos pastores me han dicho: "En nuestra iglesia no tenemos esa clase de problemas". Cuando escucho eso, hago una oración corta y silenciosa y luego sonrío y contesto: "sigan viniendo." La verdad del caso es que cada iglesia tiene gente que ha tenido experiencia durante años con los programas de recuperación y sus doce pasos y que podrían ayudar a dirigir esta clase de ministerio. Ellos están simplemente a la espera de saber que es un lugar seguro para venir y servir.

La segunda forma en la que hemos ayudado a las iglesias locales es permitiendo que su liderazgo asista a las reuniones de *Celebremos la Recuperación* en la iglesia Saddleback durante varias semanas. Nosotros les animamos a que tomen el entrenamiento que les guste y dejen lo que no les guste.

La tercera oportunidad de alcance es enviar equipos de misiones por un corto tiempo. En 1994 tuve el privilegio de liderar un equipo de *Celebremos la Recuperación* en Ukrania y Rusia. Y tuvimos un seminario en la iglesia Nueva Vida en Kiev al que asistieron cuarenta iglesias del lugar. El material de *Celebremos la Recuperación* se tradujo al ruso y se está usando hoy.

Una vez que dejas que la luz del Señor brille, sigue brillando. Déjeme mostrarle un extracto de una carta reciente que recibí como resultado de nuestro trabajo en Rusia:

> Mi familia y yo hemos sido misioneros en Portugal durante los últimos ocho años. Hemos estado plantando iglesias... donde hay pocos evangélicos. Nos hemos involucrado en el área de recuperación (especialmente en abuso de alcohol y drogas) en nuestro marco trans-cultural. Fui impactado por el trabajo hecho por Saddleback en Octubre de 1994 en la iglesia Nueva Vida y por su pastor en la conferencia en Kiev, Ukrania. Recibimos una copia del material impreso usado en la conferencia.
>
> En este momento estamos trabajando con un doctor portugués que tiene dos clínicas de doce pasos aquí en Portugal. Él y su familia nos acompañarán en nuestra visita por el área del Sur de California este verano. ¿Podrían hacer un tiempo en Agosto para reunirse con nosotros y explicarnos el programa de Recuperación de Saddleback? ... Lo apreciaríamos muchísimo.

La cuarta sugerencia es informar a los consejeros del área acerca de su programa. En Saddleback tenemos una lista de consejeros cristianos y terapeutas aprobados quienes han sido entrevistados por los cinco pastores de la directiva para asegurarse que la consejería está basada en la Palabra de Dios y no en el mundo. Trabajamos muy de cerca con estos consejeros y ellos refieren nuestro programa de *Celebremos la Recuperación* a muchos de sus clientes de otras iglesias y a los que no están afiliados a ninguna iglesia.

Y otra sugerencia es invitar a expositores. El Dr. John Townsend, Dr. Henry Cloud y Steven Arterburn son expositores invitados frecuentemente en *Celebremos la Recuperación*. Cuando ellos vienen, nuestra asistencia crece en un veinte por ciento. Trato de tener un expositor invitado una vez cada trimestre. Esto no solamente atrae gente nueva, sino que también es un cambio refrescante para los miembros de *Celebremos la Recuperación*.

¡La última oportunidad de alcance es animar a sus miembros a asistir regularmente a las reuniones seculares de recuperación y compartir el único Poder Superior, Jesucristo! No podemos esperar que los no salvos vengan a nosotros. ¡Necesitamos salir y alcanzarlos donde estén! Recuerde: “Hagan brillar su luz delante de todos, para que ellos puedan ver las buenas obras de ustedes y alaben al Padre que está en el cielo.” (Mateo 5:16 NVI).

III. Formato de reuniones y materiales

Esta sección le proveerá los elementos necesarios para iniciar y hacer funcionar un ministerio de recuperación en marcha.

Calendario y programa de enseñanza de un año para grupos grandes

Primero, veremos el calendario y programa de un año para grupos grandes. Este plan está diseñado para cubrir las veinticinco lecciones en las cuatro guías del participante, los ocho principios y doce pasos, en un período de un año. Una lección se enseña en una semana y luego se da un testimonio u otro servicio especial en la siguiente semana.[3] Sin embargo, recuerde que todos trabajan en los principios y pasos a su propio ritmo, de doce a dieciocho meses es lo común.

Guía 1 del Participante: Salida de la negación a la gracia de Dios

Semana	Principio	Enseñanza para el grupo grande
1		Introducción del Programa
2	1	Lección 1: Negación
3	1	Testimonio
4	1	Lección 2: Impotentes
5	1	Testimonio
6	2	Lección 3: Esperanza
7	2	Testimonio
8	2	Música especial o expositor invitado
9	2	Lección 4: Sensatez
10	2	Testimonio
11	3	Lección 5: Cambio
12	3	Testimonio
13	3	Lección 6: Acción
14	3	Comunión

[3]Varios testimonios están incluidos en la guía del líder. Úselos como ejemplos para guiarse mientras elige a miembros de su propio grupo que cuenten sus historias; léalos en voz alta a su grupo, o úselos para su propio enriquecimiento e incentivo.

Guía 2 del Participante: Haga un inventario honesto

Semana	Principio	Enseñanza para el Grupo Grande
15	4	Lección 7: Moral
16	4	Testimonio
17	4	Lección 8: Mentor
18	4	Testimonio
19	4	Lección 9: Inventario
20	4	Testimonio
21	4	Música especial o expositor invitado
22	4	Lección 10: Inventario espiritual (parte 1)
23	4	Testimonio
24	4	Lección 11: Inventario espiritual (parte 2)

Guía 3 del Participante: Arregle su relación con Dios, con usted mismo y con otros

Semana	Principio	Enseñanza
25	4	Lección 12: Confesar
26	4	Testimonio
27	4	Lección 13: Admitir
28	4	Testimonio
29	5	Lección 14: Listo
30	5	Testimonio
31	5	Lección 15: Victoria
32	5	Testimonio
33	6	Lección 16: Enmiendas
34	6	Testimonio
35	6	Lección 17: Perdón
36	6	Testimonio
37	6	Lección 18: Gracia
38	6	Testimonio
39	6	Música Especial y Comunión

Guía 4 del Participante: Crezca en Cristo al ayudar a otros.

Semana	Principio	Enseñanza
40	7	Lección 19: Encrucijadas
41	7	Testimonio
42	7	Lección 20: Inventario Diario
43	7	Testimonio
44	7	Lección 21: Recaída
45	7	Testimonio
46	7	Lección 22: Gratitud
47	7	Testimonio
48	8	Lección 23: Dar
49	8	Testimonio
50	8	Lección 24: Sí
51	8	Testimonio
52		Lección 25: Siete razones por las que nos estancamos

Ya que las personas se unirán al programa en diferentes momentos del año, usted necesita advertirles que no intenten alcanzar a los demás en la enseñanza. Si un nuevo asistente entra al programa durante la semana 35, por ejemplo, cuando usted está enseñando el principio 6, él o ella debe comenzar en la Guía del participante 1, *Salir de la negación a la gracia de Dios*, y trabajar en el Principio 1. Los nuevos asistentes necesitan entender que ellos deben trabajar a través de todos los principios a su propio ritmo. Lo que ellos están aprendiendo en el grupo grande durante la enseñanza será extremadamente valioso para cuando lleguen a un principio en particular.

Formato de reuniones: adoración y tiempo de enseñanza en el grupo grande

El tiempo de adoración y enseñanza del grupo grande en *Celebremos la Recuperación* está diseñado para capacitar a los que asisten para que pongan a un lado la ocupación y el cansancio del mundo externo, al participar en un tiempo de veinte minutos de oración, alabanza y adoración. Este tiempo comienza a crear el ambiente seguro que es esencial en cualquier programa de recuperación y permite a todos los presentes estar en contacto con el único Poder Superior, Jesucristo.

¡Aleluya! ¡Alabado sea el Señor! —Alaben a Dios en su santuario, alábenlo en su poderoso firmamento. Alábenlo por sus proezas, alábenlo por su inmensa grandeza. Alábenlo con sonido de trompeta, alábenlo con el arpa y la lira. Alábenlo con panderos y danzas, alábenlo con cuerdas y flautas. Alábenlo con címbalos sonoros, alábenlo con címbalos resonantes. ¡Que todo lo que respira alabe al Señor! —¡Aleluya! ¡Alabado sea el Señor!" (Salmo 150:1-6 NVI).

El siguiente aspecto es la agenda para el grupo grande en su tiempo de adoración y enseñanza en *Celebremos la Recuperación*:

6:30 P.M.	Apertura: gente a la entrada saludando
7:00 P.M.	Canto de apertura. Bienvenida y oración de apertura
7:05 P.M.	Canto # 2 Canto # 3 Canto # 4
7:20 P.M.	Lectura de los ocho principios y las Bienaventuranzas correspondientes a los doce pasos y sus comparaciones bíblicas.
7:25 P.M.	Anuncios
7:30 P.M.	Música especial
7:35 P.M.	Enseñanza o Testimonio
7:50 P.M.	Oración de Serenidad. Canto de clausura
7:55 P.M.	División en pequeños grupos

Bienvenida

La gente que está a la puerta dando la bienvenida es extremadamente importante tanto para dar una primera impresión positiva a todos los nuevos visitantes como para animar a los asistentes regulares. Además de saludar y darles la bienvenida, también entregan el boletín para esa noche.

El Boletín de Celebremos la Recuperación

Este boletín contiene la siguiente información:
Hoja de cantos
La asignación de aulas para las reuniones de los grupos pequeños
Hojas de Información del Café Roca Sólida y Barbacoa
Reglamentos de los grupos pequeños
Doce Pasos y sus comparaciones bíblicas
Lista de las reuniones semanales de grupos pequeños
Anuncios de próximos eventos especiales

Un modelo de boletín (en la cubierta y páginas interiores) así como también modelos de algunos de los elementos de la lista anterior se pueden encontrar en el Apéndice D.

Canto de Apertura, Bienvenida y Oración

Cada semana intentamos empezar exactamente a las 7:00 PM., ya que una hora completa para el tiempo de la reunión de grupos pequeños es realmente deseable. El canto de alabanza para iniciar es óptimo y familiar. Luego del canto, alguien del grupo de liderazgo da la bienvenida a todos, especialmente a los nuevos asistentes, luego ora para iniciar.

Tres Cantos

La música sigue con los cantos escogidos con el propósito de encajar con el principio que el grupo estará estudiando esa noche.

Algunos ejemplos podrían ser:

Principio 1: "El poder de tu amor"
Principio 2: "Tengo una esperanza"
Principio 3: "Jesús es la respuesta"
Principio 4: "No temas"; "Blanco como la nieve"
Principio 5: "El clamor de mi corazón" "Cambia mi corazón, Oh, Dios"
Principio 6: "Dios lo puede cambiar"; "Él ha cambiado mi lamento en danza"
Principio 7: "Búscame, oh Dios"; "Más de ti en mi vida"
Principio 8: "El camino a la recuperación"

¡Este tiempo de alabanza y adoración es extremadamente importante!

Lectura de los Ocho principios y sus correspondientes bienaventuranzas o los doce pasos y sus comparaciones bíblicas.

Los ocho principios o los doce pasos y sus comparaciones bíblicas se leen en cada reunión. El propósito es doble: (1) reforzar el fundamento bíblico del programa, y (2) permitir que incremente la participación de los asistentes a *Celebremos la Recuperación*.

A una persona se le pide que lea el principio/paso y otra lee el versículo bíblico para ese paso hasta que todos los ocho principios/doce pasos se completen.

Ejemplo:

El primer lector: "Principio 1: Reconozco que no soy Dios. Admito que no tengo el poder para controlar mi tendencia a hacer lo malo y mi vida es inmanejable.

El segundo lector: "Dichosos los pobres en espíritu" (Mateo 5:3). NVI

La oportunidad para leer es usada como premio a los asistentes fieles y para animar a los futuros líderes.

Anuncios

El propósito de los anuncios es ayudar a los nuevos asistentes a sentirse bien e informarles acerca de la reunión en las respectivas aulas y dónde tener la respuesta a sus preguntas. Aunque los anuncios son una parte importante del programa, pueden llegar a ser algo "secos" (como mínimo), así que intentamos hacerlos breves y divertidos. Lo que resta del tiempo se usa para anunciar próximos programas y presentar la música especial de esa noche.

Música Especial

La música especial apoya la enseñanza o el testimonio de la noche. Usualmente es una presentación de una sola persona del grupo de cantores de *Celebremos la Recuperación*. En el pasado acostumbrábamos a traer gente de afuera, de otros grupos de la iglesia, pero hemos descubierto que el grupo realmente disfruta en apoyar a "uno de los suyos".

También durante este tiempo se recoge "una ofrenda de amor". El dinero recogido se puede usar para apoyar viajes misioneros de recuperación, para pagar a predicadores invitados y para otros usos relacionados con el programa de recuperación.

Enseñanza o testimonio

Como se mencionó anteriormente, enseñamos las veinticinco lecciones de la guía del participante en un año calendario. Por lo general, hacemos una semana de enseñanza con un testimonio semanal, el cual apoya la enseñanza de la lección anterior.

Oración de serenidad. Canto de clausura. División de grupos pequeños

La reunión del grupo termina con uno de los líderes dirigiendo al grupo en la lectura de la versión completa de la Oración de Serenidad de Reinhold Neibuhr. La oración está impresa en la parte interior de la cubierta del boletín (Ver Apéndice D). Luego tenemos el canto de clausura y todos son animados a que rápidamente vayan a sus reuniones de grupo que están localizadas por todo el campo de la iglesia. Los lugares de las reuniones también se pueden encontrar en el boletín.

Formatos de los grupos pequeños de *Celebremos la Recuperación*

Formato Uno: Para los grupos pequeños siga el programa de enseñanza y adoración del grupo grande.

8:00 P.M.	Oración de apertura y bienvenida Presentaciones Lectura de las Guías de la reunión de grupos pequeños de *Celebremos la Recuperación*
8:05 P.M.	Enfoque del líder en el principio
8:10 P.M	Comentarios en grupo y tiempo para franquearse
8:50 P.M.	Resumen, peticiones de oración, oración de clausura
9:00 P.M.	Invitación al Café Roca Sólida

Oración de apertura, bienvenida, presentaciones

Este tiempo permite que el grupo enfoque nuevamente su atención en el Señor y sienta la unidad en el grupo. También es otra oportunidad para dar una amable bienvenida a los nuevos asistentes.

Lectura de las Guías de la reunión de los grupos pequeños de Celebremos la Recuperación.

Estas guías de grupos pequeños (Ver Apéndice E) se leen en cada reunión de grupo pequeño. Son cinco reglas simples que harán del grupo algo seguro. Si sus reuniones de recuperación no son seguras, entonces no funcionarán. Es responsabilidad del líder del grupo y del co-líder asegurarse que estas guías se sigan. Para reforzar su importancia, las guías también se leen cada cuatro o seis semanas durante el tiempo del grupo grande.

El enfoque del líder en el principio

El líder usa unos pocos minutos para cubrir los puntos clave de la lección y luego le pide al grupo que inicie el tiempo de los comentarios con una o dos de las preguntas del ejercicio de la lección de esa noche. Por ejemplo, el líder le hará la pregunta del principio 1 de la guía *Cómo ir de la negación a la gracia de Dios:* "¿Sobre cuáles áreas de tu vida tienes el control?"

Comentarios en grupo y tiempo para franquearse

El grupo debe comenzar con una discusión enfocada en un principio en particular y luego continuar de una forma natural en un tiempo libre para comentarios.

Resumen, peticiones de oración y oración de clausura

Resumir la lección es responsabilidad del líder. Es su opción ver si el grupo tiene suficiente tiempo para la clausura, que la reunión no termine abruptamente o que siga y siga. Antes que la sesión termine, debe también haber tiempo para que los miembros del grupo digan sus peticiones personales y así el grupo pueda terminar con una oración. Si hubiera algún otro aspecto importante a tratar, el líder debe asegurarse de obtener el nombre de la persona para un seguimiento.

Invitación al Café Roca Sólida

La reunión ahora puede ser menos formal en el Café Roca Sólida, un lugar diseñado específicamente para el compañerismo. En ese lugar las personas tienen la oportunidad de seguir haciendo comentarios con los que tenga confianza para hablar. Es el tiempo para que los miembros del grupo desarrollen relaciones con sus mentores y compañeros a quienes les rendirán cuentas.

Formato Dos: para las reuniones de Grupos Pequeños durante la semana.

7:00 P.M.	Oración inicial y bienvenida Presentaciones Oración de Serenidad Lectura de los ocho principios y/o los Doce Pasos y sus comparaciones bíblicas. Lectura de las Guías de reunión de los grupos pequeños de *Celebremos la Recuperación*. El enfoque del líder en el principio o tema.
7:15 P.M.	Comentarios de grupo y tiempo para franquearse
8:50 P.M.	Resumen. Peticiones de oración. Oración de clausura
9:00 P.M.	Clausura[4]

Mesa de información y materiales

"La mesa de información" es clave para ayudar a los nuevos asistentes a sentirse bienvenidos. La ubicación de la mesa es bien importante. Luego que la persona da la bienvenida, la mesa debe ser la siguiente experiencia para los nuevos asistentes. Ellos no deben tener necesidad de ir a la mesa luego de llegar al lugar, pero sí es importante que sepan dónde está ubicada.

La mesa de información debe ser atendida por lo menos por un hombre y una mujer. Hacemos esto para mostrar sensibilidad a los que están asistiendo. Por ejemplo, una mujer que ha tenido problemas de abuso encontrará difícil buscar información en un hombre. También es importante tener un líder a cargo de la mesa de información que sea responsable de atender la mesa, ofrecer folletos nuevos, administrar las ventas de Biblias y el currículo.

[4]Solamente hay dos puntos en los que el formato uno y el formato dos difieren. En el formato dos, los grupos pequeños recitan la Oración de Serenidad y leen los ocho principios y /o los Doce Pasos y sus comparaciones bíblicas.

Esto es innecesario en el formato uno, porque estos dos elementos están cubiertos en la reunión del grupo grande previa a la del grupo pequeño.

Los folletos deben ser coloridos y tener alguna uniformidad. En nuestra mesa de información de *Celebremos la Recuperación* tenemos los siguientes volantes:

Bienvenida a los nuevos asistentes
Camino a la Recuperación
8 Principios de recuperación basados en las bienaventuranzas
12 Pasos en abuso sexual y físico
12 Pasos para las personas Adictas y Compulsivas *[5]
Lo que somos... Lo que no somos*
Co-dependencia y Vida cristiana*
Capacitando*
Modelos de conformidad
¿Qué es Co-dependencia?*
Renovación de una adicción sexual
Grupo de desorden alimenticio
Hogar de bienvenida
C.O.S.A. Grupo de parejas
Anuncios especiales de próximas actividades

(Para ejemplos de estos folletos, ver Apéndice F)

¿Cómo está organizada está guía del líder?

Como se dijo anteriormente, esta guía del líder está diseñada para cubrir las veinticinco sesiones en las cuatro guías del participante, los ocho principios. Mientras usted se prepara, siéntase libre de usar cualquiera o todas las lecciones provistas. He escrito las lecciones de forma tal que usted podrá leerlas o "cortar y pegar" con sus propias ilustraciones y seguir sólo el formato básico. Use la guía para suplir en una mejor forma las necesidades de su grupo. Dios le bendiga a usted y a su ministerio al guiar a otros en el camino a la recuperación.

[5] Los folletos que tienen el asterisco no se deben copiar. Se me han entregado a través de muchos años, y no sé quiénes son sus autores. Desearía darles algún crédito por tan grande contribución. Realmente han ayudado a nuestro ministerio.

Principio 1

Reconozco que no soy Dios. Admito que no tengo el poder para controlar mi tendencia a hacer lo malo y que mi vida es inmanejable.

Dichosos los pobres en espíritu.

Lección 1

Negación

Principio 1: Reconozco que no soy Dios. Admito que no tengo el poder para controlar mi tendencia a hacer lo malo y que mi vida es inmanejable.

Dichosos los pobres en espíritu.

Paso 1: Admitimos que no teníamos el poder sobre nuestras adicciones y comportamientos compulsivos, que nuestras vidas llegaron a ser inmanejables.

Yo sé que en mí, es decir, en mi naturaleza pecaminosa, nada bueno habita. Aunque deseo hacer lo bueno, no soy capaz de hacerlo.

Romanos 7:18

Introducción

Esta noche empezamos a hacer un viaje juntos, un camino hacia la recuperación. Este viaje comienza con el Principio 1, donde admitimos que no tenemos el poder para controlar nuestra tendencia a hacer lo malo y que nuestras vidas han llegado a ser inmanejables, y están fuera de control. Pero antes de empezar juntos este viaje tan emocionante, necesitamos hacernos dos preguntas:

- ¿Voy a dejar que mis fracasos anteriores me impidan tomar este viaje?
- ¿Tengo miedo a cambiar? o, ¿cuáles son mis temores acerca del futuro?

Fracasos del Pasado

Demos una mirada a Hebreos 12:1 (NVI):

Por tanto, también nosotros, que estamos rodeados de una multitud tan grande de testigos, despojémonos del lastre que nos estorba, en especial del pecado que nos asedia, y corramos con perseverancia la carrera que tenemos por delante.

Hay dos cosas que me gustaría señalar en este versículo. Primero, Dios tiene una carrera en particular, un plan único para cada uno de nosotros. Un plan para bien, no una vida llena de dependencias, adicciones y obsesiones.

La segunda cosa es que necesitamos estar dispuestos a deshacernos de toda esa carga innecesaria, los fracasos pasados en nuestras vidas que nos detienen. Otra vez dice: "despojémonos de todo lo que nos atrasa o nos hace lentos, especialmente de aquellos pecados que se adhieren tan fuertemente alrededor de nuestros pies y nos confunden."

¡Para muchos de nosotros, nuestras heridas pasadas, complejos y hábitos nos estorban, nos hunden! Muchos estamos atascados en amarguras por lo que alguien nos ha hecho. Nos seguimos sintiendo heridos y rehusamos perdonar a los que nos han herido.

Tal vez a usted lo hirieron profundamente. Quizás fue abusado cuando era niño o quizás estaba o está en un matrimonio donde su esposo (a) cometió adulterio.

Quiero que sepan que siento su dolor. Realmente lo siento; siento que hayan tenido que pasar por ese dolor. Pero agarrarse a ese dolor y no estar dispuesto a perdonar a la persona que lo hirió en el pasado, es permitir que lo sigan hiriendo hoy, en el presente.

Trabajar en este programa de recuperación Cristo-céntrico permitirá, con el poder de Dios, que encuentre la fortaleza y el ánimo para perdonar a todos los que lo han herido. Por el momento no se desespere. ¡No tiene que perdonarlos esta noche! Pero mientras avanzas por el camino a la recuperación, Dios lo ayudará a encontrar la disposición para perdonarlos y liberarse de tales heridas en su vida.

Alguno de ustedes quizás estén atados a la culpa. Siguen culpándose por los errores del pasado. Está atrapado, atascado en su culpa. Piensa que nadie, en ningún lugar es tan malo como usted, que nadie podría amar al verdadero "tú", y que nadie podría perdonarle los terribles cosas que ha hecho.

¡Está equivocado! Dios puede. Es precisamente por eso que Jesús fue a la cruz, por nuestros pecados. Él conoce todo lo que ha hecho y todo lo que ha experimentado. Y hay muchos esta noche que experimentaron fracasos similares y heridas en su vida y han aceptado el perdón de Cristo. Ellos están aquí para animarlo y ayudarlo.

El apóstol Pablo tenía mucho que lamentar de su pasado. Hasta participó en la muerte de Esteban. Y en Filipenses 3:13 (NVI) nos dice: "Hermanos, no pienso que yo mismo lo haya logrado ya. Más bien, una cosa hago: olvidando lo que queda atras y esforzándome por alcanzar lo que está delante".

Aquí está el punto clave si desea ser libre de sus heridas, complejos y hábitos pasados: De una vez y para siempre necesita resolver las amarguras del pasado y la culpa. Necesita hacer algo como Isaías 43:18 nos dice: "Olvida las cosas anteriores y no vivas en el pasado." Eso no significa que *ignore* el pasado. Necesita aprender de él, ofrecer perdón, hacer enmiendas y luego soltarlo. ¡Sólo entonces podrá ser libre de culpa, rencores y penas!

Enfrentémoslo, todos hemos pasado por una herida, complejo o hábito. Pero la carrera aún no ha terminado. Dios no se interesa en cómo empezamos, sino más bien en cómo terminaremos la carrera.

Temores del Futuro

Quizás le preocupe el futuro y tenga temor a cambiar. Todos nos preocupamos por cosas sobre las cuales no tenemos el control y tampoco el poder para cambiarlas. Y todos nosotros sabemos que preocuparse es una falta de confianza en Dios.

La verdad es, y lo podemos decir sin temor ni duda: "El Señor es quien me ayuda; no temeré." (Hebreos 13:6 NVI).

Quizás haya pasado tanto tiempo con esa herida, hábito o complejo que ha llegado a formar parte de su identidad. Y quizás esté pensando: "¿Qué pasaría si de verdad le doy una oportunidad a la recuperación? ¿Cambiaré? Si dejo mis heridas, complejos y hábitos. ¿En quién me convertiré? ¿Quién seré?"

Quizás haya estado abusando del alcohol, prescripciones médicas o comida y tiene miedo de lo que hará sin esa sustancia que eligió.

Quizás ha estado dándole todo el control a alguien en una relación disfuncional durante años y se pregunte: "¿Qué si yo cambio y mi esposo alcohólico se enoja conmigo?"

Dios no quiere que se quede estancado en una relación no saludable o en un mal hábito. Él desea que haga su parte para estar saludable.

Aunque nuestro pasado haya sido extremadamente doloroso, todavía podemos resistir cambios y la libertad que verdaderamente se pueden encontrar al seguir este programa. Por el temor a lo desconocido o por nuestra desesperación, simplemente cerramos nuestras mentes porque pensamos que no merecemos nada mejor.

Al trabajar en los pasos recuerde 1 Juan 4:18 (NVI): "Sino que el amor perfecto echa fuera el temor."

No está aquí esta noche por error. Este salón está lleno de vidas cambiadas. Es mi oración que cada uno de ustedes impida que los fracasos del pasado o temores acerca del futuro les detenga para darle una oportunidad al programa de *Celebremos la Recuperación*.

¿Está usando una máscara de negación esta noche? Antes que pueda hacer algún progreso en la recuperación, necesita enfrentar la negación. Tan pronto como se quite esa máscara, la recuperación comenzará — ¡¡o se reiniciará!! No importa si es nuevo en recuperación o ya haya estado trabajando en los pasos por años. ¡La negación puede reaparecer en cualquier momento! Quizá cambie sus adicciones o se involucre en una nueva relación que no sea saludable para usted en una forma diferente que la anterior. Así que esta lección es para todos nosotros.

No existe ese dicho. La negación no es algo normal. Entonces, ¿qué es?

¿Qué es la negación?

La negación se define como "un falso sistema de creencias que no está basado en la realidad" y "un comportamiento autoprotector que nos aleja de afrontar la verdad honestamente".

Como niños aprendimos varias técnicas para arreglárnoslas. Estas mañas nos eran útiles si no teníamos la atención que deseábamos de nuestros padres y de otros, o para bloquear nuestro dolor y nuestros temores.

Este sistema de mañas funcionó durante un tiempo. Pero a medida que pasaban los años estas confundían o nublaban nuestra vista de la verdad de nuestras vidas.

Mientras crecíamos, la percepción de nosotros mismos y las expectativas de todos aquellos que nos rodeaban, también crecieron. Pero como mantuvimos nuestros métodos para arreglárnoslas en nuestra niñez, las percepciones de la realidad llegaron a ser increíblemente irreales y distorsionadas.

Nuestras técnicas para resolver los problemas crecieron hasta la negación, y la mayoría de nuestras relaciones terminaban o eran menos exitosas de lo que podrían haber sido.

¿Alguna vez negaste que tus padres tuvieran problemas? ¿Alguna vez negaste tener problemas? La verdad es que, en cierto grado, todos podemos contestar que sí a estas pregunta. Pero para algunos de nosotros esa negación se convirtió en vergüenza y culpa.

La negación es el "elefante rosado" sentado en medio de la sala. Nadie en la familia habla acerca de eso o de ninguna manera lo reconocen. ¿Le parecen conocidos algunos de los siguientes comentarios?

- "¿No podemos dejar de hablar de eso? Hablar sólo empeora las cosas."
- "Billy, si *no* hablamos acerca de eso, desaparecerá."
- "Cariño, imaginémonos que realmente no sucedió."
- "Temo que me deje, si le digo que me hiere cuando dice eso."
- "Él realmente no toma tanto."
- "Realmente no me molesta que haga eso; ¡estoy bien!"
- "Pablo toma más que yo."
- "Joan ha estado casada tres veces; yo sólo me he casado dos veces."
- "¡Por qué me haces sentir tan enojada!"
- "Si no me regañaras todo el tiempo, yo no..."
- "Mira amor, tengo un trabajo pesado; trabajo mucho. Necesito unos pocos tragos para relajarme. No significa que tenga un problema."

Amigos, eso es **NEGACIÓN**.

Como dije anteriormente, antes que podamos tomar nuestro primer paso para la recuperación, tenemos que afrontar y admitir nuestra negación. Dios dice en Jeremías 6:14 (NVI): "¡No se puede sanar una herida con solo decir que no está ahí!"

Efectos de la negación

De acuerdo, veamos el acróstico de esta noche:

NEGACIÓN

Neutraliza nuestros sentimientos
Energía perdida
Genera angustia
Anula nuestro crecimiento
Crea barreras que impiden a Dios actuar en nosotros
Interrumpe nuestra comunión con Dios
Obstaculiza nuestras relaciones importantes
Nos prolonga el dolor

La *N* en Negación significa que NEUTRALIZA los sentimientos. Esconder nuestros sentimientos, vivir en negación, paraliza nuestras emociones y ata nuestras vidas. Entender nuestros sentimientos y vivirlos hace que experimentemos libertad.

Segunda de Pedro 2:19 (NVI) nos dice: "Les prometen libertad, cuando ellos mismos son esclavos de la corrupción, ya que cada uno es esclavo de aquello que lo ha dominado."

¡Para mí, el examen básico de libertad no es que soy libre para hacer cosas sino que soy libre para no hacer cosas! Soy libre para no tomarme ese trago.

Conseguimos libertad para experimentar nuestros verdaderos sentimientos cuando encontramos a Cristo y salimos de la negación.

La siguiente letra es la *E*, la cual significa ENERGÍA perdida.

Un importante efecto secundario de la negación es la ansiedad. La ansiedad causa que gastemos una preciosa energía luchando con heridas pasadas y fracasos y el temor al futuro. Mientras continúa en este programa aprenderá que ese cambio positivo solo puede ocurrir en el presente. Preocuparse acerca del pasado y atemorizarse acerca del futuro nos incapacita para vivir y disfrutar de los planes de Dios para nosotros en el presente.

Si usted transfiere la energía requerida para mantener su negación en aprender la verdad de Dios, un amor sano hacia otros y hacia usted mismo ocurrirá en su vida. En tanto que usted dependa más y más de Jesucristo, y de su Poder Superior, verá la luz de la verdad y la realidad.

La ***G*** nos dice que la Negación GENERA angustia.

Permitimos que nuestros temores y nuestras preocupaciones nos paralicen, pero la única forma de liberarnos de estos es entregárselos a Dios. Salmos 146:7 (NVI) dice: "El Señor hace justicia a los oprimidos, da de comer a los hambrientos y pone en libertad a los cautivos."

Vamos a la ***A*** en negación.

La negación ANULA el crecimiento.

Estamos tan enfermos como nuestros secretos y, una vez más, no podremos crecer en recuperación hasta que estemos listos para salir de nuestra negación hacia la verdad. Dios está esperando tomar su mano y sacarlo de allí. La Biblia dice: "En su angustia clamaron al Señor, y Él los salvó de su aflicción. Los sacó de las sombras tenebrosas y rompió en pedazos sus cadenas" (Salmo 107:13-14 NVI).

La letra ***C*** indica cómo la Negación CREA barreras con las cuales impedimos a Dios actuar en nuestra vida.

Al seguir en su camino de recuperación llegará a entender que Dios nunca desperdicia una herida; Dios nunca desaprovecha su oscuridad. Pero él no la puede usar hasta que salga de la negación a la luz de Su verdad.

Esto nos lleva a la letra ***I:*** La negación INTERRUMPE nuestra comunión con Dios.

Adán y Eva son un excelente ejemplo de cómo los secretos y la negación nos separan de la verdadera comunión con Dios. Después que pecaron, su secreto los separó de Dios. Génesis 3:7 nos dice que Adán y Eva se escondieron de Dios porque se sentían desnudos y avergonzados.

Por supuesto, el buen Adán trató de razonar. Le dijo a Dios: "—La mujer que me diste por compañera me dio de ese fruto." (Génesis 3:12 NVI). Primero él trató de culpar a Dios, diciendo: "La mujer que *pusiste* aquí conmigo..." Luego trató de echarle la culpa a Eva: "*Ella* me dio fruta."

Recuerde, la luz de Dios brilla en la verdad. Nuestra negación nos mantiene en la oscuridad. "Este es el mensaje que hemos oído de Él y que les anunciamos: Dios es luz y en Él no hay ninguna oscuridad. Si afirmamos que tenemos comunión con Él, pero vivimos en la oscuridad, mentimos y no ponemos en práctica la verdad. Pero si vivimos en la luz, así como Él está en la luz, tenemos comunión unos con otros, y la sangre de su Hijo Jesucristo nos limpia de todo pecado" (1 Juan 1:5-7 NVI).

La negación no solamente nos separa de Dios; también ***O***BSTACULIZA nuestra relación con amigos y seres queridos.

La negación nos hace pensar que nadie se dará cuenta de lo que sucede. Pensamos que nadie lo sabe, ¡pero sí lo saben! Ahora bien, mientras que la negación puede "protegernos" de las heridas, también provoca que no nos ayudemos a nosotros mismos o a la gente que más amamos. No nos atrevemos a revelar nuestros propias verdades a otros por el temor de lo que pensarían o dirían si conocieran nuestro verdadero yo. Debemos proteger "nuestros secretos" a cualquier costo. Así que nos aislamos y por lo tanto minimizamos el riesgo de estar expuestos a un posible rechazo por parte de otros. Pero, ¿a qué precio? La pérdida de todas nuestras relaciones importantes.

¿Cuál es la respuesta? Escuche lo que dice Efesios 4:25 (NVI). "Por lo tanto, dejando la mentira, hable cada uno a su prójimo con la verdad, porque todos somos miembros de un mismo cuerpo."

Recuerde que es siempre mejor decir una verdad desagradable, a decir una mentira bonita.

Finalmente, la negación ***N***OS PROLONGA el dolor.

Tenemos la falsa creencia de que la negación nos protege de nuestro dolor. En realidad, la negación provoca que nuestro dolor supure, crezca y se vuelva culpa y vergüenza. La negación extiende el dolor. Y multiplica los problemas.

La Verdad, como la cirugía, puede doler por un momento, pero sana. Dios nos promete en Jeremías 30:17 (NVI): "Pero yo te restauraré y sanaré tus heridas."

Resumen

¡Esta noche les animo a salir de su negación! Salir de la negación no es algo fácil. Quitarse la máscara es difícil. Esa voz que te grita: "¡No lo hagas! ¡No es seguro!" Pero sí es seguro. Es seguro en *Celebremos la Recuperación*. Aquí tienes gente que cuida de ti y te ama por lo que tú eres, gente que se quedará a su lado mientras la verdad llegue a su vida.

Jesús nos dice: "Conoce la verdad, y la verdad te hará libre" (Juan 8:32). Salga de la negación para que pueda pararse en el amor y la gracia incondicional de Jesús y así comience su viaje de sanidad a la recuperación.

Sin Poder

Lección 2

Principio 1: Reconozco que no soy Dios. Admito que no tengo el poder para controlar mi tendencia a hacer lo malo y que mi vida es inmanejable.

Dichosos los pobres en espíritu·

Paso 1: Admitimos que no teníamos el poder sobre nuestras adicciones y comportamientos compulsivos, que nuestras vidas habían llegado a ser inmanejables.

Yo sé que en mí, es decir, en mi naturaleza pecaminosa, nada bueno habita. Aunque deseo hacer lo bueno, no soy capaz de hacerlo.

Romanos 7:18

Introducción

En el Principio 1 reconocemos que no somos Dios. Admitimos que no tenemos el poder de controlar nuestra tendencia para hacer lo malo y que nuestras vidas han llegado a ser inmanejables. Tan pronto como tomamos este paso y admitimos que no tenemos el poder, empezamos a cambiar. Vemos que nuestras formas antiguas de intentar controlar nuestras heridas, complejos y hábitos no funcionaron. Nuestra negación las enterró y se asieron de nuestro falso poder.

Esta noche nos enfocaremos en cuatro acciones: dos cosas que debemos dejar de hacer y dos cosas que necesitamos comenzar a hacer en nuestras recuperaciones. Necesitamos estudiar estas cuatro acciones para completar el Principio 1.

Cuatro Acciones

En la Lección 1 hablamos acerca de la primera acción que necesitábamos tomar.

1. Dejar de negar el dolor

Dijimos que nuestra negación tenía por lo menos seis efectos negativos: incapacita nuestros sentimientos, perdemos energía, impide nuestro crecimiento, nos separa de Dios, nos aleja de nuestras relaciones y prolonga nuestro dolor.

Usted está listo para aceptar el Principio 1 si su dolor es más grande que su temor. En el Salmo 6:2-3 (NVI) David habla acerca de un tiempo cuando él llegó al final de sus recursos emocionales y físicos: "Tenme compasión, Señor, porque desfallezco; sáname, Señor, que un frío de muerte recorre mis huesos. Angustiada está mi alma." Cuando el dolor de David finalmente sobrepasó su temor, él pudo enfrentar su negación y sentir la realidad de su dolor. En la misma forma, si tú quieres deshacerte de tu dolor, debes enfrentarlo y tratarlo.

La segunda acción que necesitamos tomar es

2. Dejar de jugar a ser Dios

Usted va a servir a Dios o va a servirse a usted mismo. ¡No puede hacer ambas cosas! Mateo 6:24 (NVI) dice: "Nadie puede servir a dos señores, pues menospreciará uno y amará al otro, o querrá mucho a uno y despreciará al otro"

Otro término que significa servirnos a "nosotros" es servir a "la carne." La "carne" es la palabra que se utiliza en la Biblia para describir nuestra imperfecta naturaleza humana, nuestra naturaleza pecaminosa.

Me encanta esta ilustración: Si quita la *h* del final de la palabra "Flesh" ("carne" en inglés) y escribe el resto de las letras al revés, encontrará la palabra *Self* ("uno mismo" en inglés). La carne es la vida de la persona. Es lo que somos cuando andamos a la deriva.

El Gran Libro de los Alcohólicos Anónimos describe al alcohólico como una persona cuya voluntad está en desorden. Cuando "uno mismo" está descontrolado, todos los intentos de control, de uno mismo o de otros, fallan. De hecho, el intento de controlarnos a nosotros mismos y a otros en primer lugar es lo que nos conduce a problemas. Dios necesita ser el que esté en control.

Hay dos trabajos: ¡el de Dios y el mío! ¡Hemos estado intentando hacer el trabajo del Señor y no podemos!

Por otro lado, Él *no* hará nuestro trabajo. ¡Necesitamos hacer nuestro trabajo! Necesitamos admitir que no somos Dios y que nuestras vidas son inmanejables sin Él. Entonces, cuando finalmente nos hayamos vaciados completamente, Dios tendrá lugar para entrar y comenzar su trabajo de sanidad.

Sigamos ahora con la tercera acción que necesitamos tomar:

3. Comenzar a admitir nuestra incapacidad de control

El deseo de poder no está arraigado en nuestras fortalezas sino en nuestras debilidades. Necesitamos reconocer nuestras debilidades y nuestro empeño en hacer las cosas por nuestra cuenta. Necesitamos admitir que no tenemos el poder y debemos volver nuestras vidas a Dios. Jesús sabía cuán difícil es esto. Él dijo: "—Para los hombres es imposible —aclaró Jesús, mirándolos fijamente—, más para Dios todo es posible" (Mateo 19:26 NVI).

Cuando seguimos haciendo cosas que no queremos hacer y cuando fallamos en hacer las cosas que hemos decidido que necesitamos hacer, comenzamos a ver que, de hecho, no tenemos el poder de cambiar aquellos que pensamos que sí podíamos cambiar. La vida llega a enfocarse con más claridad que nunca antes.

La última acción que necesitamos tomar es:

4. Comenzar a admitir que nuestras vidas se volvieron incontrolables

La única razón por la que consideramos que hay algo mal, o que necesitamos hablar con alguien, o que necesitamos dar este paso es porque al fin podemos admitir que algún área, o todas las áreas, de nuestras vidas han llegado a ser incontrolables.

Luego de admitirlo es que usted se da cuenta que está fuera de control y que no tiene el poder de hacer nada por sí solo. Cuando llegué a esta parte de mi recuperación compartí los sentimientos de David que expresó en el Salmo 40:12 (NVI): “Muchos males me han rodeado; tantos son que no puedo contarlos. —Me han alcanzado mis iniquidades, y ya ni puedo ver.”

¿Le recuerda algo? Solo si su dolor es más grande que su temor usted estará listo para dar honestamente el primer paso, admitir que no tiene el poder y que su vida es incontrolable.

Esta noche nuestro acróstico nos ayudará a enfocarnos en la primera parte del Principio 1: Sin Poder.

Sin Poder

Nuestro acróstico de esta noche demuestra lo que sucede cuando admitimos que estamos SIN PODER. Comenzamos a dejar los siguientes “ladrones de la serenidad”:

Soledad
Incontables “SI...”
Nociva separación
Preocupación
Orgullo
Desolación
Escape
Resentimiento

La primera letra del acróstico es la ***S***: SOLEDAD.

Cuando admita que no tiene poder y comience a hacer frente a la realidad, descubrirá que no tiene que estar solo. Pero si trata de mantener el falso poder, se convertirá en separado y solo.

¿Sabía que la soledad es una opción? En Recuperación, con Cristo, nunca tendrá que caminar solo otra vez.

¿Sabía que cuidar del que está solo puede curar su soledad? ¡¡Involúcrese!! Involúcrese en su vecindario, en la iglesia o aquí en *Celebremos la Recuperación*. Si se convierte en un asistente regular, le garantizo que aquí no se sentirá solo.

"Sigan amándose unos a otros fraternalmente. No se olviden de practicar la hospitalidad, pues gracias a ella algunos, sin saberlo, hospedaron ángeles." (Hebreos 13:1-2 NVI).

Seguimos con la ***I***. Comenzamos a dejar los **I**ncontables SI TAN SOLO. ¿Alguna vez ha tenido un caso de los "Si tan solo"?

Si tan solo ellos se hubieran quedado...
Si tan solo hubiera dejado de beber...
Si tan solo esto... si tan solo aquello...

Con cuánta renuencia la mente acepta la realidad. Pero cuando admitimos que no tenemos el poder para cambiarla, comenzamos a caminar en la verdad en lugar de vivir en la isla de la fantasía de la racionalización.

Lucas 12:2-3 (NVI) nos dice: "No hay nada encubierto que no llegue a revelarse, ni nada escondido que no llegue a conocerse. Así que todo lo que ustedes han dicho en la oscuridad se dará a conocer a plena luz."

La siguiente letra es la ***N***: NOCIVA SEPARACIÓN DE DIOS

¿Algunas personas hablan de "encontrar" a Dios, como si él se perdiera?

La separación de Dios puede sentirse como real, pero nunca es permanente. Recuerde, él busca al perdido. Cuando no podemos encontrar a Dios necesitamos preguntarnos: "¿Quién se movió?" Te daré una pista: ¡No fue Dios!

"Pues estoy convencido de que ni la muerte ni la vida, ni los ángeles ni los demonios, ni lo presente ni lo por venir, ni los poderes, ni lo alto ni lo profundo, ni cosa alguna en toda la creación, podrá apartarnos del amor que Dios nos ha manifestado en Cristo Jesús nuestro Señor." (Romanos 8:38-39 NVI).

Continuamos con la letra ***P***, la cual significa PREOCUPACIÓN. No me digas que preocuparse trae algo bueno; lo sé muy bien. ¡Las cosas por las cuales nos preocupamos nunca pasan!

¡La preocupación es una forma de no tener suficiente confianza en Dios! En lugar de preocuparnos por cosas que posiblemente no podemos hacer, necesitamos enfocarnos en lo que Dios puede hacer. Guarda una copia de la Oración de Serenidad en tu bolsillo y en tu corazón como un recordatorio.

Al trabajar en este programa y completar los pasos, descubrirás esa confianza, esa relación con el único y verdadero Poder Superior, Jesucristo, para que esa preocupación comience a desaparecer.

Mateo 6:34 (NVI) nos dice: "Por lo tanto, no se angustien por el mañana, el cual tendrá sus propios afanes. Cada día tiene ya sus problemas."

Ahora desarrollemos la letra ***O***. Comenzamos a ver que nunca más estaremos atrapados por nuestro ORGULLO: "El altivo será humillado, pero el humilde será enaltecido." (Proverbios 29:23 NVI).

Ignorancia + poder + orgullo = una mezcla mortal

Nuestro falso orgullo minimiza nuestra fe y nos separa de Dios y de otros. Cuando la presencia de Dios es bien recibida, no hay lugar para el orgullo porque él nos hace estar conscientes de nuestro propio ser.

Luego reconocerás que te estás volviendo menos egoísta.

He conocido gente que ha llegado a recuperación pensando que la oración del Señor fue: "El que procure conservar su vida, la perderá; y el que la pierda, la conservará." Lucas 17:33 (NVI) nos dice: "Aquél que desea aferrarse a su vida la perderá, y el que pierda su vida la salvará." Dicho simplemente, el egoísmo es el centro de la mayoría de los problemas entre la gente.

Al admitir que no tienes poder, también abandonas el estar en DESOLACIÓN.

Cuando finalmente usted admite que verdaderamente no tiene poder, ese sentimiento de vacío en lo profundo de su ser se irá, ese viento frío que sopla a través de usted.

Jesús dijo: "Yo he venido para que tengan vida, y la tengan en abundancia." (Juan 10:10 NVI). Así que permita que él llene ese vacío interior. ¡Dígale cómo se siente porque él lo cuida! ¡Usted es importante para Él!

Lo siguiente que sucede cuando admitimos la ausencia de poder, es que dejamos de intentar ESCAPAR.

Antes que admitiéramos que éramos impotentes, intentábamos escapar y ocultarnos de nuestras heridas, hábitos y complejos al estar involucrados en relaciones nada saludables, abusando de drogas como el alcohol, comiendo o no comiendo y otras cosas más.

Intentar escapar del dolor nos roba una preciosa energía. Sin embargo, cuando damos este primer paso, Dios abre *verdaderas* rutas de escape para mostrar Su poder y gracia. "Pero todo lo que la luz pone al descubierto se hace visible." (Efesios 5:13 NVI).

La ***R*** en "Sin poder" significa que se acaban los RESENTIMIENTOS.

Si los resentimientos se comprimen y se les permite que supuren, actuarán como un cáncer emocional.

Pablo nos dice en Efesios 4:26-27: "Si se enojan, no pequen. No dejen que el sol se ponga estando aún enojados, ni den cabida al diablo"

Al seguir trabajando en los principios, llegará a entender que al soltar sus resentimientos, ofreciendo perdón a aquellos que le han hecho daño, no solamente está liberando a la persona que le hizo daño, sino más bien ¡se está liberando a usted mismo!

Resumen

El poder para cambiar sólo viene de la gracia de Dios.

¿Está preparado para iniciar, con sinceridad, su camino a la recuperación? ¿Está listo para dejar de negar su dolor? ¿Está listo para dejar de jugar a ser Dios? ¿Está listo para admitir su falta de poder? ¿Está preparado para comenzar a admitir que su vida se ha vuelto incontrolable? Si lo está, dígaselo a su grupo esta noche.

Lo animo para comenzar a trabajar y vivir este programa en serio. Si admitimos que somos incapaces, impotentes, necesitamos un poder mayor que nosotros para restaurarnos. ¡Ese poder es el Poder Superior: Jesucristo!

Terminamos en oración.

Querido Dios, Tu Palabra me dice que no puedo sanar mis heridas, complejos y hábitos con solo decir que no están allí. ¡Ayúdame! Partes de mi vida, o toda mi vida está descontrolada. Ahora sé que no puedo "ayudarme." Parece que mientras más intento hacer lo bueno más problemas tengo. Señor, quiero salir de mi negación y caminar a la verdad. Oro para que me muestres el camino, en el nombre de tu Hijo. AMÉN.

TESTIMONIO del PRINCIPIO 1

Hola, mi nombre es Juan. Soy un creyente que lucha con el alcoholismo. Mi historia es acerca de cómo Dios me rescató cuando por fin me dí por vencido en cuanto a hacer las cosas a mi manera. Como puede ver tuve un gran comienzo en la vida. Crecí en un buen hogar cristiano. Era el niño prodigio en la iglesia y muchos predijeron que iba a seguir los pasos de Billy Graham cuando él se retirara. Luego, obtuve una maestría del Seminario Fuller. En esencia, estaba capacitado para una vida ministerial.

Todo eso, lo desperdicié por lo que la Biblia llama "los deseos de la carne" y lo que yo pensé que era un llamado a la libertad. ¿Cómo sucedió? Como verás, cometí el error de pensar que era lo suficiente fuerte para vivir a mi antojo.

Mis primeros recuerdos son acerca de Dios y Jesús. Recuerdo que le preguntaba a mi papá: "¿Por qué no todos creen en Jesús? Es tan fácil" (En ese tiempo estaba orando para que Nikita Khrushchev se hiciera cristiano.) Mi papá respondió: "Cuando seas grande, entenderás. Cada vez se hace más difícil creer." Mi padre no quería hacerme daño, pero la mente de un niño de siete años es una cosa frágil. Tomé su comentario como un mandato; si iba a crecer, iba a tener ideas. Poco después comencé a perder confianza en mi relación con Dios.

El problema para redescubrir una fe simple como la de un niño sería el tema definitivo de mi vida durante los próximos cuarenta años. Descubrí el placer de beber cuando estaba en la universidad, durante mi último semestre. Pero la necesidad de seguir esforzándome para ganar la aceptación de Dios, persistió. Si alguien pudiera conseguir que Dios le diera una ovación de pie, yo sería ese hombre. Me casé con una muy buena creyente de un excelente hogar cristiano e ingresé al Seminario Fuller. Siempre había sido un alumno haragán. A causa de eso tenía que probar dos cosas: primero que era realmente el gigante espiritual que mi papá y otros siempre habían esperado que fuera, y segundo, que mi destreza intelectual no tenía igual. Me gradué de Fuller con un Promedio General de 3.8, una maestría en Divinidad y algunos ataques grandes de ansiedad. Como ven, todo ese conocimiento intelectural no tenía valor alguno porque yo estaba haciendo una religión para Dios, en lugar de tener una relación con ÉL.

Mis dudas acerca de la salvación de Dios se extendieron en todas las áreas de mi vida. Hasta llegué a dudar de mi hombría, así que entré a terapia. Allí descubrí que mucha de mi baja autoestima podía ser explicada por una influencia paternal exagerada que constantemente demandaba perfección. La psicología es buena hasta cierto punto, pero se queda corta con respecto a la conclusión de salvación que el Gran Libro declara que todos debemos tomar: "... toda vida que sigue su propia voluntad difícilmente puede tener éxito." Jesús lo puso de otra forma en el verdadero Gran Libro, la Biblia: "Porque el que quiera salvar su vida, la perderá; pero el que pierda su vida por mi causa y por el evangelio, la salvará." (Marcos 8:35).

Luego de iniciar mi carrera en el programa de Doctorado en Teología Histórica, dejé el Seminario Fuller y me uní al mundo de los negocios. Después de un año, una mujer que fue como una madre para mí, murió repentinamente a causa de un tumor cerebral. A pesar de mi súplica a Dios, Jan murió esa anoche y yo me alejé completamente de Dios. En lugar de volverme a Él en este tiempo de pérdida, utilicé la muerte de esa mujer como una excusa conveniente para dejar a Dios y satisfacer todos mis deseos reprimidos por el vino, las mujeres y la música.

Estaba llegando a la cima en 1984. Tenía mucho dinero, una casa en Anaheim Hills, y estaba rodeado de mujeres a mi completa disposición. Luego de nueve años de matrimonio comencé a cometer adulterio. Mi excusa para ser infiel era que mi esposa no era lo suficientemente "emocionante". Las excusas me ayudaron para justificar un divorcio. El alcohol y las excusas siempre me dieron una forma de negar el dolor y negar lo que había llegado a ser: completamente egocéntrico. Encontré una novia hermosísima que se veía bien de mi brazo y me involucré en la onda de las fiestas de los años 80. El alcohol y la cocaína estaban a la orden del día. Créanlo o no, esa hermosísima novia llegó a ser mi esposa y lo sigue siendo hasta este día, a pesar de todo el daño y pesares que le he causado en su vida. En 1993 nació nuestra hija. Ella hizo que comenzara a darme cuenta de que no era el centro del universo. Supe que mi familia debía ser el centro, pero continuaba bebiendo y actuando como un adolescente irresponsable.

Finalmente, a principios de 1994, mi esposa me dijo que ya era suficiente. Esa fue mi llamada para reaccionar. Sabía que tenía que poner mi vida en orden o iba a perder a mi esposa y a mi hija, a quienes amaba con todo mi corazón. Dejé de ir a los bares, pero seguí tomando en casa. La bebida llegó a ser una forma de pasar cada noche y así perpetuar la negación de lo que mi existencia había llegado a ser.

Tomó otros dos años, pero en marzo de 1996, por insistencia de mi esposa, comenzamos a asistir a Saddleback. Cada domingo, siempre con una resaca, lloraba conmovido por la música. Dios, a través del pastor Rick, tocaba mi corazón con alguna parte de la Biblia, que mis "grandes" estudios de la misma y mis destrezas nunca antes habían descubierto.

Un domingo, otro Juan de nuestro grupo de *Celebremos la Recuperación* dio testimonio. Como yo, él también era un alcohólico funcional. Su historia y el ministerio de esta iglesia comenzaron a darme una esperanza de que era posible volver a tener una relación con un Dios de amor en lugar de un Dios de juicio.

El 11 de junio de 1996 fue el primer día de mi sobriedad. Llegué a mi reunión de recuperación con un sentimiento que decía que no había otro lugar al cual ir. ¡Si mencionara todos los hombres que me ayudaron en mi camino a la recuperación, estaríamos aquí mucho más tiempo del que se me ha asignado! Sin embargo, tengo que mencionar a mi hermano Kenny. Esa primera noche, con mucho amor y no mucha formación intelectual, Ken me ayudó, al "Señor Intelectual", a completar oraciones de cuatro palabras mientras yo explicaba por qué estaba allí.

Al octavo día escribí esto en mi diario: "Todavía estoy buscando un Dios que sé que está allí. Quizás mi Dios es muy pequeño, quizás él no esté allí. Fervientemente espero que no sea cierto, ya que no tengo a dónde más ir." Sabía que más allá de cualquier duda, el alcohol era solamente un síntoma. Estaba en una búsqueda de vida o muerte por el Dios que pudiera darle sentido a mi existencia. El 26 de junio, luego de una breve reunión con el Pastor Juan, un versículo que él compartió conmigo, finalmente terminó con toda mi negación. Era el Salmo 46:10: "Sé firme y conoce que yo soy Dios." Fue algo así como si Dios me estuviera diciendo: "Deja de intentar mantener la fachada, deja de poner excusas por tu vida por la cual yo morí. Sé firme, relájate, y acepta mi regalo de libertad."

Llegué a casa de Abba, mi papá en el cielo. Como el hijo pródigo que al final se da cuenta de que ser un sirviente en la casa de su padre era mucho mejor que vivir como un cerdo a su manera. También admití cuánto necesitaba la ayuda de Dios para manejar la vida. Cuando lo hice, él me dio la bienvenida en casa con gran gozo, y la fiesta (Lucas 15:23) que Dios nos brindó a mí y a mi familia fue extraordinaria. En menos de un mes, mi esposa y yo nos bautizamos con el Pastor Juan, nos hicimos miembros de la iglesia Saddleback y dedicamos nuestra hija a Dios.

Yo seguí sorprendido por la paz que sentía mientras aprendía a dejar mi propio control y permitía a Dios que me dirigiera. Por primera vez, en cuarenta años, estoy haciendo mi oración en una versión de adulto, la oración que hacía cuando tenía siete años: "Dios, gracias, la vida es tan fácil cuando te la entrego a ti." La creencia de un niño, moldeada durante cuarenta años de vida, me da una paz y serenidad que nunca había imaginado que fuera posible tener.

Gracias.

Principio 2

En forma sincera creo que Dios existe, que le intereso y que Él tiene el poder para ayudarme en mi recuperación.

Dichosos los que lloran, porque serán consolados.

Esperanza

Principio 2: En forma sincero creo que Dios existe, que le intereso y que Él tiene el poder para ayudarme en mi recuperación.

Dichosos los que lloran, porque serán consolados.

Paso 2: Llegamos a creer que un poder más grande que nosotros podía restaurarnos hasta la cordura.

Pues Dios es quien produce en ustedes tanto el querer como el hacer para que se cumpla su buena voluntad.

Filipenses 2:13

Introducción

En el principio 2 creemos sinceramente que Dios existe, que le importamos y que Él tiene el poder para ayudarnos en nuestra recuperación. Hebreos 11:6 nos dice: "Cualquiera que se acerca a Dios tiene que creer que Él existe y que recompensa a quienes lo buscan." El Salmo 62:5 dice: "Sólo en Dios halla descanso mi alma; de Él viene mi esperanza."

En el primer principio admitimos que éramos incapaces. Es a través de esta forma de reconocer que no tenemos el poder, que llegamos a creer y recibir el poder de Dios para ayudarnos en nuestra recuperación. Verdaderamente necesitamos ser cuidadosos, no tratar de cubrir el hueco sin fondo de nuestros corazones, complejos y hábitos con paredes de negación, o simplemente tratar de poner algún parche rápido. Por el contrario, necesitamos mantener esas heridas expuestas a la luz para que a través del poder de Dios puedan ser verdaderamente sanadas.

Es en el segundo principio que llegamos a creer que Dios existe, que somos importantes para Él y que podemos encontrar el único y verdadero Poder Superior, ¡Jesucristo! Llegamos a entender que Dios quiere llenar nuestras vidas con Su amor, Su gozo y Su presencia.

Una de mis parábolas favoritas está en Lucas 15, la historia del Hijo Pródigo. Aunque la historia es acerca del amor de un padre por su hijo perdido, es realmente una muestra del amor del Padre por usted. El amor de Dios está buscándolo, no importa cuán perdido se sienta. El amor de Dios lo puede encontrar, no importa cuántas veces haya caído en pecado, las manos misericordiosas de Dios se están extendiendo para recogerlo, amarlo y perdonarlo.

Damas y caballeros, es allí donde encontrarán esperanza y es por eso que a este Principio 2 lo llamo el principio de la "Esperanza."

Esperanza

Veamos lo que la palabra Esperanza (Hope, en inglés) significa en el Principio 2:

Honra al Poder Superior

Oportunidad para cambiar

Poder para cambiar

Esperar el cambio

La ***H*** significa HONRA al PODER SUPERIOR. Nuestro único y verdadero Poder Superior tiene un nombre: ¡Jesucristo!

En el pasado pudo haber creído en la existencia de Jesús y quizás hasta haya asistido a una iglesia. Pero lo que encontrará en el principio 2 es una relación personal con Cristo. Verá que Jesús desea tener una relación práctica, día a día, momento a momento, con nosotros. Porque Él puede hacer por nosotros lo que nunca hemos podido hacer por nosotros mismos. Romanos 11:36 (NVI) dice: "Porque todas las cosas proceden de Él, y existen por Él y para Él."

¡Mucha gente hoy cree sus dudas y duda de sus creencias! ¿Ha visto alguna vez una idea? ¿Ha visto alguna vez la fe? Por supuesto que no. Usted podrá haber visto actos de fe y de amor, pero las cosas reales, esas cosas eternas, en el mundo son las realidades espirituales invisibles.

Esto nos lleva a las primeras tres palabras del segundo paso: "Llegamos a creer..." Decir que nosotros "llegamos a creer" de alguna manera describe un proceso. Una creencia es el resultado de una consideración, duda, razonamiento y conclusión.

En 2 Corintios 12:9 (NVI), Jesús nos dice: "Te basta con mi gracia, pues mi poder se perfecciona en la debilidad."

En la página 1229 la *Biblia "Vida en Recuperación"* declara: "La habilidad de tener creencias es la marca de la imagen de Dios en nuestra vida. Nos lleva a la acción."

La siguiente letra es la ***O***, de OPORTUNIDAD al cambio.

¿Cuál es el proceso que lleva a tener una creencia sólida, que lleva a cambiar su vida? Veamos las primeras tres palabras en el Paso 2 otra vez: "Llegamos a creer..."

- "Llegamos..." ¡Nosotros dimos el primer paso cuando asistimos a nuestra primera reunión de recuperación!

- "Llegamos a..." ¡Dejamos de negar nuestras heridas, complejos y hábitos!

- "Llegamos a creer..." Comenzamos a creer y recibir el poder de Dios para ayudarnos en nuestra recuperación.

La esperanza es una oportunidad para cambiar. Algunas veces tememos al cambio, aunque nuestro pasado haya sido doloroso. Nos resistimos a cambiar porque le tememos a lo desconocido o, en nuestra desesperación, creemos que no merecemos nada mejor.

Aquí están las buenas noticias: ¡La Esperanza abre puertas donde la desesperación las cierra! La Esperanza descubre lo que se puede hacer en lugar de quejarse de lo que no puede hacerse.

Durante toda su vida seguirá encontrando dificultades y heridas que no podrá cambiar, pero con la ayuda de Dios puede estar dispuesto a que esas circunstancias y situaciones lo cambien a usted, le hagan una mejor persona y no un ser amargado.

Efesios 4:23 (NVI) nos da un desafío para ese final: "Ser renovados en la actitud de su mente."

¿Cómo hará usted eso? La letra ***P*** nos habla acerca de ese PODER para cambiar.

En el pasado debimos haber deseado cambiar y no fuimos capaces de hacer tal cosa; no podíamos liberarnos a nosotros mismos de nuestras heridas, complejos o hábitos. En el principio 2 entendemos que el poder de Dios puede cambiar nuestras vidas y nuestras situaciones. Filipenses 4:13 (NVI) confirma eso: "Todo lo puedo en Cristo que me fortalece."

El poder para cambiar viene de la gracia de Dios. Como ve, la esperanza obtiene su poder de una profunda confianza en Dios, como la del salmista: "Encamíname en tu verdad, ¡enséñame! Tú eres mi Dios y Salvador; ¡en ti pongo mi esperanza todo el día!" (Salmo 25:5 NVI).

El poder de Dios puede cambiar nuestra vida y situación. Y una vez que utilizamos ese poder, las acciones correctas, acciones como las de Cristo, nos seguirán naturalmente, como resultado de trabajar los principios y seguir al único y verdadero Poder Superior, ¡Jesucristo!

La última letra a estudiar en la palabra esperanza (Hope) es la ***E***: ESPERAR el cambio.

Recuerde que está en el segundo principio. ¡No se vayas antes que el milagro ocurra! Con la ayuda de Dios, los cambios que ha estado esperando durante mucho tiempo están a unos cuantos pasos. Filipenses 1:6 (NVI) expresa mi sentir: "Estoy convencido de esto: el que comenzó tan buena obra en ustedes la irá perfeccionando hasta el día de Cristo Jesús"

Como usted sabe, no puede construir nada a menos que lo empiece; así que: ¿Cuánta fe necesita para empezar?

Mateo 17:20 nos dice: "—Porque ustedes tienen tan poca fe —les respondió—. Les aseguro que si tienen fe tan pequeña como un grano de mostaza, podrán decirle a esta montaña: "Trasládate de aquí para allá", y se trasladará. Para ustedes nada será imposible."

Es reconfortante saber que no necesita cantidades enormes de fe para iniciar el proceso de recuperación. Usted solamente necesita una pequeña porción, "tan diminuta como una pequeñísima semilla de mostaza," para efectuar el cambio, para comenzar a mover sus montañas de heridas, complejos y hábitos.

Resumen

La vida eterna no comienza con la muerte; ¡comienza con la fe! Hebreos 11:1 nos dice lo que es la Fe: "Ahora bien, la fe es la garantía de lo que se espera, la certeza de lo que no se ve." La Fe aunque sea del tamaño de una semilla de mostaza, tan pequeña que casi es imposible verla, es la avenida a la salvación. No puede encontrar salvación a través del conocimiento intelectual, de los regalos, el dinero, las buenas obras, o por asistir a la iglesia. ¡NO! La forma para encontrar salvación está descrita en Romanos 10:9: "Si confiesas con tu boca que Jesús es el Señor, y crees en tu corazón que Dios lo levantó de entre los muertos, serás salvo."

Sí, todo lo que necesita es un poco de fe. Si pone la fe que tiene en Jesús, ¡su vida será cambiada! Encontrará esperanza en el único Poder Superior. Su Espíritu vendrá con poder sobrenatural a su corazón. ¡Le puede suceder a usted! ¡A mí me sucedió!

Esta noche lo animo a dar este paso de esperanza. Le dará valor para alcanzar y sostener la mano de Cristo y enfrentar el presente con confianza y el futuro con una expectativa realista.

Dicho simplemente así: "Mi vida sin Cristo es un final sin esperanza; con Él es una esperanza sin final."

Cordura

Principio 2: Sinceramente creo que Dios existe, que le intereso y que Él tiene el poder de ayudarme en mi recuperación.

Dichosos los que lloran, porque serán consolados

Paso 2: Llegamos a creer que un poder más grande que nosotros mismos podía restaurarnos hasta la cordura.

Pues Dios es quien produce en ustedes tanto el querer como el hacer para que se cumpla su buena voluntad.

Filipenses 2:13

Introducción

En el primer mes estudiamos el Principio 1. Finalmente fuimos capaces de afrontar nuestra negación y admitir que somos incapaces de controlar nuestra tendencia a hacer lo malo y que nuestras vidas habían llegado a ser inmanejables, fuera de control.

Ahora, ¿qué necesitamos hacer? ¿Cómo y dónde obtenemos el control? La respuesta es dar el segundo paso en nuestro camino hacia la recuperación.

El segundo paso nos dice que debemos llegar a creer que un poder más grande que nosotros podrá restaurarnos hasta la cordura. "¡Espere un momento!" Dirá. "Pasé un mes completo escuchando que para comenzar mi recuperación tenía que afrontar y admitir mi negación. ¿Ahora usted me está diciendo que estoy loco? ¿Que debo restaurarme hasta la cordura? ¡Por favor!"

No, el Paso 2 no está diciendo que está loco. Permítame explicar lo que la palabra "cordura" significa en este paso.

Como resultado de admitir nuestra incapacidad en el principio 1, nos podemos mover del caos a la esperanza en el Principio 2. Hablamos acerca de eso en nuestra última enseñanza. La esperanza viene cuando creemos que un poder más grande que nosotros mismos, un Poder Superior, Jesucristo, ¡puede y nos ha de restaurar! Jesús puede proveer ese poder donde y sobre lo que no pudimos ejercer autoridad: nuestras adicciones y comportamientos compulsivos. Solamente Él puede restaurar el orden y significado para nuestras vidas. Solamente Él puede restaurarnos hasta la cordura.

Cordura

La insensatez ha sido bien definida como "hacer la misma cosa una y otra vez, esperando un resultado diferente en cada ocasión."

La sensatez ha sido definida como "buen juicio; tomar decisiones basadas en la verdad."

Jesús es el único Poder Superior que ofrece la verdad, el poder, el camino y la vida.

El siguiente acróstico, usando la palabra cordura, nos muestra algunos de los regalos que recibimos cuando creemos que nuestro verdadero Poder Superior, Jesucristo, tiene el poder y nos restaurará hasta la CORDURA.

Confianza
Obvia firmeza
Renacer
Divino Poder Superior
Un verdadero apoyo
Rectitud
Aceptación

La primera letra es C, que significa CONFIANZA.

Al trabajar en el Paso 2, comenzamos a confiar en nuestra amistad con otros y con nuestro Gran Poderoso. "Temer a los hombres resulta una trampa, pero el que confía en el SEÑOR sale bien librado." (Proverbios 29:25 NVI).

Mientras "soltamos cosas y nos entregamos a Dios" y admitimos que nuestras vidas son inmanejables y que somos incapaces de hacer algo al respecto; aprendemos a confiar en nosotros mismos y en otros. Comenzamos a tener verdaderos amigos en recuperación, en otros grupos, en el Café Roca Sólida y en la iglesia. Estos no son simples conocidos o buenos amigos que conocimos cuando estábamos involucrados en nuestras adicciones y compulsiones. En recuperación, usted puede encontrar verdaderos amigos, hermanos y hermanas en Cristo, que van a su lado en el caminar a través de los pasos, amigos en los cuales puede confiar, con los cuales puede hablar y puede crecer en Cristo.

La letra siguiente es O: OBVIA FIRMEZA (fortaleza).

Cuando aceptamos a Jesús como nuestro Poder Superior, recibimos la firmeza para afrontar los temores que, en el pasado, nos causaron luchas, huidas o nos paralizaron. Ahora podemos decir: "Dios es nuestro amparo y nuestra fortaleza, nuestra ayuda segura en momentos de angustia." (Salmo 46:1 NVI) y "Podrán desfallecer mi cuerpo y mi espíritu, pero Dios fortalece mi corazón; él es mi herencia eterna." (Salmo 73:26 NVI).

La próxima letra R, que significa RENACER (vida nueva).

Estábamos en lo más profundo de nuestras heridas hábitos y complejos. Conocemos los sentimientos expresados en 2 Corintios 1:8-9 (NVI): "Hermanos, no queremos que desconozcan las aflicciones que sufrimos en la provincia de Asia. Estábamos tan agobiados bajo tanta presión, que hasta perdimos la esperanza de salir con vida: nos sentíamos como sentenciados a muerte. Pero eso sucedió para que no confiáramos en nosotros mismos sino en Dios."

El versículo siguiente dice: "Él... nos libró... y nos librará."

Jesús pagó todo el castigo por nuestros pecados en la cruz. ¡La esperanza de una nueva vida es la libertad de nuestra esclavitud! "Por lo tanto, si alguno está en Cristo, es una nueva creación. ¡Lo viejo ha pasado, ha llegado ya lo nuevo!" (2 Corintios 5:17 NVI).

La letra D en nuestro acróstico de esta noche es DIVINO Poder Superior, Jesucristo, ¡quien te ama así como eres! "Pero Dios demuestra su amor por nosotros en esto: en que cuando todavía éramos pecadores, Cristo murió por nosotros" (Romanos 5:8 NVI).

No importa lo que venga en su andar, juntos, usted y Dios ¡pueden manejar cualquier situación! "Pero Dios es fiel, y no permitirá que ustedes sean tentados más allá de lo que puedan aguantar. Más bien, cuando llegue la tentación, él les dará también una salida." (1 Corintios 10:13 NVI). "Bendito sea el SEÑOR, nuestro Dios y Salvador, que día tras día sobrelleva nuestras cargas." (Salmos 68:19).

Cuando aceptamos a Jesucristo como nuestro Divino Poder Superior y Salvador, no solamente se nos garantiza la vida eterna, sino que también tenemos la protección de Dios en tiempos de dificultades. Nahum 1:7 dice: "Bueno es el SEÑOR; es refugio en el día de la angustia, y protector de los que en Él confían."

Seguimos con la letra U: **U**N VERDADERO APOYO.

Apoyarnos en nuestro poder y en nuestra fortaleza es lo que en primer lugar nos tiene aquí. Creíamos que no necesitábamos la ayuda de Dios, su fuerza ni poder. Es algo así como si estuviéramos desconectados de nuestra verdadera fuente de poder: ¡Dios!

Decidir que mi vida finalmente busque a Dios y a su poder, no a mi poder limitado, debilidad, sentido de inferioridad, e incapacidad, ha llegado a ser mi fortaleza más grande. Dios llegó donde mi incapacidad comienza. ¡Y él hará lo mismo por usted!

El siguiente beneficio de este paso es la R que significa: RECTITUD (integridad).

Obtenemos rectitud cuando comenzamos a cumplir nuestras promesas. Otros comienzan a confiar en lo que decimos. El apóstol Juan le dio un gran valor a la rectitud: "Nada me produce más alegría que oír que mis hijos practican la verdad." (3 Juan 4 NVI).

Recuerde que una verdad a medias es una mentira completa. La mentira es el resultado de la debilidad y del temor. La verdad no le teme a nada, ¡solo al encubrimiento! La verdad es algo que frecuentemente duele. Pero es la mentira la que deja cicatrices.

Una mujer o un hombre de integridad y valor no tienen temor a decir la verdad. Y el valor viene de un poder mucho mayor que nosotros mismos, ¡Jesucristo!, el camino, la VERDAD y la vida.

Al trabajar en el Paso 2, comenzamos a confiar en nuestra amistad con otros y con nuestro Gran Poderoso. "Temer a los hombres resulta una trampa, pero el que confía en el SEÑOR sale bien librado." (Proverbios 29:25 NVI).

Mientras "soltamos cosas y nos entregamos a Dios" y admitimos que nuestras vidas son inmanejables, que somos incapaces de hacer algo al respecto, aprendemos a confiar en nosotros mismos y en otros. Comenzamos a tener verdaderos amigos en recuperación, en otros grupos, en el Café Roca Sólida y en la iglesia. Estos no son simples conocidos o "buenos amigos" que conocimos cuando estábamos involucrados en nuestras adicciones y compulsiones. En recuperación usted puede encontrar verdaderos amigos, hermanos y hermanas en Cristo, que van a su lado en el andar a través de los pasos, amigos en los cuales puede confiar, con los cuales puede hablar y con los cuales puede crecer en Cristo.

La última letra es la A, de ACEPTACIÓN.

Romanos 15:7 (NVI) dice: "Por tanto, acéptense mutuamente, así como Cristo los aceptó a ustedes para gloria de Dios."

Cuando damos el paso 2 aprendemos a tener expectativas realistas de nosotros mismos y de otros. Aprendemos a no asociar a la gente de la misma vieja forma, esperando una respuesta o resultado diferente de la que nos han dado una y otra vez. Comenzamos a encontrar la cordura que habíamos estado buscando. Recordamos orar y pedirle a Dios "que nos dé valor para cambiar las cosas que podemos cambiar y aceptar las que no podemos."

Y mientras nuestra fe crece y llegamos a conocer de una forma mejor a Nuestro Poder Superior, resulta fácil para nosotros aceptar a otros como ellos son realmente, no como nos gustaría que fueran.

Con la aceptación, sin embargo, viene la responsabilidad. Dejamos de echarle la culpa a otros por nuestras actitudes pasadas y nuestras heridas.

Resumen

Recuperación es un programa diario, y necesitamos un poder mucho mayor que nosotros mismos: Un Poder Superior que nos proveerá fortaleza, aceptación y nueva vida; integridad y confianza para permitirnos tomar decisiones sanas ¡basadas en Su verdad!

Y si completa el próximo Principio 3, ¡su futuro será bendecido y seguro! Mateo 6:34 (NVI) dice: "Por lo tanto, no se angustien por el mañana, el cual tendrá sus propios afanes. Cada día tiene ya sus problemas."

Terminemos con una oración.

Querido Dios, he intentado "arreglar y controlar las heridas, complejos y hábitos de mi vida por mí mismo. Admito que, por mí mismo, soy incapaz de cambiar. Necesito comenzar a creer y recibir Tu poder para ayudarme en mi recuperación. Tanto me amaste que enviaste a tu Hijo a la cruz a morir por mis pecados. Ayúdame a estar dispuesto a la esperanza que sólo puedo encontrar en ti. Por favor, ayúdame a comenzar a vivir mi vida un día a la vez. En el nombre de Jesús oro. AMÉN.

TESTIMONIO del PRINCIPIO 2

Hola, mi nombre es Judy, una **A**dulta, **H**ija de un **A**lcohólico (AHA). Soy una cristiana que lucha con las consecuencias de haber sido criada en el caos. Soy la hija mayor de un oficial de las Fuerzas Aéreas, así que aprendí a una muy temprana edad a no estar atada a nada, porque las despedidas duelen mucho. Comencé a construir paredes para mantener a otros alejados.

Amaba mucho a mi padre, pero él pasó la mayoría de mi niñez fuera de casa, dejándonos a mí y a mis hermanos al cuidado de mi madre, quien se enfurecía y todo lo criticaba. Crecí creyendo que había algo malo en mí, no en mi familia. Intentaba, pero nunca podía hacer algo que agradara a mi mamá. Las paredes crecieron y se hicieron mucho más gruesas.

Mi hermana Jeri nació un año y un día después que yo. Desde el principio sentí la competencia con ella. Mi mamá nos puso una contra la otra. Si Jeri y yo hacíamos algo incorrecto, yo era castigada porque era la mayor y debía haber cuidado que ella no estuviera en problemas. ¡Háblenme de crecer como co-dependiente! Si yo lloraba me enviaban al cuarto y me pedían no salir hasta que tuviera una sonrisa en mi rostro. Así que, aprendí a usar una máscara y nunca revelar el dolor interno.

Era superresponsable cuando tenía cinco años; ¡tenía que serlo para sobrevivir! Aprendí a nunca pedir ayuda, a anticipar el ánimo de mi madre. Hasta llegué a sentir que era mi deber proteger a mi hermano y hermanas de la furia de mi mamá; además los consolaba. Y también tenía que sobrellevar mis culpas cuando fallaba. Pero sobre todo, teníamos que parecer perfectos para el mundo exterior. La frase favorita de mi madre cuando se encontraba haciendo algo incorrecto era: "¿Qué va a pensar la gente?"

Cuando estaba en la escuela superior era una señorita muy enojada. Pero por supuesto, ya que las señoritas no se enojan, especialmente en la casa de mi mamá, aprendí a llorar. Mi castigo por llorar era escribir cien veces "Dios ayuda a aquellos que se ayudan a sí mismos." Su idea era curar a una niña llorona, pero yo llegué a tener la impresión de que Dios solamente ayudaba a gente perfecta, y sabía que yo no era así.

Mientras crecía no supe mucho acerca de Dios; la iglesia no era una prioridad. El asistir a la iglesia era algo más relacionado a la imagen que a la adoración. Orábamos antes de la cena, pero era más una rutina que una verdadera oración. Recuerdo cantar "Cristo me ama" y "Cristo ama a los niñitos," pero las palabras eran simplemente palabras de una canción; no tenían ningún significado para mí. Así que, cuando llegué al bachillerato, mi impresión de Dios era que él era una persona distante, que vivía en el cielo, con un Hijo Jesús, y que ayudaba a la gente perfecta cuando no estaba tan ocupado.

Cuando estaba en el octavo grado mi papá fue enviado a Vietnam. Ese fue el peor año de mi vida, porque la única persona que me amaba se había ido. Y papá nunca regresó. Bueno, papá regresó un año después, ¡pero era otro! Había desarrollado un problema severo de alcohol. Él estaba en casa, pero apartado de toda la familia. Ese rechazo me dolió mucho. Seguí tratando de descubrir lo que había hecho mal. Mi vida en casa se volvió un ciclo de locura: mientras más mi padre tomaba, más mi mamá se enfurecía; y mientras más ella se quejaba, él más bebía.

Cuando tenía 16 años, descubrí a los muchachos. Me di cuenta que si dormía con ellos, me dirían: "Te amo" y me sostendrían; sólo por un momento ese terrible dolor interior se iría. Cuando llegué a mi segundo año era una excelente estudiante con una reputación bastante desarrollada.

Ese mismo año descubrí que mis padres tuvieron que casarse porque mi mamá estaba embarazada. Por eso mi mamá me odiaba y mi papá bebía tanto; pensé que todo eso era mi culpa. No mucho después se me ocurrió una idea. La vida de mi familia, la presión para ser perfecta y mi comportamiento sexual eran demasiado para mi e intenté cometer suicidio. Gloria a Dios no era perfecta en esto, pero desde entonces comencé a vivir como una autómata. Había aprendido muy bien mis lecciones: no hablar, no confiar, no sentir. Creé una fantasía basada en el mágico pensamiento: "Si solamente" para reemplazar la realidad de promesas y sueños rotos.

En el verano, antes de mi último año de bachillerato, fui a una campaña en la iglesia con una compañera del colegio y acepté a Cristo como mi Salvador. Por lo menos, pasé al frente e hice la oración porque todos los demás lo hacían; también fui bautizada. Realmente creía que las cosas iban a cambiar. ¡Tenían que cambiar! Cuando mi mamá se enteró de lo que había hecho, ¡explotó! Y dijo que me iría al infierno por haber hecho tal cosa. Ya había sido bautizada cuando era bebé y eso que había hecho era imperdonable. Ahora estaba convencida que Dios no me ayudaría jamás. Pero entonces apareció Chris en mi vida y ya no necesitaba más a Dios. No importaba que él hubiera salido con mi hermana anteriormente. Estaba determinada a triunfar donde mi hermana había fallado.

Pero, la estrella del deporte tenía un pequeño defecto de carácter: un temperamento violento. Un día me lanzó contra un montón de pupitres en uno de los salones. Fui pidiendo ayuda a la oficina, pero se me dijo que no debía inventar historias de gente decente. Ese día aprendí una regla importante: la gente creerá más a la imagen que a la verdad.

Me quedé con Chris, aunque él me golpeó dos veces más antes de la graduación. Después de todo, yo creía que era mi culpa y que si solo pudiera ser perfecta, él no me golpearía nunca más. Chris fue a estudiar a West Point y yo fui a William y Mary, luego de la graduación nos casamos. En nuestra noche de bodas él me golpeó severamente porque no era virgen. Atemorizada y sola, me escondí más en mi concha. No podía ir a casa y decir que me había equivocado; lo que me quedaba de mi orgullo no me lo permitía. Así que decidí entrar al círculo al cual pertenece la mayoría de mujeres dañadas: si lo intento, esta falta de cordura se detendrá. Asumí toda la responsabilidad de la violencia en mi matrimonio. Mi existencia entera se enfocaba en agradar a Chris, quien se había vuelto mi dios.

A medida que aumentaba el uso de la marihuana y del alcohol de parte de Chris, crecía la violencia. Y no era solamente una violencia física y verbal, sino llegaba hasta el abuso sexual. Intenté escaparme cuando mi hijo Jeff tenía seis meses (hoy tiene dieciocho años). Chris llegó a casa y me descubrió intentando escapar y entonces recibí la peor golpiza. Mientras él golpeaba mi cabeza en una pared con sus manos alrededor de mi cuello, decía que si yo intentaba irme otra vez, nadie me encontraría. Luego se rió y dijo: "Vamos, dícelo a la gente. Nadie te creerá. Soy el oficial perfecto y graduado de West Point. Ellos pensarán que estás loca." Así que nunca me fui y nunca dije nada. Escondí mis heridas y mi alma. Realmente creía que me merecía lo que me estaba sucediendo, y cuando comencé a darme cuenta que Chris me era infiel, confirmé que yo no tenía valor y nadie me amaba. Pero a pesar de todo el caos, el alcohol, las drogas, los amoríos y la violencia, éramos la pareja perfecta para el mundo exterior. Yo había aprendido que la imagen era todo y usaba cada onza de energía para preservarlo.

Nuestro hijo mayor Jeff no era inmune a la violencia; él tiene recuerdos de cuando yo era golpeada. La mayoría de estos recuerdos son los sonidos de mi dolor y mis lágrimas. Él escuchaba la violencia por las noches y luego, al despertarse, a la mañana siguiente, veía el rostro sonriente de mamá, como si nada hubiera pasado. Seré sincera con ustedes, yo no sabía que mi hijo tenía todos estos recuerdos. Cuando Jeff tenía 16 años fue hospitalizado por depresión y por intentos de suicidio. El doctor me preguntó sobre los recuerdos de Jeff para confirmarlos. Siempre pensé que él dormía; que de alguna manera lo había protegido. Durante toda su vida ese era mi enfoque: amarlo con todo mi corazón y protegerlo de la violencia a toda costa. Pero todo mi amor y protección contribuyeron al caos en la vida de Jeff. Inspeccionaba su cuarto para asegurarme de que todo estaba bien. Volvía a asignarle tareas y proyectos para asegurarme de que fueran perfectos. Me aseguraba de que todo en nuestras vidas estuviera de acuerdo al criterio de Chris. Mis motivos eran buenos, pero le enseñé a mi hijo, a través de mis acciones, que él no podía hacer nada bien.

En septiembre de 1989, Jeff fue diagnosticado con diabetes. El mismo mes, la secretaria de Chris fue despedida por ser una mala profesional cuando Chris terminó su amorío, para estar con alguien más en la compañía. Era demasiado para mí como para manejarlo y tuve el coraje de pedirle a Chris que se fuera. Por primera vez las cosas cambiaban y yo me volví poderosa; él me rogó que no lo sacara de casa. Ahora sé que él estaba desesperado por preservar su imagen en la oficina, pero al mismo tiempo pensaba que me amaba y que era sincero en querer renovar los votos. En enero de 1990 quedé embarazada de mi segundo hijo, Justin. Yo estaba verdaderamente feliz por primera vez en mi vida. Solamente duró seis meses. Durante los seis meses de embarazo descubrí que Chris estaba saliendo con alguien más. Y solamente porque estaba embarazada no me golpeó, pero se enfureció hasta que yo me sentí mal y tuve dolores de parto. Entonces golpeó a Jeff. Allí estaba yo, otra vez, en lo profundo de ese caos familiar, pero ya no estaba sola; había traído conmigo las cosas más preciadas para mí, mis hijos.

Así que los llevé a mi mundo de aislamiento. Nos escondimos del mundo exterior y sacamos a Chris por completo. Le enseñé a Jeff como cerrarse emocionalmente, hablar, caminar sigilosamente, a no confiar ni hablar. Él también aprendió a cuidar la imagen a toda costa. Éramos un equipo muy fuerte, madre e hijo; teníamos que sobrevivir. Y en todo este desorden, se nos unió Justin. Él era el punto de atención de todos, porque con Justin podía olvidar el caos y el dolor por un momento y tener inocencia pura.

Cuando Justin tenía un año, escuché acerca de AHA (ACA en inglés). Y me tomó seis meses reunir el valor necesario para ir a una reunión. Recuerdo mucho acerca de esa primera reunión porque estaba muy impaciente. Entré y fui calurosamente bien recibida; no sabía lo necesitada que estaba de una sonrisa. Escuché el problema y la solución y me di cuenta que este era el lugar al cual pertenecía. Por supuesto, tenía la impresión que luego de unas reuniones rápidas yo iba a ser curada. Cuando la gente comenzó a hablar y escuché cuántos años habían estado en recuperación, desapareció la esperanza de una recuperación rápida. Lo que más recuerdo son los pasos de recuperación. Y el paso 2: "Llegamos a creer que un poder más grande que nosotros podía restaurarnos hasta la cordura." Decidí darle a Dios otra oportunidad, y eso fue todo lo que él necesitaba para empezar a trabajar. Solamente tenía que creer un poquito.

Mientras tanto más me fortalecía, confronté a Chris con sus amoríos. Le pedí dejar a su amiga de ese momento e ir a consejería conmigo. Teníamos 16 años de matrimonio y dos hermosos hijos, y yo tenía un corazón dispuesto para intentarlo con todas nuestras fuerzas. Chris no pensaba lo mismo y el 21 de abril de 1992, dejó la familia para siempre. Dios ha estado trabajando poderosamente en mi vida desde entonces. Ese primer año descubrí la iglesia Saddleback por medio de una vieja amiga, que me llamó precisamente después que Chris se fue. El primer sermón que escuché del pastor Rick fue: "¿Por qué la vida es injusta?" Y desde entonces he estado aprendiendo y creciendo a través de Saddleback. Encontré un terapeuta maravilloso y sobreviví al proceso de divorcio. Siento que he estado en el camino rápido de Dios desde que me reconcilié con Él. Entré en *Celebremos la Recuperación* y llegué a ser líder de un grupo ACA en 1993. Comencé y me gradué en un programa de maestría en consejería psicológica. Actualmente trabajo en el Servicio Social Luterano. La vida no ha sido perfecta; este ha sido un proceso largo y difícil de recuperación personal y familiar.

Los hijos no están inmunes a la violencia familiar, aprenden de eso. Y el año pasado, Jeff volvió a caer nuevamente en el ciclo. Él amenazó a su novia y ella puso una orden de restricción. Un día él pasó por la tienda donde ella trabajaba y terminó en la cárcel juvenil durante dos semanas. Él aprendió bien de su padre, y pensó que era inmune a las consecuencias. Gracias a Dios Jeff está teniendo lecciones objetivas a temprana edad; las consecuencias han sido duras y rápidas. Pero él está aprendiendo, despacio, a anular las lecciones del pasado.

A cada paso del camino Dios me toma a niveles más profundos de mis temores y dolor, me ayuda a enfrentarlos y limpia mis heridas. Me bendijo con la más maravillosa compañera a quien rendir cuentas, quien ha estado allí para ayudarme, quererme y dejarme ser yo misma. Dios me dio una familia en ACA, donde obtengo la ayuda y el cuidado que no tuve con mi familia. Ellos también me proveyeron un lugar seguro donde me pude quitar la máscara y llorar mi dolor. Él proveyó hombres cristianos en mi vida, para que aprendiera que no todos los hombres son unos idiotas y que se puede tener abrazos sanos en un lugar seguro con gente que te ame simplemente por ser tú misma. Dios proveyó en abundancia para mí, porque Él sabía que la tormenta más grande de mi vida estaba por venir, la que estoy pasando hoy. Puedo mirar atrás, en los últimos cuatro años y ver como Él ha preparado mi vida para esa tormenta. Tengo un bote fuerte y bastante bueno y Él se aseguró de que yo creyera que Él nunca me dejará ni me abandonará. El Día de las Madres del año pasado, mi hijo menor, Justin, luego de visitar a su madrastra y a su padre, divulgó que este lo había maltratado. Al principio sentí pánico, pero luego fui directamente a Dios buscando dirección. He estado en suficientes tormentas para saber que no debo intentar llevar el bote por mí misma. Dios nos permitió que fuéramos aconsejados, lo cual, en cambio, me llevó a la tormenta actual en la que estoy. En este momento parece que todas las puertas se me han cerrado. La imagen de Chris parece ser una influencia poderosa en todos los que hablan con él. A veces siento que ya he perdido este caso.

Pero en mis temores, Dios encendió una luz. El 31 de enero, en un servicio de un día de semana, el pastor Tom habló acerca de situaciones imposibles. Y de cómo Dios ama las situaciones imposibles, porque Él las usa para aumentar nuestra fe, fortalecer nuestra esperanza y mostrarnos Su increíble amor por nosotros. Mi grupo ACA sabe cuánto he estado luchando con mi fe y esperanza durante estos últimos meses. Saben cómo he estado luchando con el pensamiento mágico y las promesas rotas de mi juventud, para así poner toda mi confianza en Dios. Él no me ha traído hasta aquí para verme caer. La gente si lo hará, pero no Dios, ¡¡¡ÉL NO LO HACE!!! Estar hoy frente a ustedes es un poderoso paso de fe. Preferiría estar segura detrás de mis paredes y allí confiar en Dios para que me ayude a trabajar a través de mis dudas y temores. Cuando se me pidió dar mi testimonio quería hablar acerca del Paso 3. Realmente quería esperar hasta que mi tormenta hubiera pasado y luego contarles lo que Dios había hecho después de ese momento. Sin embargo, me animaron para que hablara sobre mi esperanza y me di cuenta de lo que Dios me estaba pidiendo que hiciera. Una cosa es creer en tu corazón que Dios te hará libre, pero un paso más grande es creer y un paso de fe decir a aquellos en quién confías: "Espero un milagro." He sido impulsada desde lo más seguro de mis paredes para proclamar mi esperanza: Mi Dios es un Dios de situaciones imposibles, y verdaderamente espero un milagro. Romanos 5:3-5 dice: "Y no sólo en esto, sino también en nuestros sufrimientos, porque sabemos que el sufrimiento produce perseverancia; la perseverancia, entereza de carácter; la entereza de carácter, esperanza. Y esta esperanza no nos defrauda, porque Dios ha derramado su amor en nuestro corazón por el Espíritu Santo que nos ha dado."

Cuando me siento desanimada una amiga me pregunta: "Judy Lynn: ¿Cuán grande es tu Dios?" Él es lo suficientemente grande como para librarme de mi temor a Chris, para poder hablar acerca los secretos del pasado, para confiar que Su luz brillará en la verdad y destruirá las falsas imágenes. Él sabía que la batalla estaba por llegar. Él preparó mi vida para eso. Y Él está proveyendo de Su abundancia durante ese proceso. Creo definitivamente que un poder muy grande y mucho más grande que yo misma puede restaurar mi familia hasta la cordura. Mi nombre es Judy, y estoy venciendo el caos de mi pasado a través de Jesucristo. Gracias por dejarme contárselos.

Principio 3

Conscientemente decido entregar toda mi vida y voluntad al cuidado y control de Cristo.

Dichosos los humildes.

Cambio

Principio 3: Conscientemente elegimos entregar nuestras vidas y voluntad al cuidado y control de Cristo.

Dichosos los humildes.

Paso 3: Tomamos la decisión de volver nuestras vidas y nuestra voluntad al cuidado de Dios.

Por lo tanto, hermanos, tomando en cuenta la misericordia de Dios, les ruego que cada uno de ustedes, en adoración espiritual, ofrezca su cuerpo como sacrificio vivo, santo y agradable a Dios.

Romanos 12:1

Introducción

El principio 3 declara que decidimos entregar nuestras vidas y nuestra voluntad al cuidado de Cristo. En el paso 3 de los *12 Pasos de Alcohólicos Anónimos* dice: "volver nuestra *voluntad y vidas.*" Creo que Bill W., fundador de los Alcohólicos Anónimos puso este paso al revés. Creo que primero debemos entregar y rendir nuestras vidas al Poder Superior, Jesucristo, y luego seremos capaces de volver nuestra voluntad a Él. ¿Están todos ustedes de acuerdo con eso?

Cuando usted elige vivir este principio, conscientemente elige entregar toda su vida y voluntad al cuidado y control de Cristo.

¿Cómo hacer eso? ¿Cómo volver su vida y voluntad a su Poder Superior, Jesucristo?

Cambio

Veamos el acróstico de esta noche para responder a esa pregunta.

Confiar
Arrepentirse
Mente de Cristo
Buenas Nuevas
Iniciar la Nueva Vida
Obedecer

Uno de los pasos es Vida Nueva, pero necesita hacer varias cosas antes de que esa vida sea suya. Debe confiar, arrepentirte y buscar la mente de Cristo (Entender).

Hablemos primero acerca de **CONFIAR**.

¿Ha estado alguna vez tras un camión por una carretera de doble carril en una montaña? El verano pasado Cherril y yo estábamos viajando por la autopista 1 hacia el norte de California. Estábamos en las montañas y la vista era bellísima. En cierto lugar, nos aproximamos a una parte bastante inclinada y creo que delante de nosotros habían diez carros y todos estábamos detenidos tras un camión de 18 llantas que era muy lento.

El camión subía el cerro lentamente. Pero de repente el conductor sacó su brazo y le hizo señal a los otros vehículos para que lo pasaran. Por el movimiento de su brazo nos hacía saber que era seguro y que no venía ningún otro vehículo en el carril contrario. Uno a uno, los conductores de los carros confiaron sus vidas y las de sus familias a un completo extraño, y mientras tanto, con una *confianza ciega* se movían y pasaban al camión.

De repente, ¡me impactó! No el camión, sino reconocer que a diario confiamos nuestras vidas a extraños. Confiamos en que los autos que vienen se detendrán en las intersecciones. Confiamos en que las hamburguesas que nos comemos en los restaurantes de comida rápida no nos harán daño.

¿Por qué, entonces, es tan difícil para nosotros confiar nuestras vidas al cuidado de Dios, cuyo ojo está siempre sobre nosotros? No sé usted, pero yo prefiero caminar en el valle de la oscuridad con Dios, que solo o con un extraño en la luz.

En el principio 3, tomó la *decisión* de entregar su vida al cuidado de Dios. Es su elección, no su oportunidad, la que determina su destino. Y esa decisión sólo requiere confianza, ¡poniendo su fe en acción!

Pero, ¿qué es fe? Fe *no* es un sentimiento, ver o razonar. ¡Fe es simplemente creer la Palabra de Dios! Y la Palabra de Dios nos dice en Romanos 10:9 (NVI): "Que si confiesas con tu boca que Jesús es el Señor, y crees en tu corazón que Dios lo levantó de entre los muertos, serás salvo."

Para alguna gente esta forma es muy simple. Ellos quieren hacer de la salvación algo mucho más difícil. ¡Pero no lo es! Nuestra salvación, gracias a Dios, depende del amor de Dios por nosotros, no de nuestro amor por Él.

La segunda letra en nuestro acróstico, **A**, ARREPENTIMIENTO.

Algunos se arrepienten de sus pecados agradeciéndole al Señor que no son ni la mitad de malos que sus vecinos. ¡Eso no es un verdadero arrepentimiento! El arrepentimiento es tomar el punto de vista de Dios en nuestras vidas en lugar del nuestro. Es empezar a disfrutar la libertad de la amorosa relación con Dios. El verdadero arrepentimiento afecta por completo nuestra persona y cambia por entero nuestro punto de vista de la vida.

Para arrepentirse verdaderamente usted necesita dos cosas: Primero, alejarse de sus pecados. Segundo, volverse a Dios. La Biblia tiene mucho que decir acerca del arrepentimiento:

"¡Arrepiéntanse y crean las buenas nuevas!" (Marcos 1:15 NVI).

"Arrepiéntanse y apártense de todas sus maldades, para que el pecado no les acarree la ruina. Arrojen de una vez por todas las maldades que cometieron contra mí, y háganse de un corazón y de un espíritu nuevos." (Ezequiel 18:30-31 NVI).

Parece que la mayoría de la gente se arrepiente de sus pecados más por temor a un castigo que por un verdadero cambio de corazón. Pero, el arrepentimiento no es aborrecerse a uno mismo, sino amar a Dios. ¡Dios no está buscando castigarle! Él está ansioso esperando y anticipando con sus brazos abiertos que usted regrese a Él.

El tercer paso es buscar la **MENTE DE CRISTO**. Después que usted decide pedirle a Jesús que entre en tu vida, necesita comenzar a buscar Su voluntad en todas las decisiones. Necesita llegar a conocerle y entenderle y saber lo que él quiere para usted. ¡Depender exclusivamente de nuestro propio entendimiento nos llevó a la mayoría de nosotros a necesitar recuperación!

Proverbios 3:5-6 dice: "Confía en el SEÑOR de todo corazón, y no en tu propia inteligencia. Reconócelo en todos tus caminos, y Él allanará tus sendas."

Como ve, nuestro entendimiento es terrenal, es humano hasta la médula, limitado, finito. Nos movemos en una dimensión totalmente diferente a la de nuestro Señor. Él no conoce tales limitaciones. ¡Podemos ver el hoy; Dios ve por siempre!

¿Sabe algo verdaderamente extraño? Me ha tomado toda la vida entender que no es necesario que yo lo entienda todo.

Primera de Corintios 13:9-13 (NVI) nos dice: "Porque conocemos ... de manera imperfecta; pero cuando llegue lo perfecto, lo imperfecto desaparecerá. Cuando yo era niño, hablaba como niño, pensaba como niño, razonaba como niño; cuando llegué a ser adulto, dejé atrás las cosas de niño. Ahora vemos de manera indirecta y velada, como en un espejo; pero entonces veremos cara a cara. Ahora conozco de manera imperfecta, pero entonces conoceré tal y como soy conocido."

Algún día veremos a Jesús cara a cara y el velo de la interpretación será quitado y nuestro entendimiento será perfecto.

La cuarta letra es la **B**: BUENAS NUEVAS. ¡Gloria a Dios! No necesitamos un entendimiento perfecto de Él para pedirle a Jesús que entre en nuestras vidas como nuestro Salvador. ¿Por qué? Porque Dios no lo guía año tras año, ni día tras día. Dios dirige su camino paso a paso. ¡Eso es una Buena Noticia!

La quinta letra en el acróstico de hoy dice: **I**NICIAR la Nueva Vida en Cristo

La nueva vida que usted recibirá es el resultado de llevar a cabo las acciones que recién hemos terminado: Confiar, Arrepentirse, buscar la Mente de Cristo y recibir las Buenas Nuevas de Salvación.

Como pastor, he escuchado algunas definiciones tristes de la vida. Estas son algunas de ellas:

"La vida es una enfermedad hereditaria."

"La vida es una sentencia que debemos seguir por haber nacido."

"La vida es un apuro que precede a la muerte."

"La vida es un asunto difícil; y los primeros cien años son los más duros."

Estas palabras deprimentes que quizás usted considere ciertas, si su vida no incluye a Jesucristo. ¡Después que aceptó a Cristo en su corazón, tendrá una vida nueva! Y ya no estará más atado a su vieja naturaleza pecadora. Recibirá una nueva naturaleza amorosa de parte de Cristo que morará en usted.

¡Dios lo ha declarado "sin culpa," y ya no tiene que vivir bajo el poder del pecado! Romanos 3:22 (NVI) lo dice bien: "Esta justicia de Dios llega, mediante la fe en Jesucristo."

Segunda Corintios 5:17 (NVI) dice: "Por lo tanto, si alguno está en Cristo, es una nueva creación. ¡Lo viejo ha pasado, ha llegado ya lo nuevo!"

Por último tenemos la letra O: OBEDIENCIA. "No se amolden al mundo actual, sino sean transformados mediante la renovación de su mente. Así podrán comprobar cuál es la voluntad de Dios, buena, agradable y perfecta." (Romanos 12:2 NVI).

Obedecer lo que Dios nos manda es la mejor garantía para una Vida Nueva segura, bajo Su guía y protección.

¿De qué formas la "nueva vida" se demuestra en nosotros?

El "viejo hombre" decía:	**El "nuevo hombre" dice:**
¡Salva tu vida!	Debes perder tu vida para tenerla (Marcos 8:35).
¡Consigue, consigue, consigue!	Da y se te dará (Lucas 6:38).
Dirige a toda costa.	Sirve (Juan 13:12).
Miente, la verdad sólo complica las cosas.	Habla la verdad en amor (Efesios 4:29)
Odia a tus enemigos	Ama a tu enemigo (Mateo 5:44).
Resumamos esto ahora.	

RESUMEN

Otra vez, el "cambio" del principio 3 incluye acciones muy importantes para caminar hacia una nueva vida en Cristo: Confiar, Arrepentirse, Buscar la Mente de Cristo, Recibir las Buenas Nuevas de Salvación y Obedecer Su Palabra.

La buena noticia es que entregar su vida a Cristo es un compromiso para toda la vida. Aceptar a Cristo en su vida es un trato hecho. Efesios 1:13 dice que tu salvación está "sellada". ¡No puede perderla! Está garantizada por el Espíritu Santo.

El resto del principio, sin embargo, entregar la voluntad a Él, requiere de un compromiso diario. Puede comenzar yendo a la Biblia diariamente, comenzar con una oración, leerla con esperanza y ¡vivirla alegremente!

Si no le ha pedido a Jesucristo que sea el poder más grande, el Señor y Salvador de su vida, lo invito a que lo haga esta noche. ¿Qué está esperando? Haga esta oración:

> *Querido Dios, he intentado hacer todo por mí mismo y con mis propias fuerzas, y he fallado. Hoy quiero entregar mi vida a ti. Te pido que seas mi Señor y Salvador. ¡Eres el único poder más grande! Te pido que me ayudes a pensar menos en mí y en mi voluntad. Quiero diariamente entregar mi voluntad a ti, y diariamente buscar Tu dirección y sabiduría para mi vida. Por favor, sigue ayudándome a vencer mis heridas, complejos y hábitos, que la victoria sobre todo eso pueda ayudar a otros a ver Tu poder que obra al cambiar mi vida. Ayúdame a hacer Tu voluntad siempre. Te lo pido en el nombre de Jesús. AMÉN.*

Acción

Lección 6

Principio 3: Conscientemente decido entregar mi vida y mi voluntad al cuidado y control de Cristo.

Dichosos los humildes.

Paso 3: Tomamos la decisión de entregar nuestras vidas y voluntad al cuidado de Dios.

Por lo tanto, hermanos, tomando en cuenta la misericordia de Dios, les ruego que cada uno de ustedes, en adoración espiritual, ofrezca su cuerpo como sacrificio vivo, santo y agradable a Dios.

Romanos 12:1

Introducción

Cuando llegamos al Principio 3 hemos trabajado, con la ayuda de Dios, los primeros dos principios al máximo de nuestra habilidad. Admitimos que nuestras vidas estaban fuera de control e inmanejables y llegamos a creer que Dios podía restaurarnos.

Pero hasta después de tomar los primeros dos pasos estamos atrapados en el ciclo de fallas que nos mantiene atados por la culpa, el enojo, el temor y la depresión.

Esta noche vamos a ver cómo "desatarnos." ¿Cómo podemos abandonar esas viejas y comunes barreras negativas de orgullo, temor, culpa, preocupación y duda, esas barreras que nos detienen a dar este paso? ¡La respuesta es *acción*!

El principio 3 es todo acerca de ACCIÓN. Declara: "Elegimos comprometer..." Haciendo una elección que requiera acción.

Casi todos conocen la diferencia entre lo correcto y lo incorrecto, pero a la mayoría de la gente no le gusta tomar decisiones. Sólo seguimos a la multitud porque es más fácil que tomar la decisión de hacer lo que sabemos que es correcto. Retrasamos los compromisos que requieren cambios por el dolor de nuestras heridas, complejos y hábitos.

¿Sabía usted que, para algunas personas decidir botar o no su viejo cepillo de dientes es una decisión importante? ¡Otros son tan indecisos que su color favorito es lo estampado a cuadros!

Pero hablando en serio, ¿sabía que no decidir, es decidir?

¿Sabía que al posponer la decisión de aceptar a Jesucristo como su Poder Superior, Señor y Salvador está tomando la decisión de no aceptarlo?

El principio 3 es como abrir la puerta: Todo lo que necesita es la voluntad de tomar la decisión. ¡Cristo hará el resto!

Él dijo: "Mira que estoy a la puerta y llamo. Si alguno oye mi voz y abre la puerta, entraré, y cenaré con Él, y Él conmigo." (Apocalipsis 3:20 NVI).

Acción

Veamos el acróstico de esta noche: ACCIÓN.

Aceptar

Compromiso

Cambiar

Inicio (es solamente el inicio)

Organice un día a la vez

Notable paso de fe

La primera letra, **A**, significa ACEPTAR a Jesucristo como el Poder Superior y Salvador.

Tome la decisión trascendental de pedirle a Jesús que entre en su corazón. Decida establecer esa relación personal con su Poder Superior que Él también desea.

En Romanos 10:9 (NVI) la Palabra de Dios nos dice: "que si confiesas con tu boca que Jesús es el Señor, y crees en tu corazón que Dios lo levantó de entre los muertos, serás salvo"

La segunda letra es la **C**: COMPROMISO.

Ahora es el momento de elegir comprometer su vida. ¡Dios le está diciendo que lo haga hoy! Satanás dice hágalo mañana. Solamente después de tomar esta decisión es que puede comenzar a pedir y seguir Su voluntad! Esa es la C de la palabra Acción.

Me atrevería a decir que todos aquí en esta noche hemos intentado dirigir nuestras vidas con nuestras fuerzas y hemos hallado, y hallaremos siempre, que es lo menos exitoso. En el Principio 3 cambiamos nuestra definición de Fuerza de Voluntad. La fuerza de voluntad se vuelve Disposición para aceptar que el poder de Dios guíe su vida. Nos damos cuenta de que no hay lugar para Dios si estamos llenos de nosotros mismos.

Necesitamos hacer la oración que hizo el salmista cuando dijo: "Enséñame a hacer tu voluntad, porque tú eres mi Dios. —Que tu buen Espíritu me guíe por un terreno sin obstáculos" (Salmo 143:10 NVI).

La otra letra, **C**, significa CAMBIO.

"Abandono y entrega a Dios." Usted ha escuchado esa frase muchas veces en recuperación. No dice que entreguemos sólo algunas cosas a Dios. Tampoco dice que abandonemos y cambiemos solamente las cosas *grandes*.

Proverbios 3:6 (NVI) nos dice: "Reconócelo en todos tus caminos, y Él allanará tus sendas."

"En *todo* lo que haga." No solamente las cosas grandes, no solamente las cosas pequeñas. ¡Todo! Como ve, Jesucristo no solamente quiere una relación con una parte de usted. Él desea una relación con todo lo que usted sea.

¿Qué carga está llevando esta noche que desea entregar a Jesús? Él dice: "Vengan a mí todos ustedes que están cansados y agobiados, y yo les daré descanso. Carguen con mi yugo y aprendan de mí, pues yo soy apacible y humilde de corazón, y encontrarán descanso para su alma. Porque mi yugo es suave y mi carga es liviana." (Mateo 11:28-30 NVI).

La letra siguiente en la palabra acción es la **I**, de INICIO (Es solamente el inicio).

En el tercer principio tomamos la decisión inicial de aceptar a Cristo como nuestro Salvador personal. Luego podemos hacer el compromiso de buscar y seguir la voluntad de Dios. La nueva vida que comienza con esta decisión es seguida por un proceso de larga vida en el crecimiento como cristiano.

Filipenses 1:6 (NVI) lo dice de esta manera: "El que comenzó tan buena obra en ustedes la irá perfeccionando hasta el día de Cristo Jesús."

Me gusta comparar el tercer principio con la compra de una casa nueva. Primero usted toma la decisión de comprarla. Pero eso es sólo el principio. Todavía hay más pasos que usted necesita dar antes de que verdaderamente pueda mudarse a su nueva casa. Necesita ir al banco y aplicar para el préstamo. Necesita tener un estimado. Necesita completar el depósito. Necesita comunicarse con las compañías de mudanza y utilidades. Debe hacer todo eso antes de mudarse.

¡La recuperación no es un programa de tres principios! El Principio 3 es solamente el emocionante comienzo de una nueva vida, una vida que vivimos de una manera diferente: **O**RGANIZANDO UN DIA A LA VEZ.

Nuestras recuperaciones suceden un día a la vez. Si nos quedamos estancados en el pasado o constantemente preocupados acerca del mañana, gastaremos el precioso tiempo del presente. Y es solamente en el presente que el cambio y el crecimiento pueden ocurrir. No podemos cambiar el pasado y sólo podemos orar por el mañana. Jesús nos dio instrucciones para vivir esta filosofía: "Por lo tanto, no se angustien por el mañana, el cual tendrá· sus propios afanes. Cada día tiene ya sus problemas." (Mateo 6:34 NVI).

Créame, si yo pudiera regresar y cambiar el pasado, haría muchas cosas de una manera diferente. Elegiría evitar el dolor y malestar que mi alcoholismo causó a mi familia. Pero no puedo cambiar ni una de las cosas que sucedió en mi pasado. Ni usted tampoco.

Por otro lado, no puedo vivir en el futuro, siempre pensando si "esto a aquello" va a suceder; ¡ni usted tampoco! El futuro lo dejo en manos de Dios.

¡Pero puedo y vivo en el hoy! Y puedo, con la dirección de Jesucristo, hacer una diferencia en la forma en que viva hoy. Y usted también puede hacer una diferencia día tras día.

Resumen

Esto, finalmente nos lleva a la última letra en nuestro acróstico, **N** de NOTABLE PASO de fe.

EL NOTABLE PASO de fe es pedirle a Jesús que entre a su vida para ser su Poder Superior. ¿Cómo? Es muy simple.

El pastor Rick Warren ha desarrollado una forma fácil para que establecer una "B.A.S.E" espiritual para su vida. Hágase las siguientes cuatro interrogantes, y si su respuesta es Sí a todas ellas, haga la oración siguiente. Eso es todo. ¡Es todo lo que tiene que hacer!

- ¿**B**ajo convicción, creo que Jesucristo murió en la cruz por mí y mostró que era Dios al resucitar? (1 Corintios 15:2-4)
- ¿**A**cepto el perdón gratuito de Dios por mis pecados? (Romanos 3:22)
- ¿**S**igo los planes de Dios para mi vida? (Marcos 1:16; Romanos 12:2)
- ¿**E**xpreso mi deseo de que Cristo sea el que dirija mi vida? (Romanos 10:9)

Si ya está listo para dar este NOTABLE PASO de fe, oraremos juntos en un minuto. Si lo ha dado, entonces use esta oración para comprometerse a seguir buscando y haciendo la voluntad de Dios.

Querido Dios, hay muchos aquí esta noche que necesitan tomar la decisión de entregar sus vidas en Tus Manos, y aceptarte en sus corazones como Señor y Salvador. Dales el valor de hacerlo silenciosamente en este momento. Es la decisión más importante que van a tomar en su vida.

Oren conmigo. Voy a decir una frase y usted la repetirá en su corazón.

> *Querido Dios, creo que enviaste a tu Hijo, Jesús, para morir por mis pecados y así ser perdonado. Perdóname por mis pecados, quiero vivir el resto de mi vida en la forma que tú lo deseas para mí. Por favor, pon Tu Espíritu en mi vida para dirigirme. AMÉN.*

Si tomó la decisión de invitar a Cristo a su vida, cuénteselo a alguien. Me gustaría hablar con usted luego de nuestro momento de compañerismo.

TESTIMONIO del PRINCIPIO 3

Mi nombre es Brenda, y mi historia comienza en el sur, Louisville, Kentucky, para ser exacta. Nací en una familia de gente blanca. Algo parecido a la película *The Jerk* [El Idiota], donde Steve Martin dice: "Nací como un niño negro pobre," excepto que en mi caso era lo opuesto: Nací como una "niña blanca" pobre. Era algo gracioso en la película, pero no en mi vida.

Me imagino que se estará preguntando cómo podría ser esto así. Bueno, mi mamá estaba casada y tenía un hijo, mi hermano. Ella trabajaba en la destilería (Kentucky es la capital del Whisky del mundo), y mientras iba a su trabajo una noche, se subió a un elevador y fue atacada, golpeada, y violada por un hombre de raza negra. Como si Dios lo hubiera planeado (ahora sé esto), fui el resultado de este incidente.

Me he preguntado, más veces de las que ustedes puedan imaginarse, por qué mi mamá nunca me regaló, en aquellos años ya que en el sur, una relación entre blancos y negros era más que inaceptable. Esta historia no es acerca de prejuicios, pero era algo muy común en aquellos días, especialmente en el sur, y en particular entre la gente inculta. Así que seguramente mi madre se dio cuenta que mi nacimiento en esta familia blanca iba a complicar mucho las cosas para ella y definitivamente para mí.

Fui odiada por mi padrastro. Él me maltrató desde el principio. Cuando estaba en primer grado, ya me golpeada todos los días. Fui quemada, me tiraron cuchillos que partieron mi nariz exactamente por la mitad, quemada con sopas, encerrada en roperos, y fui literalmente pisoteada, hasta que perdí toda función corporal (y eso fue porque no pude memorizar una canción). Me levantaba a las 3 de la mañana para ponerle cigarros en un árbol y que este hombre pudiera dispararles, y frecuentemente disparaba antes que yo me moviera del árbol. Y por supuesto, fui abusada sexualmente. Era un hombre bastante enfermo. Él era alcohólico y murió cuando yo estaba en primer grado.

Mi mamá siguió conociendo alcohólico tras alcohólico, tenían relaciones con ella y luego tenía un hijo. Cada uno abusaba de ella, de nosotros y se iba. Luego se involucró con gente peor y terminó en la cárcel. Nos enviaron a vivir con una abuela que fue bastante cordial e hizo lo que se suponía que hiciera. Cuidó de nosotros mientras mi mamá estaba lejos, aunque no era muy afectuosa.

Luego vinieron los otros familiares, los tíos y primos que no molestaban mucho a los otros niños sino a mí. Era el blanco de mucho abuso mental, físico y sexual por parte de todos ellos. De hecho, solía pensar que tenía un rótulo pintado en mí que decía, "moléstame," "golpéame," o "aquí estoy," porque eso era todo lo que conseguía. No había amor; no había palabras amables, ni palabras de ánimo, tampoco expresiones de cariño.

Bueno, no es necesario decirlo, crecí en un ambiente muy difícil. Tenía que luchar a mi manera en cada situación, defendiéndome constantemente. No tenía muchos amigos en la escuela, porque a los niños no se les permitía jugar con una "niña negra." Fui la única negra durante todos mis estudios hasta graduarme, verdaderamente diferente.

Tengo que decirlo, realmente me gustaba ir a la escuela. Era casi el único lugar seguro donde podía estar. Cualquier lugar era mejor que mi casa. De hecho, me fui de casa a los catorce años pero sentí que era bastante difícil, así que tuve que regresar a la locura.

De todas formas, en la escuela me involucré en los deportes, atletismo era mi fuerte, y fui elegida como la "Más Atlética" en mi último año. Pero ni tan solo una vez alguien de mi familia vino a verme. Ni una vez.

Y como mucha gente me odió inmediatamente por mi color, recuerdo que aun era muy joven cuando pensé, que un día no iba a aceptar a la gente a quien yo no le gustara, ¡a menos que me dieran una oportunidad primero! Sólo deme cinco minutos. Si no le gusto, está bien, pero por favor deme una oportunidad.

Quería tanto ser como los otros niños y hacer cosas normales —ir a patinar, ir a bailes y cosas así— pero eso no iba a suceder porque nadie quería o podía llevar a una "chica negra" a ningún lugar, por lo menos, así era detrás de las puertas cerradas, por lo que procedí, como ellos dicen, a "buscar amor en todos los lugares equivocados." Encontré un grupo de no deseables como yo, a los cuales podía pertenecer. Esto sucedió en los años 70, la época más grande de la droga. Créanme cuando les digo que las he probado todas. Y llegué a lo que llamo mi propio modo de destrucción. Conocí un muchacho, salí embarazada y tuve un hijo. Puedo decirles sin lugar a dudas que mi hijo ha sido mi salvavidas. No hay duda de que Dios lo envió a mi vida.

Siempre he sido bendecida y capaz de tener uno o dos trabajos. De hecho, tenía tres trabajos cuando compré mi primera casa, a los treinta y tres años. Me mudé a esa casa, me volví una traficante de droga y todavía cuidaba de los negocios. Yo era, lo que usted llamaría una drogadicta altamente activa. Siempre tenía trabajo, un carro, ropa de marca y dinero. ¿Cómo era posible que tuviera un problema?

Unos años después me fui a vivir a Houston. Y fue allí donde me involucré en la cocaína. Pero fui detenida por tráfico de drogas, fui buscada y encontrada con una bolsa de una libra en mi cartera (porque en este tiempo me estaba fumando como un octavo al día). Fui puesta en libertad condicional, con exámenes de consumo de droga como parte de eso. Intenté burlar el sistema tomando jugo de pepinillo. (No lo intente, no funciona.) De todas formas fui enviada a prisión durante tres meses por romper con esa prueba. ¡Qué advertencia fue esto para mí! pero no piense que cambié inmediatamente, aunque me dí cuenta que no podía vivir así.

Siempre he sido muy apegada a mi mamá y sé que ella me protegió como mejor pudo. Ella fue la persona que me amó y en quien confié. El día que salí de la cárcel, murió mi mamá. Estaba destrozada: la única persona en quien podía confiar había muerto.

Empaqué todo y me fui a vivir a California. Tenía que tener mi prueba y consejería transferidas y continuar en el programa.

Luego de conocer a un hombre que llegó a ser un abusador (no me permitía salir de la casa excepto para ir al trabajo y comprar mis alimentos), terminé viendo a Fred Price en la televisión. A través de él, Dios me habló directamente. Tenía mucho que decir domingo tras domingo, después de ganarse mi atención.

Oré al Señor y le pedí que me sacara de esta relación y así fue que en seis meses yo fui libre. Comencé a reunirme en otra iglesia y entregué mi vida al Señor dos semanas antes del día de Año Nuevo.

Luego, el día de Año Nuevo fui violada. Había unas pocas cosas que se me habían quedado de la vida cristiana, una era que "todas las cosas buenas vienen de lo alto," así que todavía creo que ese incidente fue un golpe de Satanás (y por supuesto no era el último) porque él no me quería perder como una de sus guerreras.

Yo sé que Dios siempre ha tenido un plan para mí. Creo que parte de su plan fue el que yo iniciara mi recuperación en ese tiempo y allí. Había estado metiendo todos esos sentimientos, todas esas cosas feas que me habían pasado cuando niña, en una "caja de Pandora."

Una vez en mi camino a la recuperación, descubrí que tenía que abrir esa caja. Tenía que sacar cada cosa y afrontarlas una por una. No quiero decir que fue fácil, porque no lo fue. Fue tan doloroso la segunda vez como fue la primera, pero hice el más fascinante descubrimiento: A pesar de todas esas cosas que la gente me había hecho cuando era niña y durante toda mi vida, y a pesar de todo lo que había hecho, ¡no era culpable, NO era mi culpa! Realmente no era la persona terrible, horrible que yo pensé y sentía que era. De hecho, puedo pararme aquí hoy y decirle que Dios ha permitido que yo vea que realmente no soy una persona despreciable.

Y mientras he tenido la oportunidad de leer la Palabra de Dios, he podido ver que mi vida era parte del plan de Dios desde el principio, sin ninguna intención de dañarme, pero para darme forma y moldearme en la persona que soy hoy.

Luego de estar en terapia, en un programa durante unos pocos años y también siendo una cristiana, supe que toda esta falta de cordura había sido eliminada de mi vida. Entonces comencé a orar por un hombre con quien vivir, uno que Dios me enviara. Unos pocos meses después conocí al hombre que pronto sería mi esposo. Él era un hombre muy divertido, cristiano y amaba al Señor.

Luego de un corto tiempo, nos casamos. Fuimos bendecidos doblemente desde el principio. Dios derramó Sus bendiciones sobre nosotros, nos dio una casa hermosa en un lago, carros bellísimos, un salón de belleza. Dios fue bueno.

Después de casi ocho meses, mi esposo comenzó a comportarse de una manera muy diferente, bebiendo mucho y estando fuera de casa por tres o cuatro días. Mientras los meses pasaban, descubrí, que me había casado con un adicto.

Fue en este tiempo que unos amigos nos invitaron a Saddleback para que oyéramos a sus niños cantar en un programa de Navidad. Estábamos buscando una iglesia que fuera como una casa y nunca sentimos la necesidad de quedarnos en ninguna, sino aquí en Saddleback, luego de esa noche.

Durante los momentos difíciles en los que mi esposo estaba fingiendo, descubrí *Celebremos la Recuperación*. Lo animé para que fuera conmigo y lo hizo unas pocas veces aunque raramente se quedaba en los grupos.

Finalmente tuve que tomar una decisión, ya que soy la única que estoy a cargo de mí misma, para llegar y comprometerme con el programa. Desesperadamente necesitaba hablar con alguien. El problema que tenía en ese tiempo era decidir a cuál grupo ir, ya que los necesitaba todos. Escogí el de los co-dependientes, en la relación de dependencia a las drogas.

La enfermedad de mi esposo iba progresando a tal grado que yo no podía cuidarlo. No es necesario decirlo, nuestro matrimonio estaba sufriendo, pero seguí orando y rogando en oración, seguí confiando en que Dios, me daría todas las respuestas.

Después de casi tres meses, se me pidió dirigir el grupo, lo cual hice con la ayuda de Dios hasta enero de 1995.

Es allí que el tercer principio llega: Conscientemente elijo entregar toda mi vida y voluntad al cuidado de Cristo.

Segunda Samuel 22:2-3 (NVI) dice: "El señor es mi roca, mi amparo, mi libertador; es mi Dios, el peñasco en que me refugio. Es mi escudo, el poder que me salva, ¡mi más alto escondite!"

Es asombroso para mí el estar ante ustedes esta noche para poder darle la gloria a Dios. Como ven, si fuera la decisión de Satanás, hubiera muerto en enero del año pasado, cuando mi esposo me atacó, me golpeó y me dejó inconsciente. Es debido al Dios que sirvo y al nombre de Jesucristo que estoy aquí, y quiero darle toda la gloria a Él.

Al recapitular todos los sucesos de ese día y todos esos largos meses que siguieron, debo decirle que Dios es real y que ¡he visto Su rostro! Después que fui golpeada hasta estar inconsciente, me robaron el carro, mi cartera, mi dinero, mis tarjetas de crédito, mis joyas, y todo lo demás que consideraba de valor en ese tiempo. Tuve que dejar mi bellísima casa que amaba tanto. Ese día salí para el hospital con solo una bolsa de ropa, mi cuerpo y mi espíritu rotos, y también mi Biblia. Pensé que todo se había ido. Fue entonces cuando algunos milagros comenzaron a suceder.

Primero, Dios me envió a Jesucristo durante ese ataque para prevenirme de Satanás y que yo pudiera escapar. Luego de esa experiencia traumática, Dios me rodeó totalmente con ángeles terrenales. Uno fue una amiga de trabajo que me tranquilizó con su voz, me llevó al hospital y me consiguió alguna comida y un hotel para pasar esa noche. Ella también canceló todas mis tarjetas de crédito y mis cuentas bancarias.

Y luego otra amiga (adoptada por unos misioneros en África) de mi trabajo me sacó del hotel. Me dio un carro y las llaves de su apartamento, un lugar muy seguro donde estar. También me dio una cartera (¡Ja! ¡Ja!), aunque todo lo que tenía que guardar era mi Biblia. ¿Qué más necesitaba?

Tuve que dejar de trabajar durante una semana debido a los golpes en mi cuerpo y a mi ego. Regresé a casa luego de tres semanas, entonces otro milagro sucedió. Avergonzada por lo que me había sucedido, sabía que tenía que hacer una mudanza rápida, de emergencia. Finalmente, el día antes de mudarme, hice dos llamadas telefónicas a la gente del coro y también le mencioné mi situación a un par de personas en mi grupo de recuperación. Me quedé completamente impresionada cuando, a las 9 de la mañana de ese sábado, diecisiete personas aparecieron en las gradas de la puerta. Ocho mujeres comenzaron a empacar como bandidos. Los hombres pusieron las cosas en el camión, y a eso de la una de la tarde toda mi casa estaba empacada. ¡Díganme si eso no es un milagro! Sólo Dios pudo haber hecho ese trabajo. Aun pude asistir a la iglesia esa noche. Tres semanas más tarde cambié de casa otra vez y todos estuvieron allí de nuevo.

Y al pensar en eso, no hubo ni un solo día del año pasado sin alguna clase de dificultad. Tuve que tratar con la clausura de la casa y de las cuentas bancarias, la gente del arrendamiento, la policía y los detectives, abogados, y por supuesto, todavía tenía un trabajo altamente estresante.

Al final, me regresaron mi carro de un parqueo de embargo, tres semanas después. Por la gracia de Dios y mi ángel guardián, no había ni un rasguño en el carro. Todo mi equipo de sonido lo perdí, lo cual se volvió en una bendición disfrazada. ¿Ven ustedes? Durante todo ese tiempo de silencio en mi carro, Dios y yo tuvimos conversaciones maravillosas y especiales. Tuvimos mucho más tiempo a solas que nunca antes.

Estaba tratando de administrar mi apartamento y el salón de belleza y todo lo que tenía que ver con eso. No lo pude hacer, así que Dios lo hizo. El arrendamiento del negocio terminó en agosto y con la ayuda de todas las muchachas de mi grupo de lucha en *Celebremos*, tomamos esa tienda y cerramos sus puertas. ¡Dios siempre hace caminos donde no los hay!

Yo era una de las primeras en llegar a cada actividad de la iglesia. Estaba los martes para los dos ensayos, el miércoles al culto de mitad de semana, cantaba los jueves por la noche en el estudio bíblico de mujeres. Por supuesto, estaba también los viernes, y si el coro cantaba, estaba los sábados y domingos.

Necesitaba esta iglesia y mi familia, (sus miembros) para ayudarme a permanecer de pie en medio de todo esto. Dios ha sido muy fiel conmigo. Y mientras todo pasaba, yo tuve mi mejor año financieramente hablando, como nunca antes en mi trabajo y Dios me bendijo con una casa nueva! ¿Dije que pensé haberlo perdido todo? ¡No lo creo! ¡He ganado mucho más a través de mis dificultades de lo que pude haber perdido! Sólo haber visto el rostro de Dios fue más que lo que pude haber pedido.

Al recordar todo este último año, veo que ahora puedo aceptar más las cosas que no puedo cambiar y verdaderamente se requiere ánimo para cambiar las cosas que sí se pueden, y he luchado con la sabiduría para saber la diferencia entre ambas.

Me gustaría decirles que mi matrimonio sobrevivió y está floreciendo. Sin embargo, siento decir que no es así. Nuestro divorcio terminó finalmente en enero de este año. Estoy confiando en Dios para que cuide de mí durante este tiempo también. Él me ha prometido que nunca me dejará ni me abandonará. Hermanos y hermanas, esto también se aplica para ustedes. Sólo pídanselo.

En 2 Corintios 4:8 dice: “Nos vemos atribulados en todo, pero no abatidos; perplejos, pero no desesperados.” El Salmo 147:3 (NVI) dice: “Restaura a los abatidos y cubre con vendas sus heridas.” Y Romanos 8:28 dice: “Ahora bien, sabemos que Dios dispone todas las cosas para el bien de quienes lo aman, los que han sido llamados de acuerdo con su propósito.”

¡Gracias por permitirme contarles mi historia!

Principio 4

Una apertura para un autoexamen y confesión de mis faltas a mí mismo, a Dios y a alguien más en quien confío.

Dichosos los de corazón limpio.

Moral

Lección 7

Principio 4: Una apertura para un autoexamen y confesión de mis faltas a mí mismo, a Dios y alguien en quien confío.

Dichosos los de corazón limpio.

Paso 4: Hicimos un minucioso y audaz inventario moral de nosotros mismos.

Hagamos un examen de conciencia y volvamos al camino del Señor.
Lamentaciones 3:40

Introducción

Esta noche realmente vamos a ahondar y comenzar en el proceso de crecimiento de la recuperación. Ahora, aunque el principio 4 traiga consigo algunos dolores, veremos las formas de maximizar el crecimiento y minimizar el dolor.

Desearía decir que usted puede escapar del dolor de su pasado al obviarlo o evadirlo. Pero enfrentarlo es la única forma que conozco de deshacerse del dolor de su pasado. Se ha dicho que "necesitamos usar nuestro pasado como un trampolín, no como un sofá — un indicador y no como algo a que aferrarnos."

Conozco personas que pasan sus vidas racionalizando el pasado, renegando acerca del presente y temiendo acerca de lo porvenir. Ellos, claramente, no están dirigiéndose al camino de recuperación. Sin embargo, al venir esta noche, ustedes han escogido seguir adelante. Y si escoge embarcarse en la aventura de su propio descubrimiento que comienza con el Principio 4 y sigue a través del Principio 5, le puedo garantizar que el crecimiento ocurrirá.

El Principio 4 inicia el proceso de "hacerse transparente." El pastor Rick Warren le llama a esto "la descomposición de la verdad." Es allí donde abiertamente examinamos y confesamos nuestras faltas a nosotros mismos, a Dios y a otra persona en quien confiamos. Desechamos y limpiamos lo podrido de nuestro pasado que se ha acumulado todos estos años y que nos ha mantenido ciegos ante la verdad de nuestro pasado y las situaciones presentes.

Un inventario moral

Usted se estará preguntando: "¿Cómo hago esto llamado un 'inventario moral'?

La palabra "moral" asusta a algunas personas. Me asustó cuando tuve que trabajar en este paso en los Alcohólicos Anónimos. En realidad, la palabra "moral" simplemente significa ¡honesto!

En este paso necesita hacer una lista o un inventario de todos los sucesos significativos, buenos o malos, en su vida. Necesita ser tan honesto como pueda para permitir que Dios muestre su papel en cada suceso y cómo eso le afectó a usted y a otras personas.

El acróstico de esta noche le explicará los cinco pasos que necesita seguir para hacer un inventario MORAL.

Meditar
Osadamente abrirse
Reposar
Analizar
Lista

Primero necesita **M**editar. Programe una cita con usted mismo. ¡Asigne un día o un fin de semana y reúnase con Dios! Él nos dice en Job 33:33 (NVI): "De lo contrario, escúchame en silencio y yo te impartiré sabiduría."

La próxima letra en MORAL es **O**, de OSADAMENTE ABRIRSE

¿Recuerda que cuando era niño iba al dentista y él decía: "Abre bien" con voz graciosa como de canción? Bueno usted necesita "abrir osadamente" su corazón y su mente para confesar los sentimientos de dolor del pasado que lo han bloqueado o causado que los niegue. La negación quizás ha protegido sus sentimientos y reprimido su dolor por un momento. Pero ahora también lo bloquea e impide su recuperación de heridas, complejos y hábitos. Necesita "abrirse ampliamente" para ver la verdad real.

Una vez que haya visto la verdad, necesita expresarla. Esto es lo que Job tiene que decir acerca de ser abiertos: "Por lo que a mí toca, no guardaré silencio; la angustia de mi alma me lleva a hablar" (Job 7:11 NVI). Tal vez las siguientes preguntas lo ayuden a "despertar" sus sentimientos y a comenzar su inventario!

Pregúntese: *¿De qué me siento culpable?* La primera cosa que vino a su mente es lo primero que necesita anotar en el inventario.

¿Conoce y entiende el propósito de Dios respecto a la culpabilidad? Dios usa la culpabilidad para corregirnos a través de Su Espíritu cuando estamos equivocados. Eso se llama convicción. ¡Y la convicción duele!

Ahora, no confunda convicción con condenación. Romanos 8:1 nos dice: "No hay ninguna condenación para los que están unidos a Cristo Jesús." Una vez que hemos tomado la decisión de aceptar a Jesús en nuestro corazón, que confesamos nuestros pecados, aceptamos el perfecto perdón de Cristo y nos volvemos de nuestros pecados, en cuanto a Dios respecta, el propósito de la culpa, hacernos sentir mal acerca de lo que hicimos en el pasado, ha terminado. Pero nos gusta mantenernos en eso, dañarnos una y otra vez en nuestra mente, repetidamente, ¡con ello!

Eso es condenación. Pero no proviene de Dios, sino de nosotros mismos. El principio 4 lo ayudará a salir de su culpa una vez y para siempre.

La siguiente pregunta que necesita hacerse es *¿Qué resiento?*

El resentimiento es el resultado de enterrar nuestras heridas. Si los resentimientos son reprimidos, abandonados hasta descomponerse, causarán enojo, frustración y depresión. Lo que no decimos creativamente, lo hacemos destructivamente.

Otra gran pregunta que abiertamente necesita hacerse durante este paso es: *¿Cuáles son mis temores?*

Personalmente mi temor es ir al dentista; pero aunque me duela mientras estoy en la silla, cuando el doctor ha terminado de sacar la caries (lo podrido) me siento mucho mejor.

El temor nos impide expresarnos honestamente y hacer un inventario moral, honesto. Josué 1:9 (NVI) nos dice: "¡No tengas miedo ni te desanimes! Porque el Señor tu Dios te acompañará dondequiera que vayas."

La siguiente pregunta en la lista es: *¿Estoy atrapado en autocompasión, excusas, o pensamientos deshonestos?* Recuerde, ¡la verdad no cambia, sus sentimientos sí cambian!

Estas preguntas son solamente el principio de su inventario, ¡pero no se desanime! La siguiente letra lo invita a recordar que no tiene que enfrentar esta tarea solo.

La próxima letra es **R**, que indica REPOSAR en Dios.

Confiar en Jesús para darle el ánimo y la fortaleza que este paso requiere. Aquí hay una sugerencia: Cuando sus rodillas le estén indicando que hay que orar, es de ayuda ponerse de rodillas ¡y hacerlo!

Isaías 40:29 nos dice que Jesús: "da fortaleza al cansado y aumenta el poder de los débiles." ¡Usted puede hacer eso con la ayuda de Dios!

Antes de seguir, quiero recordarle que los principios y pasos están en orden por causa de que si estuvieran enumeradas de otra forma no tendríamos un acróstico tan formidable. Usted necesita completar el Principio 3, entregar su voluntad y su vida a Dios, antes de trabajar con éxito el Principio 4.

Una vez que conoce el amor y el poder del único Poder Superior, Jesucristo, ya no hay más necesidad de temer a este principio. Salmo 31:23-24 (NVI) nos dice: "Amen al Señor, todos sus fieles; él protege a los dignos de confianza ... Cobren ánimo y ármense de valor, todos los que en el Señor esperan.." Y recuerden, ánimo no es la ausencia de temor sino ¡su conquista!

Ahora está listo para **A**NALIZAR su pasado honestamente.

Para hacer un inventario "minucioso y audaz," debe salir de su negación, porque no podemos olvidar nuestras faltas hasta que las afrontemos. Debe ver a través de la negación de su pasado la verdad del presente, sus verdaderos sentimientos, motivos, pensamientos, como en la película "La guerra de las galaxias" Obi-Wan Kenobi dice: su "lado oscuro."

Proverbios 20:27 (NVI) dice: "El espíritu humano es la lámpara del Señor, pues escudriña lo más recóndito del ser." Créeme, ¡lo sé! ¡Lo intenté! Mi abuela solía decirme: "Johnny, no es suficiente ser honesto durante el día. Debes portarte bien por la noche también."

Algunos de ustedes escucharon la palabra "analizar" y se emocionaron porque les gusta detallar una situación y mirar los hechos desde todos los ángulos. ¡Otros han sudado frío al pensar en analizarlo todo! Para aquellos de ustedes cuyos corazones están latiendo y cuyas manos están húmedas, escuchen atentamente mientras hablamos de la **L** en la palabra moral: hacer una LISTA.

Su inventario es básicamente una lista escrita de los sucesos del pasado, tanto buenos como malos (el balance es importante). Ver el pasado escrito en un papel lo llevará a enfrentarse con la realidad de los defectos de su carácter. Su inventario se vuelve un descubrimiento en blanco y negro de quien realmente es usted en lo más profundo de su ser.

Pero si solamente mira todas las cosas *malas* de su pasado, alterará el inventario exponiéndose a un dolor innecesario. Lamentaciones 3:40 nos dice: "Examinemos y probemos nuestros caminos." El versículo no dice: "Solamente examinen sus caminos malos y negativos." ¡Usted necesita enfocarse honestamente en los "pro" y los "contra" de su pasado!

Sé de gente que se ha negado a hacer un balance en su inventario y se han estancado en su recuperación. O aún peor, han dicho que el programa es muy difícil y doloroso y también han detenido su caminar de recuperación. Han vuelto a sus heridas, complejos y hábitos del pasado.

Una palabra de precaución importante: NO comience este paso sin un mentor, o un compañero fuerte, a quien rendir cuentas. Necesita alguien en quien confiar para que lo ayude a mantenerse en balance durante este paso, no para que haga su trabajo. ¡Nadie puede hacer esto excepto usted mismo! Pero necesita el apoyo de alguien que lo ayude en su progreso y que comparta su dolor. De eso se trata este programa.

En dos semanas veremos cómo encontrar un mentor. Esa es la lección 8 en la Guía 2 del Participante. Le mostrará algunas de las cualidades que debe buscar en un mentor, cuál es su trabajo y algunas sugerencias de cómo encontrar un mentor o compañero a quien rendir cuentas. Un lugar excelente para comenzar es en la Barbacoa de *Celebremos la Recuperación* el próximo viernes a las 6:00. Entonces, ¿por qué esperar? Comience a buscar en el café Roca Sólida esta noche a las 9:00. Así es como se empieza el Principio 4.

Resumen

En la mesa de información encontrará algunas hojas de trabajo para llenar el Principio 4 . En unas semanas estaremos hablando de cómo ponerlas en uso al ayudarlo a trabajar en este paso clave.

Lo animo a obtener su Guía del Participante 2 esta noche si ya completó el Principio 3.

Comience a trabajar en el Principio 4. ¿Qué está esperando? Empiece a trabajar en serio en este programa.

Si es nuevo en recuperación o si está es su primera reunión, nos alegra que esté aquí. Recoja la primera guía del participante, *Como ir de la Negación a la Gracia de Dios*, y comience este sorprendente viaje con Jesucristo. Un caminar sanador que lo guiará a la libertad y a la verdad. Y al escuchar, durante las siguientes dos semanas, cuando esté listo para comenzar el Principio 4, estará adelantado. Y también tendrá una excelente compresión de la importancia del principio 4.

Oremos.

Querido Dios, tú conoces nuestro pasado, todas las cosas buenas y malas que hemos hecho. En este principio, te pedimos que nos des la fortaleza y el ánimo de hacer una lista de todo eso para que podamos "volvernos transparentes" y afrontarla como la verdad. Por favor, ayúdanos a alcanzar a otros que has puesto a lo largo de nuestro "camino a la recuperación." Gracias por proveerlos para ayudarnos a seguir equilibrados al hacer nuestros inventarios. En el nombre de Cristo oro, AMÉN.

Mentor

Principio 4: Una apertura para un autoexamen y confesión de mis faltas a mí mismo, a Dios y a alguien en quien confío.

Dichosos los de corazón limpio.

Paso 4: Hicimos un inventario moral minucioso y audaz de nosotros mismos.

Hagamos un examen de conciencia y volvamos al camino del Señor.

Lamentaciones 3:40

Introducción

El mes pasado hablamos acerca de la importancia de tener una relación personal con Jesucristo, la cual encontró cuando tomó la decisión de entregar su vida y voluntad al cuidado de Él.

Ahora verá que el camino a la recuperación no tiene como propósito que usted camine solo. Usted encontrará que realmente necesita tres clases de amistades. La más importante es su relación personal con Jesucristo. Además, necesita una relación con su grupo de recuperación y su familia de la iglesia. Finalmente, necesita relacionarse con una persona llamada mentor y/o compañero a quien rendir cuentas. Identificar un mentor es especialmente importante antes de comenzar los Principios desde el 4 hasta el 6, en los cuales trabajará al ponerse a cuentas con Dios, con usted mismo y con otros.

Hace dos semanas hablamos de hacer un inventario moral, la evaluación de sus debilidades (defectos) y fortalezas. Se ha dicho que intentar hacer un inventario uno mismo puede ser tan inútil como pelar una cebolla para encontrar el centro. Cuando haya terminado, no quedará nada sino lo que ha pelado y las lágrimas.

Como lo dije en la lección 7, el Principio 4, inicia el proceso de "hacerse transparente" Proverbios 15:14 nos dice: "El corazón entendido va tras el conocimiento; la boca de los necios se nutre de tonterías." ¿Está listo para alimentarse de la verdad de su vida? Bueno, entonces es tiempo de sacar la basura.

La basura puede volverse bastante pesada por momentos, así que no deseo que trate con eso usted solo. Necesita un tutor genuino, un maestro o, en los términos que usamos en recuperación, un mentor. Alguno de ustedes puede que todavía no esté convencido de que realmente necesita esa persona conocida como mentor, así que esta noche vamos a responder las siguientes cinco preguntas:

1. ¿Por qué necesito un mentor?
2. ¿Cuáles son las cualidades de un mentor?
3. ¿Qué hace un mentor?
4. ¿Cómo encuentro un mentor?
5. ¿Cuál es la diferencia entre un mentor y un compañero a quien rendir cuentas?

¿Por qué necesito un Mentor?

Hay tres razones por las que usted necesita un mentor.

Tener un mentor o un compañero a quien rendir cuentas es bíblico

Eclesiastés 4:9-12 (NVI) nos dice: "Más valen dos que uno, porque obtienen más fruto de su esfuerzo. Si caen, el uno levanta al otro.¡Ay del que cae y no tiene quien lo levante! ... Uno solo puede ser vencido, pero dos pueden resistir."

Proverbios 27:17 nos dice: "El hierro se afila con el hierro, y el hombre en el trato con el hombre." La frase "uno a otro" es usada en el Nuevo Testamento ¡más de cincuenta veces!

Tener un Mentor o compañero a quien rendir cuentas es una clave importante de su programa de recuperación

¿Sabe que su programa de recuperación tiene cuatro elementos clave para tener éxito? Si su programa incluye cada una de estas áreas, usted va bien en su camino a la solución, a la integridad.

La primera clave es mantener una perspectiva honesta de la realidad al trabajar cada paso. Todavía no he visto que este programa haya fallado con alguien que fue completamente honesto consigo mismo. Sin embargo, he visto algunos que se rinden en su recuperación porque no pudieron salir de su negación y entrar a la verdad de Dios. Tener a alguien que le ayude a mantenerse honesto, es una verdadera ventaja al trabajar los pasos.

El segundo elemento importante es hacer de su asistencia a las reuniones de grupo de recuperación una prioridad en su horario. Esto no significa dejar de tomar sus vacaciones de verano o tener que asistir a la reunión a pesar de una intensa lluvia. No me mal interprete, es excelente tomarse unas vacaciones, pero luego que las dos semanas hayan terminado, regrese a sus reuniones. Recuerde, sus heridas, complejos y hábitos no se toman vacaciones. Usted necesita hacer una prioridad de las noches de los viernes aquí en *Celebremos la Recuperación* y de otras reuniones a las que asiste. Un mentor puede animarle a asistir a sus reuniones.

El tercer elemento es mantener su programa espiritual con Jesucristo por medio de la oración, meditación y estudio de Su Palabra. Nos enfocaremos más en esto en el Principio 7, pero no tiene que esperar hasta que llegue allí para desarrollar su relación personal con Cristo. Su mentor puede orar por usted y ayudarle a mantenerse centrado en la Palabra de Dios.

El último elemento clave para lograr un programa exitoso es involucrarse en el servicio a otros. Una vez que haya completado el Principio 8 estará listo para servir como mentor. Sin embargo, hasta ese momento, hay gran cantidad de oportunidades para servir en las que puede comenzar.

Como usted sabe, el servicio no es nada más que el amor en acción, hay gran cantidad de oportunidades para llevarlas a cabo en *Celebremos la Recuperación*. Necesitamos ayuda en Barbacoa, y el Café Roca Sólida, entregando boletines y mucho más. Si desea involucrarse búsqueme, llámeme, o hable con el líder de su grupo. Su mentor también puede sugerirle formas en las que usted puede servir.

Sin ninguna excepción todos aquí necesitan un mentor o un compañero a quien rendir cuentas.

Tener un mentor es lo mejor contra las recaídas.

Al brindarle retroalimentación para mantenerlo en el camino, un mentor puede darse cuenta cuando sus antiguos patrones disfuncionales y de autodestrucción comienzan a aparecer y señalárselos rápidamente. Él o ella pueden confrontarle con la verdad en amor, sin hacerle sentir culpa o vergüenza.

Eclesiastés 7:5 (NVI) nos dice que: "Vale más reprensión de sabios que lisonja de necios." El problema con la mayoría de nosotros es que preferimos estar en ruina por la alabanza que ser salvos por la crítica.

¿Cuáles son las cualidades de un mentor?

"Los pensamientos humanos son aguas profundas; el que es inteligente los capta fácilmente." (Proverbios 20:5 NVI).

Cuando usted esté seleccionando un mentor busque las siguientes cualidades:

1. ¿Está de acuerdo lo que dice con lo que hace? ¿Está viviendo los ocho principios? He conocido mucha gente que conoce cada parte de los 12 pasos. Pueden citar de memoria el Gran Libro de los Alcohólicos Anónimos y aun dar referencias de los números de páginas. Pero su estilo de vida no concuerda con lo que hablan. Asegúrese que la persona que usted elija como mentor sea alguien cuyo ejemplo de vida es digno de imitar.

2. ¿Tiene una relación personal con Jesucristo que denote crecimiento? ¿Ve el carácter de Cristo desarrollarse en esta persona?

3. ¿Expresa el deseo de ayudar a otros en el camino a la recuperación? Hay una diferencia entre ayudar a otros e intentar corregir a otros. Todos necesitamos ser cuidadosos para proteger que la relación con el mentor no se vuelva dañina y co-dependiente.

4. ¿Muestra esta persona compasión, cuidado y esperanza, pero no lástima? Usted NO necesita a alguien que se sienta mal por usted, pero sí necesita de alguien que sea sensible a su dolor. Como el Pastor Rick (Warren) dice: "A la gente no le interesa cuánto usted sabe hasta que ellos sepan ¡cuánto se interesa por ellos!"

5. ¿Es un buen oyente? ¿Siente que esta persona está interesada honestamente en lo que usted tiene que decir?

6. ¿Es esta persona lo suficientemente fuerte para confrontar su negación o indecisión? ¿Se interesa lo suficiente en usted y su recuperación como para desafiarle?

7. ¿Ofrece sugerencias? A veces necesitamos ayuda para encontrar opciones o alternativas que no podemos encontrar por nosotros mismos. Un buen mentor puede dar un punto de vista objetivo y ofrecer sugerencias. ¡No debe dar órdenes!

8. ¿Puede compartir su propia experiencia con otros? ¿Está dispuesto a franquearse y ser vulnerable y transparente? No sé si usted, pero yo no deseo un mentor que diga que ha trabajado los principios. Yo quiero alguien que esté viviendo y trabajando los principios cada día.

¿Cuál es el papel de un padrino (o mentor)?

Permítame darle seis aspectos de lo que su mentor puede hacer:

1. Esta persona puede estar allí para discutir aspectos en detalle que son muy personales o que tomarían mucho tiempo en una reunión. Esto es especialmente cierto con el Principio 4. Usted no explica todo su inventario en una reunión de grupo.

"Soy la forma más lenta de vida en la tierra" es una frase frecuentemente repetida por los que están trabajando en su inventario. Otros niegan, racionalizan y culpan: "Está bien, admito que hice tal y tal cosa, pero no es como si hubiese matado a alguien"; "Por supuesto, hice a, b y c, pero mi cónyuge hizo hasta la z; comparado con mi cónyuge, soy un santo" "Está bien, lo admito, pero nunca lo hubiera hecho si mi jefe no fuera tan idiota."

El mentor puede estar ahí para comentar sus experiencias, ofrecer fortaleza y esperanza: "Piensa que se siente como un inútil. ¡Déjeme decirle cómo me sentí cuando hice mi inventario!" El papel que desempeña un mentor es modelar la gracia y el perdón de Cristo y dar un sentido de perspectiva.

2. Está disponible en tiempos de crisis o posibles recaídas. Siempre les he dicho a los nuevos miembros que he ayudado (de quienes he sido mentor): "Llámame antes de que tomes ese primer trago. Si quieres te lo puedes tomar luego de que hablemos, si esa es tu decisión. ¡Pero, por favor, llámeme antes!" Recuerde Eclesiastés 4:12 (NVI): "Uno solo puede ser vencido, pero dos pueden resistir."

3. Esta persona sirve como un portavoz al proveer un punto de vista objetivo. Esto es especialmente cierto en el Principio 6. Cuando está tratando el área sensitiva de hacer enmiendas y ofrecer perdón, usted necesita un buen portavoz.

4. Está ahí para animarle a trabajar los principios a su propio ritmo. ¡No es su trabajo hacer los principios por usted! Él puede estar pendiente de su progreso, animarle cuando se detenga en su proceso y detenerle cuando vaya muy rápido.

5. Lo más importante es que esta persona intenta modelar el estilo de vida que da por resultado trabajar los ocho principios. Es difícil inspirar a otros para que logren lo que usted no ha estado dispuesto a intentar. Un buen mentor vive los principios.

6. Un mentor puede renunciar o ser despedido. Ayudar a alguien no es una posición para toda la vida.

¿Cómo encuentro un Mentor?

La responsabilidad de encontrar un mentor es suya, pero déjeme darle unas pocas directrices finales que le ayuden en su búsqueda.

1. Lo primero y más importante: Su mentor DEBE ser de su mismo sexo. SIN EXCEPCIONES. Creo que no necesito hablar más sobre este punto.

2. ¿Puede identificarse con el testimonio de esta persona? ¿Reúne esta persona las cualidades de un buen mentor que recién estudiamos?

3. Vaya a la Barbacoa y al Café Roca Sólida. Dedique tiempo para relacionarse y conocer a otros en su grupo. Esa es la razón principal por la cual tenemos estas actividades de compañerismo.

4. Si le pide a alguien ser su mentor y esta persona dice "no", no lo tome como un rechazo personal. Recuerde que su propia recuperación tiene que ocurrir primero. Además, tal vez ya esté ayudando a otros. Sé que muchos de ustedes han pedido a su líder de grupo ser su mentor. Todos ellos son mentores de otros y la responsabilidad de liderazgo es grande. Si ellos le

rechazan, no es algo personal. ¡Su plato está simplemente lleno! Si alguien le dice que no, ¡pídaselo a alguien más! Hasta puede pedir un "mentor temporal." Recuerde, el ser mentor de alguien no es un compromiso eterno.

Lo más importante, pídale a Dios que le guíe al mentor que él ha escogido para usted. Él lo conoce a usted y a todos en este lugar. ÉL ya tiene a alguien en mente para usted. ¡Todo lo que necesita hacer es pedir!

¿Qué es un compañero a quien rendir cuentas?

Mientras el mentor es como una clase de "tutor" de recuperación, el compañero o grupo a quien rendir cuentas es un "equipo" de recuperación. Puede acudir a uno, dos o tres diferentes compañeros y tenerlos como personas a quien rendir cuentas de ciertas áreas de su recuperación o aspectos como la asistencia a las reuniones, andar diario, etcétera. Estos compañeros pueden ser de su mismo o diferente nivel de recuperación en el que usted está. El objetivo principal de esta relación es animarse unos a otros.

Esta noche puede comenzar a formar grupos a quienes rendir cuentas en su grupo pequeño. Cuando lo diga, solamente pregunte si alguien está interesado. Deje que Dios obre y luego vea qué pasa. Le puedo garantizar esto, nada sucederá si no lo pide.

¡Comience a buscar y a edificar su equipo de apoyo esta misma noche!

Oremos.

> *Querido Dios, te agradezco por este grupo de personas que están aquí para romper con sus heridas, hábitos y complejos que los han tenido atados. Gracias por los líderes que has provisto. Gracias por amarnos a todos, no importa en el lugar que nos encontremos en nuestra recuperación. Muéstrame la persona que has preparado para ser mi mentor. Ayúdanos a establecer una relación honesta y cariñosa que te honre y ayude tanto a mi mentor como a mí mismo a crecer fuertes en ti. En el nombre de Jesús.* AMÉN.

TESTIMONIO del PRINCIPIO 4

Hola, soy Dee. Fui criada en los suburbios de Minneapolis. Tuve un hermano mayor que yo, una hermana y dos hermanos gemelos menores. Fui muy afortunada mientras crecía. Recibí clases de piano, zapateo, acrobacia y ballet; también fui Exploradora. Crecimos en una casa muy bonita que mi papá construyó, teníamos un bote y una casa de verano que mi padre también construyó.

Mi mamá se quedaba en casa cuando éramos pequeños, pero cuando mi hermano y yo fuimos lo suficientemente grandes para cuidar de nuestros hermanos menores, ella se fue a trabajar a tiempo completo. A mí me parecía que tenía muchas responsabilidades y cosas que hacer mientras crecía. Nunca sentí que podía agradar a mi mamá. Todo tenía que estar perfectamente hecho o cuando ella llegara a casa, luego del trabajo, se pondría muy enojada. Nunca se nos daba la oportunidad de hablarle. Nos decía la forma en que iba ser y luego se iba. Me dijeron que no tenía que ser impertinente, ni egoísta; ella me decía: "Si no puedes hacer algo del todo bien, no lo hagas." ¡Crecí siendo la niña buena! Pensaba que haciéndolo todo correctamente y diciendo lo que ella quería escuchar, entonces no se molestaría.

Mi papá se jubiló, luego de veinte años de estar en la fuerza naval. Él tenía treinta y ocho años. Después se hizo vendedor de licor y le fue muy bien. Nos mudamos de casa, nos quedamos en ese lugar por dos años y después nos mudamos otra vez. En ese momento estaba en el terce año de la secundaria. Nuestra enorme casa estaba situada cerca de un lago bellísimo. Teníamos un muelle con dos botes y dos carros nuevos. Las cosas materiales siempre las tuvimos en abundancia. Me gustaba mucho la pequeña escuela campestre de secundaria a la cual me tranfierieron y me involucré en tantas actividades extra curriculares como fue posible. Tomé cursos de secretariado, porque mamá siempre creyó que las mujeres no tenían necesidad de ir a la universidad: ellas tenían que casarse, criar hijos y tener trabajos de oficina.

Y seguía sintiéndome alejada de mi mamá. Cuando le preguntaba si podría hacer algo con mis amigos, ella decía: "Vaya a preguntarle a su papá," o "No sé porque me estás preguntando. De todas formas vas a hacer lo que quieras." Nunca hubo ningún apoyo ni aprobación de parte de ella.

Cuando tenía dieciocho años me gradué de bachillerato, conseguí un buen trabajo como secretaria y continuaba viviendo en casa. Una vez me fui, cuando estaba muy enojada, pero el lugar que escogí para ir a vivir no fue una buena elección; luego de una semana regresé a casa.

Una noche de enero estaba patinando sobre hielo con una amiga y cuando regresé a casa escuché que mi hermana Linda, que tenía dieciséis años, había tenido un accidente automovilístico. Mi papá y mi hermano regresaron pronto del hospital y dijeron que Linda estaría bien, pero el doctor la había dejado allí para observarla. Mamá se quedó con ella.

A las cuatro de la mañana escuché voces en la calle frente a casa. Eran mis padres con el pastor de nuestra iglesia. Linda había muerto. ¿Cómo sucedió? ¡Eso sólo les sucede a otras familias! ¿Verdad? Mi papá se culpó por la muerte de Linda. Él dijo que si le hubiera dado el carro más grande con cinturón para el conductor, ella estaría con nosotros. No podíamos hablar de la muerte de Linda. Todos enfrentamos nuestro pesar individualmente.

Un año y medio después nos fuimos a vivir a California. Yo tenía un buen trabajo, vivía sola y estaba estudiando en la universidad. Conocí a Butch y un año más tarde nos casamos. Tres meses después de nuestra boda Butch fue enviado a Vietnam durante diez meses. Viví con su familia por seis de esos diez meses, pero luego tuve mi apartamento. Vivir con sus padres no funcionó.

En 1973 y 1974 nacieron nuestros dos hijos. En 1976 compramos nuestra primera casa en Misión Viejo. En nuestro nuevo vecindario había muchas familias jóvenes como nosotros y, poco después, un pastor y su familia llegaron a vivir cerca. Fuimos a su iglesia; Butch y yo fuimos bautizados y nuestros hijos fueron dedicados al Señor. Yo me uní al Estudio Bíblico de mujeres de mi vecindario y ambos nos unimos al Estudio Bíblico para parejas que se realizaba por las noches. Yo estaba muy contenta con esto porque al tratar con mis hijos, escuchaba la ira en mí; era como mi mamá. Comencé a leer los libros del Dr. James Dobson sobre cómo ser padres. La última cosa que quería era parecerme a mi mamá.

Mientras los muchachos crecían, los involucramos en fútbol, basketbol, béisboll, Niños Guías y Niños Exploradores. Fui la madrina del equipo, vicepresidenta de la asociación de padres, guía de novatos y hacía los estandartes de los equipos. Descubrí que si me mantenía ocupada no tenía que sentir. Butch estaba fuera de casa mucho tiempo, ya sea trabajando hasta tarde o yendo a beber con sus amigos. Ya habíamos hablado acerca de su problema con la bebida, pero las cosas nunca parecían cambiar. Cuando llamaba a mi madre para hablar, me invitaba a su casa y luego de unos pocos tragos, estaba bien.

En 1985, después de vivir en nuestro hogar durante 9 años, decidimos comprar una casa más grande. Conseguí trabajo en el nuevo colegio que abriría en el otoño. Tuvimos un invitado en la primera reunión a la que asistí, él habló acera del abuso de substancias en el colegio. Nos dio un papel con las características de un alcohólico. Sé que me puse bastante sonrojada al leer este papel. Eso afectó mi casa. Yo pensaba que un alcohólico era un vago de barrio bajo. No sabía que podía ser alguno de mi familia.

En el otoño de 1985 nos fuimos a vivir a nuestra nueva casa. Comencé en mi nuevo empleo y tres meses después, los muchachos y yo nos mudamos. Comencé a asistir a otra iglesia y encontré un grupo de apoyo para Alcohólicos Anónimos en esa iglesia.

Butch y yo estuvimos separados solo una semana cuando él dijo que iría a las reuniones de Alcohólicos Anónimos. Hicimos esto durante tres meses, él en los Alcohólicos Anónimos y yo en un grupo de apoyo para padres alcohólicos, pero luego dejamos de ir. Y pensé que si él no tomaba más, nuestros problemas estarían resueltos. Al estar trabajando en mi nuevo empleo en el colegio, sin embargo, mi baja autoestima comenzó a robarse lo mejor de mí. Estaba trabajando con gente que tenía títulos de licenciados o de maestrías y me sentía menos que todos. Sentí que era bien difícil hablar de eso con una autoridad sin llorar y no sabía cómo decir no cuando se me pedía hacer algo. Siempre sonreía, me miraba feliz, me llevaba bien con todos y me presionaba para hacer todo y hacerlo bien. La aprobación de mi persona era lo que me daba valor.

En la evaluación con mi supervisora ese año, ella mostró preocupación por mi llanto y dijo que no era normal. Me sugirió obtener ayuda profesional. Salí de allí pensando: "Oh, yo no estoy tan mal." Leí un libro ese verano acerca de la autoimagen y en el otoño, cuando regresamos al colegio, le dije que estaba bien.

Comencé a asistir a las reuniones con una señora con quien recién había comenzado a trabajar. Hablábamos y escuchábamos a un psicólogo cristiano en la radio y comencé a escuchar cosas con las que me relacionaba.

En octubre de 1992 comencé a ver a una consejera cristiana que ella me había recomendado. Fue aquí donde aprendí acerca de la co-dependencia. Además de mi reunión semanal con ella, fui a seminarios de co-dependencia y ¡tres veces! leí un libro acerca del tema. Estaba contenta de poder entenderme a mí misma. Mi consejera me sugirió que me uniera a un grupo de apoyo para mujeres co-dependientes y me recomendó las reuniones de los viernes por la noche de *Celebremos la Recuperación* en la iglesia Saddleback.

En la noche de Navidad de 1992, fuimos a nuestro primer servicio bajo una carpa y luego, en enero de 1993, vine a *Celebremos la Recuperación*. Me senté en la parte de atrás y vi a toda la gente saludarse y cantar unas canciones alegres. Estaba asustada por lo que me estaba sucediendo, me sentía muy sola y estaba muy molesta de tener que hacer esto.

Luego de dos meses de ver a mi consejera, Butch y yo comenzamos a ver a su esposo, quien también era un consejero para co-dependientes. En este tiempo mi mamá fue diagnosticada con cáncer en los huesos y estaba pasando por radiación y quimioterapia. No estaba bien.

En junio de 1993, Ryan, nuestro hijo menor, se graduó de bachillerato. En agosto nuestros dos hijos empacaron para irse a la universidad al norte. Los llevé hasta su nueva casa fuera de la universidad y después manejé de regreso al sur de California, pero no me quedé aquí. Dejé mi trabajo, empaqué todas mis pertenencias y salí para el norte de California y fui a la casa de mi hermano. Dejé a mis amigos, y mi trabajo, el cual disfrutaba y mi programa de recuperación. Mi matrimonio no estaba bien, y mis dos hijos se habían ido, así que pensé que yo no había dejado nada allí. Mi jefe me llamó y me dijo: "Dee, no puedo tener tu plaza de trabajo reservada como quisiera. Vamos a tener que buscar un reemplazo en forma permanente." Y le dije: "Eso no es necesario. Voy a regresar." Me di cuenta que había cometido un gran error. Una vez de regreso en casa, me quedé con mis amigos quienes nunca me dieron consejo, solo apoyo. El primer viernes por la noche regresé a *Celebremos la Recuperación*, vi a Butch ahí y me dijo que lo iba a intentar otra vez.

Bueno, regresé al trabajo, me mudé a casa de nuevo y comencé algo nuevo en *Celebremos la Recuperación*. En septiembre ellos comenzaron a tener un taller de escritura, un diario espiritual. Tomó nueve meses completarlo, yendo cada viernes en la noche y trabajando los doce pasos en el libro de tarea. Fue entonces cuando me di cuenta de que yo tenía muchas de las características de ACA (Adulta hija de alcohólico).

En el paso 4 trabajé con esa gran ira que sentía dentro de mí hacia mi mamá, culpándola por mis problemas. Experimenté mucho dolor mientras hacía mi inventario, pero sabía que había avanzado mucho como para volver atrás y estaba determinada a mejorar.

Al llegar casi al final del paso 12 del programa me sentí mejor acerca de mi vida. Estaba comenzando a expresar mis sentimientos, no con mucho tacto al principio, pero familiarizándome en cuanto a cómo me sentía. Trabajé con mis temores de figura de autoridad. Ahora puedo decirles lo que *quiero* y *necesito*. Ahora entiendo mis sentimientos de abandono y ¡es tan bueno saber que no soy responsable por todo y que está bien decir que no!

Nuestro matrimonio no estaba bien todavía y en el otoño de 1994 apelé por el divorcio. Habíamos estado casados durante veintitrés años. No era lo que quería, pero ya no podía seguir así. En mi programa aprendí que solamente yo podía cambiarme, nadie más podía hacerlo por mí. Había pasado muchos años tratando de "arreglar," "rescatar," y "hacer posible," y finalmente lo estaba logrando, tenía que despegarme, soltarme.

Ahora estaba más cerca de Dios y sentía paz porque Él estaba en control y cuidaría de mí. Sabía por el programa que debía vivir un día a la vez. En mis caminatas por las noches, tomaba mi hoja de cantos de *Celebremos la Recuperación* y cantaba los cantos que me hacían sentir bien y me detenía a meditar en el parque antes de ir a casa. Oraba para que Dios me dirigiera y cumpliera Su voluntad en mi vida. Sentía la presencia de Dios y sabía que iba a estar bien.

En noviembre, el domingo anterior al día de Acción de gracias, puse una tarjeta de petición de oración en la canasta de la ofrenda y le pedí al equipo de oración que por favor orara por mi esposo. Sentí que se estaba destruyendo a sí mismo. Tres días después, Butch regresó a su programa.

Ha pasado un año y medio desde entonces. En dos semanas celebraremos nuestro vigésimo quinto aniversario de estar casados, y creo que esto es así gracias a Dios y Su voluntad en nuestras vidas. Si hubiéramos hecho nuestra propia voluntad, no estaríamos aquí "juntos" hoy.

Mi crecimiento espiritual llegó lentamente al principio. Luché con "soltar cosas y permitirle a Dios obrar." Quería arreglar todos los defectos en mi vida y los de todos los demás también. Mi progreso es producto de la ayuda de Dios y del programa Cristo-céntrico de recuperación. He aprendido que la dirección de Dios siempre está disponible. Todo lo que necesito hacer es escuchar, recibir y actuar sin temor.

Salmo 27:1 dice: "El Señor es mi luz y mi salvación, ¿de quien temeré? El Señor es la fortaleza de mi vida, ¿de quien me atemorizaré?"

Gracias por permitirme contarles mi testimonio.

Inventario

Principio 4: Una apertura para un autoexamen y confesión de mis faltas a mí mismo, a Dios y a alguien más en quien confío.

Dichosos los de corazón limpio.

Paso 4: Hicimos un inventario moral minucioso y audaz de nosotros mismos.

Hagamos un examen de conciencia y volvamos al camino del Señor.
Lamentaciones 3:40

Introducción

Esta noche veremos cómo comenzar su inventario, así que prepárese para escribir. Sí, así es. Su inventario necesita estar escrito en papel. Escribir (a mano o a máquina) le ayudará a organizar sus pensamientos y a enfocarse en recordar sucesos que usted haya reprimido. Recuerde que usted no va a ser esto solo. Usted está formando su equipo de ayuda para guiarle; pero más importante aún, ¡usted está creciendo en su relación con Jesucristo!

Inventario

Efesios 4:31 nos dice que: "Abandonen toda amargura, ira y enojo, gritos y calumnias, y toda forma de malicia."

Las hojas de inventario de cinco columnas en la Guía del Participante fueron hechas para ayudarle con esta tarea. Demos un vistazo a cada una de las columnas.

Columna 1: "La Persona"

En esta columna usted hace una lista de personas u objetos con los que está resentido o a los que teme. Revise su pasado y llegue lo más lejos que pueda. Recuerde que el resentimiento es más que todo, la ira y el temor que no ha sido expresado.

La buena noticia es que al trabajar completamente a través del Principio 4, verá que sus resentimientos se desvanecen mientras permite que la luz de su fe en Jesucristo ¡brille en otros!

Recuerde hacer una lista de *todas* las personas y cosas contra las cuales usted tiene resentimiento.

Columna 2: "La Causa"

Se ha dicho que "la gente herida hiere a la gente." En esta columna va a hacer una lista de las acciones específicas que alguien hizo para dañarle. ¿Qué hizo la persona para causarle resentimiento y/o temor? Un ejemplo sería el padre alcohólico que no estuvo emocionalmente disponible para usted cuando era joven. Otro ejemplo sería el padre que intentó controlar y dominar su vida. Esta búsqueda reflexiva puede ser dolorosa, pero por eso es que tener un mentor y un equipo a quien rendir cuentas es tan esencial. Esta gente estará ahí para caminar con usted a través del dolor. Por supuesto, Jesús estará con usted también. Dios promete en Isaías 41:10: "Así que no temas, porque yo estoy contigo; no te angusties, porque yo soy tu Dios. Te fortaleceré y te ayudaré; te sostendré con mi diestra victoriosa."

Columna 3: "El efecto"

En esta columna escriba cómo esa dolorosa situación específica afectó su vida, tanto en el pasado como en el presente.

Columna 4: "El Daño"

¿Cuáles de sus instintos básicos fueron dañados?

Social —¿Ha sufrido ruptura de relaciones, calumnias o chisme?

Seguridad —¿Ha sido amenazada su seguridad física? ¿Ha enfrentado pérdidas financieras?

Sexual —¿Ha sido una víctima de abuso? ¿Ha sido rota o dañada la confianza o intimidad?

No importa cómo haya sido dañado, no importa cuán perdido se sienta, Dios quiere consolarle y restaurarle. Recuerde Ezequiel 34:16 (NVI): "Buscaré a las ovejas perdidas, recogeré a las extraviadas, vendaré a las que estén heridas y fortaleceré a las débiles."

Columna 5: "Mi parte"

Lamentaciones 3:40 declara: "Hagamos un examen de conciencia y volvamos al camino del Señor." No dice: "Examinemos *sus* caminos". Ya hizo eso en las primeras cuatro columnas. Ahora necesita determinar honestamente la parte de resentimiento (o cualquier pecado o daño) del cual *usted* sea responsable. Pídale a Dios que le muestre la parte en la cual usted es responsable de un matrimonio o relación rota o dañada, un hijo o padre distante o tal vez un trabajo perdido. (Usted usará la Columna 5 en el Principio 6 cuando trabaje en el punto de estar dispuesto a hacer enmiendas por sus ofensas.)

Salmo 139:23-24 (NVI) nos dice: "Examíname, oh Dios, y sondea mi corazón; ponme a prueba y sondea mis pensamientos. Fíjate si voy por mal camino, y guíame por el camino eterno."

Por favor tome nota: Si han abusado de usted, especialmente cuando era niño, puede encontrar gran libertad en esta parte del inventario. Como puede ver usted **NO** tiene parte **NI** responsabilidad por la causa del resentimiento. Al simplemente escribir las palabras **"NINGUNA"** o **"SIN CULPA"** en la Columna 5, usted puede comenzar a ser libre de la vergüenza y la culpa que ha estado llevando consigo.

Celebremos la Recuperación ha escrito nuevamente el Paso 4 para aquellos que han sido sexual o físicamente abusados:

> Hicimos un audaz y minucioso inventario moral de nosotros mismos, dándonos cuenta de que todas nuestras faltas pueden ser perdonadas. Renunciamos a la mentira que nos dice que el abuso sufrido fue nuestra culpa.

Resumen

Hay cinco herramientas para ayudarle a preparar su inventario:

1. Memorice Isaías 1:18 (NVI): "Vengan, pongamos las cosas en claro" Dice el Señor; "no importa cuan profunda sea la mancha de sus pecados, la puedo sacar y hacerlos tan blancos como la nieve recién caída. ¡Aún si ustedes están manchados de rojo como el carmesí, los puedo hacer blancos como la lana!"

2. Lea el "balance de los versos de escala" en la página 27 de la Guía del Participante 2.

3. Mantenga su inventario en balance. ¡Haga una lista tanto de lo bueno como de lo malo!

4. Siga formando su equipo de apoyo.

5. Ore constantemente.

No espere más para empezar su inventario. No deje que algún obstáculo se ponga en su camino. Si no tiene un mentor todavía, hable con alguien esta noche. Si necesita una guía del participante, tome una en la mesa de información. ¡Designe un tiempo y un lugar y empiece a trabajar! ¡Usted puede hacerlo!

Inventario Espiritual Parte 1

Principio 4: Una apertura para un autoexamen y confesión de mis faltas a mí mismo, a Dios, y a alguien en quien confío.

Dichosos los de corazón limpio.

Paso 4: Hicimos un audaz y minucioso inventario moral.

Hagamos un examen de conciencia y volvamos al camino del Señor.
Lamentaciones 3:40

Introducción

Esta noche comenzamos la primera de dos lecciones en las cuales veremos nuestro inventario espiritual, usando la "Evaluación Espiritual" que el Pastor Rick Warren preparó para este paso.[1]

El principio 4 comienza el proceso de volverse transparente, al abiertamente examinar y confesar sus faltas a usted mismo, a Dios y a otra persona en quien confía.

A la mayoría de nosotros no nos gusta mirarnos por dentro de nosotros por la misma razón que no nos gusta abrir una carta que sabemos que tiene malas noticias. Pero recuerde lo que dijimos en la Lección 9: Usted necesita mantener un balance en su inventario, su evaluación. Necesita que éste incluya tanto lo bueno como lo malo que hay en usted. Veamos lo que es un inventario o evaluación espiritual.

[1] Las ocho áreas del inventario espiritual fueron escritas por el Pastor Rick Warren. Con permiso de éste, he agregado mis notas y comentarios de enseñanza.

La palabra de Dios nos dice: "Examíname, oh Dios, y sondea mi corazón; ponme a prueba y sondea mis pensamientos. Fíjate si voy por mal camino, y guíame por el camino eterno." (Salmo 139:23-24 NVI).

¿Sabía usted que todos tenemos tres "caracteres diferentes"?

1. El carácter que mostramos.

2. El carácter que *pensamos* que tenemos.

3. El carácter que *verdaderamente* tenemos.

No hay duda de que cada uno de nosotros tiene buenas y malas cualidades. Esta noche vamos a ver algunas de las malas, algunos de nuestros defectos de carácter y pecados que nos impiden recibir todo el gozo que Dios ha deseado darnos. Trabajaremos en cuatro áreas de nuestro carácter esta noche y en cuatro más en la próxima sesión. ¡Este ejercicio le ayudará a que empiece su inventario al examinar su corazón!

Relaciones con otros

En Mateo 6:12 (NVI) Jesús nos dice que oremos así: "Perdónanos nuestras deudas, como también nosotros hemos perdonado a nuestros deudores. Y no nos dejes caer en tentación, sino líbranos del maligno." Pregúntese lo siguiente en cuanto a sus relaciones con otros:

1. ¿Quién le ha herido?

2. ¿Contra quién ha estado guardando rencor?

No se necesita ser un doctor para decirle que es mejor quitar un rencor que tratarlo. No importa cuánto tiempo lo ha tratado, no se mejorará. Escribir ese rencor en su inventario es el primer paso para despojarse de él.

3. ¿Contra quién está todavía buscando venganza?

¿Sabía que buscar revancha es como morder a un perro simplemente porque el perro le mordió a usted antes? No le ayudará ni a usted ni a su perro.

4. ¿Está celoso de alguien?

En Cantar de los Cantares 8:6 se dice que los celos son tan inflexibles como la muerte. ¡Y queman como el fuego ardiente!

5. ¿A quién ha criticado o de quién ha chismeado?

No es tan difícil hacer una montaña de una insignificancia. Solamente agregue un poco de basura sobre él. Eso es chismear, ¡solamente un poco de basura!

Encuentro sorprendente que una lengua de cuatro pulgadas de largo pueda destruir un hombre de 1.90 de altura. Es por eso que Santiago 1:26 nos dice que "atemos nuestras lenguas."

6. ¿Ha intentado justificar su mala actitud al decir que "es culpa de otros"?

He descubierto que cuando ando buscando a alguien a quien culpar, es mejor que ver en el espejo que a través de binoculares. Oseas 4:4 nos dice: "¡Que nadie acuse ni reprenda a nadie!"

La gente que usted nombre en esta área irán en la columna 1 de su Inventario de *Celebremos la Recuperación* (ver la Guía del Participante 2).

Luego, veamos lo que es importante para usted.

Prioridades en su vida

Hacemos lo que es importante para nosotros. Otros ven nuestras prioridades por nuestras acciones, no por nuestras palabras. Personalmente yo prefiero ver un sermón que escucharlo un día cualquiera.

¿Cuáles son las prioridades en su vida?

Mateo 6:33 (NVI) nos dice lo que sucederá si hacemos de Dios nuestra prioridad número uno: "Más bien, busquen primeramente el reino de Dios y su justicia, y todas estas cosas les serán añadidas"

1. **Luego de tomar la decisión de volver nuestras vidas y voluntad a Dios ¿en qué áreas de su vida no le está dando el primer lugar a Dios?**

¿A qué lugar no le está dejando entrar y limpiar?

2. **¿Qué cosas de su pasado están interfiriendo para que usted haga la voluntad de Dios?**

¿Su ambición? ¿Lo motiva el servicio a Dios o lo motiva la envidia?

¿Sus placeres? Si ha encontrado su placer en el mundo, Proverbios 21:17 advierte: "El que ama el placer se quedará en la pobreza." ¿Encuentra su placer en Jesucristo? Salmo 16:11 (NVI) nos dice: "Me has dado a conocer la senda de la vida; me llenarás de alegría en tu presencia, y de dicha eterna a tu derecha."

3. ¿Cuáles han sido sus prioridades? ¿Su trabajo? ¿Amistades? ¿Metas personales?

¿Eran ellas egocéntricas o egoístas? El egoísmo hace que la vida se vuelva una carga. La generosidad convierte las cargas en vida.

4. ¿A quién afectaron sus prioridades?

Usted sabe, nunca se volverá tan rico como para poder pagar la pérdida de un verdadero amigo.

5. ¿Qué era lo bueno de sus prioridades?

6. ¿Qué era lo malo de las mismas?

La próxima área de nuestro inventario espiritual es examinar nuestras actitudes.

Su actitud

Efesios 4:31 (NVI) dice: "Abandonen toda amargura, ira y enojo, gritos y calumnias, y toda forma de malicia."

1. ¿Procura siempre tener una "actitud de gratitud" o algunas veces se sorprende quejándose de sus circunstancias?

Cuando se siente cansado por la noche, ¿ha pensado alguna vez que podría ser porque ha gruñido todo el día?

2. ¿En qué áreas de su vida es usted desagradecido?

Si no podemos ser agradecidos por las cosas malas que han pasado en nuestras vidas, podemos al menos ser agradecidos por las cosas de las que hemos escapado.

De lo que todos sí podemos estar agradecidos se encuentra en 1 Corintios 15:57: "¡Pero gracias a Dios, que nos da la victoria por medio de nuestro Señor Jesucristo!"

3. ¿Se ha enojado y molestado fácilmente con la gente?

4. ¿Ha sido sarcástico?

¿Sabía que el sarcasmo puede ser una forma de abuso verbal?

5. ¿Qué hay en su pasado que todavía le causa temor o ansiedad?

Como lo hemos dicho antes, su temor lo aprisiona; su fe lo libera. El temor paraliza; ¡la fe lo llena de poder! El temor desanima; ¡la fe lo anima! El temor enferma; ¡la fe sana! La fe en Jesucristo le permitirá enfrentar sus temores del pasado y por medio de la fe usted puede ser libre de las cadenas del temor. 1 Juan 4:18 dice: "En el amor no hay temor. Porque el perfecto amor echa fuera el temor, porque el temor tiene que ver con el castigo. El que teme no es hecho perfecto en el amor."

La última área de la que vamos a hablar esta noche es su integridad.

Su integridad

Colosenses 3:9 (NVI) nos dice: "Dejen de mentirse unos a otros, ahora que se han quitado el ropaje de la vieja naturaleza con sus vicios."

1. ¿En qué negocios del pasado fue deshonesto?

Un hombre honesto cambia sus ideas para que se ajusten a la verdad. Un hombre deshonesto cambia la verdad para que se ajuste a sus ideas.

2. ¿Ha robado?

Le dije que su inventario no iba a ser fácil.

3. ¿Ha exagerado algo de usted mismo para verse mejor?

¿Sabía que no hay grados de "honestidad?": ¡O es o no es!

4. ¿En qué áreas de su pasado ha usado falsa humildad?

¿Sabía que la humildad nunca se gana buscándola? Pensar que la tenemos es la prueba segura de que no es así.

5. ¿Ha pretendido vivir de una forma enfrente de sus amigos cristianos y de otra forma en el trabajo o en casa?

¿Es usted un "cristiano dominguero" o un seguidor de Cristo los siete días, a tiempo completo? ¿Trata de practicar los ocho principios los siete días a la semana o solamente aquí en *Celebremos la Recuperación* los viernes por las noches?

Resumen

Bueno, eso es suficiente para trabajar durante una semana; para la próxima indagaremos esto otra vez y veremos la Segunda Parte de nuestro inventario espiritual. Exploraremos nuestras antiguas formas de pensar: nuestras mentes, las formas en las que hemos tratado o maltratado el templo de Dios, nuestros cuerpos, cómo caminamos o no en fe en el pasado, nuestra relación anterior con nuestra familia e iglesia, etc.

Al comenzar a trabajar en su inventario espiritual, recuerde dos cosas. Primero, en Isaías 1:18 (NVI) Dios nos dice: "Vengan, pongamos las cosas en claro —dice el Señor—. ¿Son sus pecados como escarlata? ¡Quedarán blancos como la nieve!" Segundo, no puedo recalcarlo lo suficiente, mantenga su inventario en balance. Haga una lista de las nuevas relaciones positivas que tiene, las áreas de su vida que ha podido entregar a Dios, cómo ha mejorado su actitud desde que ha estado en recuperación, las formas en las que ha salido de su negación a la verdad de Dios.

Oremos para terminar.

Padre, gracias por cada persona que está en este lugar esta noche. Gracias por darles el ánimo de comenzar este paso difícil de hacer un inventario. Dales el deseo y la fuerza que necesitan para proceder. Anímales e ilumínales su caminar con Tu verdad. En el poderoso nombre de Jesús oro. AMÉN.

Inventario Espiritual Parte 2

Principio 4: Una apertura para un autoexamen y confesión de mis faltas a mí mismo, a Dios y a alguien en quien confío.

Dichosos los de corazón limpio.

Paso 4: Hicimos un minucioso y audaz inventario moral.

Hagamos un examen de conciencia y volvamos al camino del Señor.
Lamentaciones 3:40

Introducción

Esta noche veremos la segunda parte de nuestro inventario espiritual, donde oramos: "Examíname, oh Dios, y sondea mi corazón; ponme a prueba y sondea mis pensamientos. Fíjate si voy por mal camino, y guíame por el camino eterno" (Salmo 139:23 –24 NVI).

En la primera parte hablamos, la semana pasada, de nuestros inventarios espirituales para cuatro áreas de nuestra vida. Nos hicimos algunas preguntas difíciles.

Vimos nuestras relaciones con otros, nuestras prioridades, nuestras actitudes y nuestra integridad. Hablamos de cómo nuestras acciones anteriores en cada una de estas áreas tuvieron un efecto positivo o negativo en nuestras vidas y en la de otros.

Esta noche vamos a finalizar nuestro inventario espiritual. Buscaremos algunos de nuestros defectos o pecados que le impiden a Dios trabajar adecuadamente en nuestras vidas y en nuestra recuperación.

Evaluar cada área le ayudará a completar su inventario.

Su Mente

¿Sabía usted que la cosa más difícil de abrir es una mente cerrada?

Romanos 12:2 nos da una dirección clara acerca de nuestras mentes: "No se amolden al mundo actual, sino sean transformados mediante la renovación de su mente. Así podrán comprobar cuál es la voluntad de Dios, buena, agradable y perfecta."

He aquí algunas preguntas para hacerse en esta área:

1. ¿Cómo guardó su mente en el pasado? ¿Qué negaba?

Una vez más usted necesita ver y examinar cómo sus habilidades de disfrazar "su negación" le protegieron del dolor y heridas del pasado. Usted pudo haber hecho eso, pero privándose de vivir y tratar con la realidad.

¿Sabe que dos pensamientos no pueden ocupar su mente al mismo tiempo? Es su elección que sus pensamientos sean constructivos o destructivos, positivos o negativos.

2. ¿Ha llenado su mente con películas, programas de televisión, revistas o libros dañinos e impuros?

Los oídos y los ojos son puertas y ventanas de su alma. Por lo tanto, recuerde "basura entra, basura sale."

Una vida íntegra no puede surgir de pensamientos corruptos. Simplemente no va a suceder.

Recuerde Proverbios 15:14 (NVI): "El corazón entendido va tras el conocimiento; la boca de los necios se nutre de tonterías."

3. ¿Ha fracasado usted en concentrarse en las verdades positivas de la Biblia?

Creo que tres de los pecados más grandes de hoy en día son la indiferencia, la negligencia y la fala de respeto a la Palabra de Dios. ¿Se ha propuesto tener un tiempo diario a solas para conocer el manual de instrucción de Dios para su vida?

Ahora veamos cómo hemos tratado nuestros cuerpos. ¿Sabía que con el cuidado adecuado el cuerpo humano duraría una vida?

Su Cuerpo

¿Acaso no saben que su cuerpo es templo del Espíritu Santo, quien está en ustedes y al que han recibido de parte de Dios? Ustedes no son sus propios dueños; fueron comprados por un precio. Por tanto, honren con su cuerpo a Dios (1 Corintios 6:19-20 NVI).

1. ¿De qué formas ha maltratado su cuerpo?

¿Ha abusado del alcohol y otras drogas, comida o sexo? Esto era, y todavía es, algo difícil para mí. En lo profundo de mi alcoholismo, mi peso llegó a los 72 kgs (mi peso normal es de 100 kgs). ¡Estaba casi muerto! Mandé a arreglar mis pantalones y finalmente el sastre me explicó que ya no podía seguir arreglándolos porque los bolsillos de atrás se estaban juntando. Le pedí a Dios que me ayudara a recuperar mi fuerza y mi peso. Él verdaderamente me bendijo. ¡De verdad que sí lo hizo! Ahora tengo que moderar mi alimentación.

Es a través de nuestros cuerpos o carne que Satanás obra, pero gracias a Dios que el cuerpo del creyente es el templo del Espíritu Santo. Dios libremente nos da la gracia de Su Espíritu. Él nos valora tanto que decidió poner Su Espíritu en nosotros. Necesitamos respetarnos tanto como nuestro Creador nos respeta.

2. ¿Qué actividades o hábitos le causaron daño a su salud física?

Recuerde, fue el Dios de la creación quien le hizo. Mire el Salmo 139:13-14, 16: "Tú creaste mis entrañas; me formaste en el vientre de mi madre. ¡Te alabo porque soy una creación admirable! ¡Tus obras son maravillosas, y esto lo sé muy bien! Tus ojos vieron mi cuerpo en gestación: todo estaba ya escrito en tu libro; —todos mis días se estaban diseñando, aunque no existía uno solo de ellos."

Mucha gente dice tener el derecho de hacer lo que quiere con su cuerpo. Aunque piensen que esto es libertad, realmente se vuelven esclavos de sus propios deseos, los cuales al final les causan gran daño.

Su Familia

En el Antiguo Testamento el líder de Israel, Josué, hizo una declaración intrépida con relación a su casa: "Pero si a ustedes les parece mal servir al Señor, elijan ustedes mismos a quiénes van a servir: a los dioses que sirvieron sus antepasados al otro lado del río Éufrates, o a los dioses de los amorreos, en cuya tierra ustedes ahora habitan. Por mi parte, mi familia y yo serviremos al Señor." (Josué 24:15 LBAD).

1. ¿Ha maltratado a alguien en su familia? ¿Cómo?

Tal vez usted haya maltratado física o emocionalmente a su familia. El abuso emocional no tiene que tomar la forma de ira o gritos. Dañar la autoestima de un hijo o cónyuge y no estar emocionalmente disponible para ellos también son formas en la que pudo haber dañado a sus seres queridos.

Dios diseñó a las familias para que sean nuestro refugio ante las tormentas de la vida. En tanto dependa de usted, debe proveer el cielo para su familia. Si eso no es posible y usted mismo no se siente seguro allí, permita que *Celebremos la Recuperación* sea su familia.

2. ¿Contra quién tiene resentimiento en su familia?

Esta puede ser un área difícil para admitir sus verdaderos sentimientos. Es más fácil admitir los resentimientos que tiene en contra de un extraño o de un compañero de trabajo que contra alguien en su familia. La negación puede ser una muy densa neblina para romper en este punto. Pero usted necesita hacerlo si va a completar su inventario con éxito.

3. ¿A quién le debe disculpas?

Identifíquelos ahora y dispóngase a tratar con las enmiendas en el Principio 6. Todo lo que usted está realmente buscando es su parte de responsabilidad en una relación dañada.

4. ¿Cuál es el secreto de familia que ha estado negando?

¿Cuál es el "elefante rosado" (tabú) en el centro de la sala de su familia del cual nadie habla? ¡Ese es el secreto de la familia! Recuerde Jeremías 6:14 (NVI): "Curan por encima la herida de mi pueblo, y les desean: "¡Paz, paz!", cuando en realidad no hay paz."

Su Iglesia

Una de las razones principales por las que inicié el programa de *Celebremos la Recuperación* fue porque descubrí que la mayoría de los miembros de los grupos seculares (no cristianos) de 12 Pasos sabían la Oración del Señor mucho mejor que los que sí conocían al Señor.

"No dejemos de congregarnos, como acostumbran hacerlo algunos, sino animémonos unos a otros, y con mayor razón ahora que vemos que aquel día se acerca." (Hebreos 10:25 NVI).

1. ¿Ha sido fiel a su iglesia en el pasado?

Su iglesia es como un banco: mientras más invierte en ella, más intereses gana.

2. ¿Ha sido crítico en lugar de activo?

Si no le gusta algo en su iglesia, involúcrese para que así pueda ayudar a cambiarlo o al menos entenderlo mejor. ¡Cambie su murmuración en servicio!

3. ¿Ha desanimado a su familia para que reciba apoyo de la iglesia?

Si no está listo para involucrarse en su iglesia, esa es su decisión. ¡Pero no evite que el resto de su familia experimente el gozo y el apoyo de la familia en la iglesia de Cristo!

Resumen

Hemos cubierto las diferentes áreas para ayudarle a comenzar y completar su inventario.

Una vez más, escuche a Isaías 1:18. ¡Memorícelo! Dios dice: "—¿Son sus pecados como escarlata? ¡Quedarán blancos como la nieve!"

Una par de recordatorios para terminar:

- Use los versículos "Equilibrando las Escalas" que se encuentran en la Guía 2 del Participante.

- Mantenga su inventario en balance. Haga una lista tanto de sus fortalezas como de sus debilidades.

- Encuentre un compañero a quien rendir cuentas o un mentor. NO me cansaré de recalcar la importancia de esto: **¡El camino a la recuperación no es un viaje para hacerlo solo!**

Dios le bendiga al enfrentar valientemente su propio pasado. ¡Dios estará viéndolo!

Confesar

Principio 4: Una apertura para un autoexamen y confesión mis faltas a mí mismo, a Dios y a alguien en quien confío.

Dichosos los de corazón limpio.

Paso 5: Admitimos a Dios, a nosotros mismos y a otro ser humano la naturaleza exacta de nuestras faltas.

Por eso, confiésense unos a otros sus pecados, y oren unos por otros, para que sean sanados.

Santiago 5:16

Introducción

La siguiente ilustración es parte de un mensaje del Paso 5 el cual, por supuesto, corresponde al Principio 4. Lo escuché en la Iglesia Willow Creek y sin duda es el mejor ejemplo que he encontrado para representar este principio.

> ¿El nombre Jessica McClure le trae algunos recuerdos a su mente? Era la niña de dieciocho meses de edad en Midland, Texas, que cayó en una profunda y abandonada tubería de pozos hace unos años. Aproximadamente, unas cuatrocientas personas participaron en el intento de rescate que duró por lo menos 58 horas, el cual fue motivado por los gritos de angustia que se oían claramente en la superficie a través de toda la cañería.
>
> Ahora encuentro fascinante que en un momento se tomara una decisión crítica. Los rescatadores decidieron hacer el rescate en dos fases: La fase uno era simplemente llevar a alguien hasta allí, cerca de ella, tan pronto como fuera posible; la fase dos era sacarla del pozo.

La fase uno fue llevada a cabo reconociendo que las personas tienden a hacer y pensar cosas extrañas cuando están atrapadas y solas en un lugar oscuro y aterrador por mucho tiempo. Se desorientan y sus temores se vuelven desproporcionados. Sus mentes les engañan. Y a veces llegan a hacerse daño ellas mismas. ¡Otras veces se dan por vencidas! Así que los expertos en rescate decidieron que necesitaban tener una persona abajo para estar con ella prontamente. Luego pondrían su atención en sacarla del pozo. El plan funcionó y finalmente Jessica fue rescatada.

Ahora, ¿cómo se relaciona el rescate de Jessica McClure con el Paso 5?

Cuando la gente como nosotros toma con seriedad la recuperación, o el crecimiento espiritual, cuando vamos a la aventura espiritual de los 12 Pasos y damos el primero de esos pasos, admitimos que tenemos algunos problemas que hacen nuestras vidas inmanejables. Cuando nos volvemos a Dios y decimos: "Dios, necesito ayuda con estos problemas," entonces podemos sentirnos como en una caída libre. En cierto sentido, así es. Estamos, de alguna manera, fuera de control. No podemos continuar viviendo en la forma en que estamos acostumbrados. Las maneras antiguas no funcionan.

Para complicar las cosas en esta caída, usted encuentra que el problema que admitió en el Paso 1 está siendo llevado por una colección de defectos de carácter que han estado creciendo un metro y medio de la superficie de su vida. Y tiene que identificar esos defectos. Tiene que hacer un inventario de ellos, así como lo hemos hablado en los últimos dos meses. Tiene que enumerarlos, admitirlos y confesarlos. Usted necesita ser responsable de su orgullo, ira, envidia, lujuria, glotonería, gula y pereza. Usted sabe, "los 7 grandes."

Así que durante los últimos dos meses, si trabajó el Paso 4 honesta y minuciosamente, debe sentirse como si *usted* estuviera atrapado en el fondo de un pozo profundo y oscuro. Si se queda allí mucho tiempo, entonces se puede sentir desorientado y preguntándose por qué usted tomó este viaje de recuperación. Debe sentir como si quisiera escaparse en este momento.

Quizás comience a hacer declaraciones como estas: "Usted sabe que realmente soy un desastre de hombre." "La verdad acerca de mí es que soy una calamidad de mujer." "Ninguna colección de defectos de carácter y pecados es tan mala como la mía." "Si alguna vez alguien descubriera la verdad de mi vida, no querría tener nada que ver conmigo por el resto de su vida."

Algunos de ustedes llegan a ese momento y dicen: "¿Por qué simplemente no abandono este programa? ¿Por qué no vuelvo a proyectar una imagen adecuada de mí a los demás en lugar de tratar con toda esta desagradable verdad de mí mismo?"

Es en este momento crucial del proceso necesitamos tener a otro ser humano que esté con nosotros en ese pozo lo más pronto posible. Necesita tener a alguien cerca de usted antes que se dé por vencido y regrese a la negación. En cierto modo el Quinto Paso dice que usted, hasta este punto, lo puede hacer solo; luego llega al nivel en el cual el continuo crecimiento y sanidad requerirán de la asistencia de alguien más.

Esta noche estamos exactamente en ese momento crucial. Estamos en el punto donde se nos pide ser transparentes al contarle a otro ser humano la verdad acerca de quiénes somos. Pero, ¿cómo?

Confesar

El primer paso es CONFESAR mis faltas.

El acróstico de esta noche le mostrará sencillamente cómo hacer eso.

Confiese sus fracasos, resentimientos y pecados
Obedezca la dirección de Dios
No más culpabilidad
Fomente la recuperación
Enfrente la verdad
Sabiamente acepte el perdón
Alivie el dolor
Renuncie a culpar

La C en confesar es **CONFIESE** sus fracasos, resentimientos y pecados. Dios quiere que *seamos transparentes*, que admitamos que lo malo es malo y que somos "culpables y responsables." Necesitamos "confesar" los pecados que descubrimos en nuestro inventario.

Para la persona que confiesa, la vergüenza termina y la realidad comienza. Proverbios 28:13 nos dice: "Quien encubre su pecado jamás prospera; quien lo confiesa y lo deja, halla perdón." La confesión es necesaria para la comunión. Nuestros pecados han construido una barrera entre nosotros y Dios.

La O en confesar significa **OBEDEZCA** la dirección de Dios.

Confesión significa que estamos de acuerdo con Dios referente a nuestros pecados. La confesión restaura nuestro compañerismo. El Principio 4 resume cómo obedecemos a la dirección de Dios al confesar nuestros pecados. Primero, confesamos [admitimos] nuestras faltas a nosotros mismos, a Dios y alguien en quien confiamos. "Tan cierto como que yo vivo —dice el Señor— ante mí se doblará toda rodilla y toda lengua confesará a Dios." (Romanos 14:11 NVI).

Entonces hacemos lo que se nos ha instruido hacer en Santiago 5:16: "Confiesen sus pecados unos a otros y oren unos por otros para que puedan ser sanados."

La próxima letra es **N**: **N**o más culpabilidad.

Este principio puede restaurar nuestra confianza, nuestras relaciones y permitir que salgamos de nuestra forma de vivir mirando hacia atrás por "el espejo retrovisor", viendo al pasado y dudando de nosotros mismos y de otros.
En Romanos 8:1 (NVI) nos aseguramos de que: "No hay ninguna condenación para los que están unidos a Cristo Jesús." ¡El veredicto está ahí! "Todos han pecado ..., pero por su gracia son justificados gratuitamente mediante la redención que Cristo Jesús efectuó." (Romanos 3:23-24 NVI).

Así que esa es la "C-O-N" de confesar. Todo lo que estaba en "**con**tra" terminó. Hemos seguido las directrices de Dios acerca de cómo confesar nuestras faltas.

La letra siguiente es la **F**, FOMENTE la recuperación.

Si me pidiera que resuma los beneficios del Principio 4 en una sola oración, sería de esta forma: Al confesar nuestros pecados estamos fomentando en nuestra vida la sanidad, la reconciliación y la recuperación por la incomparable gracia de Jesucristo, quien nos ama a pesar de nosotros mismos.

Luego que confesamos, tendremos cuatro cambios positivos en nuestras vidas. El primero es que seremos capaces de ENFRENTAR la verdad. Se ha dicho que "el hombre ocasionalmente se tambalea ante la verdad, pero la mayoría de las veces se levanta y sigue adelante." Recuperación no trabaja de esa forma. ¡La Recuperación requiere honestidad! "Jesús se dirigió a la gente, y les dijo: —Yo soy la luz del mundo. El que me sigue no andará en tinieblas, sino que tendrá la luz de la vida." (Juan 8:12 NVI).

¿Ha notado alguna vez que el hombre que habla la verdad está siempre tranquilo?

La siguiente letra, **S**, nos muestra que SABIAMENTE aceptemos el perdón de Dios. Una vez que lo hacemos somos capaces de mirar a los demás directamente a los ojos. Nos vemos a nosotros mismos y a nuestras acciones con una nueva luz. Estamos listos para encontrar la humildad, para intercambiarla por nuestros fracasos en el Principio 5.

"En Cristo, Dios estaba reconciliando al mundo consigo mismo, no tomándole en cuenta sus pecados." (2 Corintios 5:19 NVI).

Primera de Juan 1:9 (NVI) nos recuerda que: "Si confesamos nuestros pecados, Dios, que es fiel y justo, nos los perdonará y nos limpiará de toda maldad."

El próximo cambio positivo que trae la confesión es **A**LIVIAR el dolor.

¡Estamos enfermos por nuestros secretos! Cuando damos a conocer nuestros secretos más profundos comenzamos a dividir el dolor y la culpa. El desarrollo de una sana autoestima no está basado en los principios de este mundo, sino en la verdad de Jesucristo.

El dolor es inevitable para todos nosotros, pero la miseria es opcional. Salmo 32:3-5 (NVI) dice: "Mientras guardé silencio, mis huesos se fueron consumiendo por mi gemir de todo el día. Mi fuerza se fue debilitando como al calor del verano, —porque día y noche tu mano pesaba sobre mí. Pero te confesé mi pecado, y no te oculté mi maldad. —Me dije: Voy a confesar mis transgresiones al Señor, y tú perdonaste mi maldad y mi pecado."

Finalmente, la última letra, la **R** en confesar nos dice RENUNCIE a culpar.

Se ha dicho que un hombre que puede sonreír cuando las cosas van mal probablemente pensó en alguien a quien culpar. Pero la verdad es que no podemos encontrar paz y serenidad si continuamos culpándonos a nosotros mismos o culpando a otros. ¡Nuestros secretos nos han alejado unos de otros durante suficiente tiempo! Nos han impedido la intimidad en todas nuestras relaciones importantes.

Jesús nos dice en Mateo 7:3 (NVI): "¿Por qué te fijas en la astilla que tiene tu hermano en el ojo, y no le das importancia a la viga que está en el tuyo?"

Resumen

Quizás esta noche usted vino algo temeroso al pensar que tiene que compartir su inventario. Espero que lo hayamos animado y confío que haya podido ver los beneficios de esta tarea para usted. En la próxima reunión hablaremos de cómo encontrar una persona a quien usted pueda mostrarles su inventario. Terminemos en oración.

> *Querido Dios, gracias por tu promesa de que si confesamos nuestros pecados Tú nos escucharás y limpiarás, aliviando nuestro dolor y culpa. Gracias por siempre hacer lo que es correcto. En el nombre de Jesús.* AMÉN.

Admitir

Principio 4: Una apertura para un autoexamen y confesión de mis faltas a mí mismo, a Dios y a alguien en quien confío.

Dichosos los de corazón limpio.

Paso 5: Admitimos a Dios, a nosotros mismos, y a otro ser humano la naturaleza exacta de nuestras faltas.

Por eso, confiésense unos a otros sus pecados, y oren unos por otros, para que sean sanados.

Santiago 5:16

Introducción

Esta semana nos enfocaremos en confesar (admitir) nuestros pecados, todos los secretos oscuros de nuestro pasado, a alguien más.

Todos hemos escuchado que la paga del pecado es muerte, pero quizás no han escuchado que la paga del pecado nunca se congela o que nunca está sujeta a impuestos. ¡Una de las razones principales para eso es que la mayoría de las pagas del pecado no son reportadas! Y, a propósito, si la paga del pecado es muerte, ¿no deberías renunciar antes del día de pago?

¿Por qué admitir mis faltas?

Dejando a un lado las bromas, esta parte del Principio 4 es frecuentemente difícil para la gente. A menudo me preguntan: "¿Por qué tengo que admitir mis faltas a otro?"

Muchos de nosotros hemos estado guardando secretos durante casi toda nuestra vida. Cada día esos secretos nos ponen recargos. El recargo que pagamos es la pérdida de nuestro propio respeto y energía y nos atamos a antiguos hábitos co-dependientes. Al admitir "verbalmente" esos secretos, los despojamos de todo poder. Pierden mucho de su posesión sobre nosotros cuando hablamos de ellos.

Y aún así tenemos temor de revelar nuestros secretos a otra persona, aunque sea alguien en quien confiamos. De alguna manera sentimos que tenemos todo para perder y nada para ganar. Quiero que escuchen la verdad esta noche. ¿Sabe lo que *realmente* tenemos que perder al contar nuestros secretos y pecados a otros?

1. *Perdemos nuestro sentido de aislamiento.* Alguien va a bajar a ese pozo del que hablamos la semana pasada y estará a nuestro lado. Nuestro sentido de soledad comenzará a desaparecer.

2. *Comenzaremos a perder nuestra indisposición para perdonar.* Cuando la gente nos acepta y perdona, comenzamos a ver que podemos perdonar a otros.

3. *Perderemos nuestro falso y excesivo orgullo.* Al ver y aceptar quiénes somos, comenzamos a ganar verdadera humildad, la cual incluye vernos a nosotros mismos como realmente somos y ver a Dios como Él realmente es.

4. *Perderemos nuestro sentido de negación.* Ser veraz con otra persona romperá nuestra negación. Comenzamos a sentirnos transparentes y honestos.

Ahora que sabe lo que pierde cuando admite sus faltas a otra persona, déjeme contarle de los tres beneficios que usted obtendrá.

1. *Obtenemos la sanidad que la Biblia promete.* Vuelva a leer Santiago 5:16: "Por eso, confiésense unos a otros sus pecados, y oren unos por otros, para que sean sanados." La palabra clave aquí es *sanados.* El versículo no dice: "Confiesen sus pecados unos a otros y serán perdonados." Dios le *perdonó* cuando usted confesó sus pecados a *Él*. Ahora Él dice que comenzará el proceso de sanidad cuando usted confiese sus pecados a *otra* persona.

2. *Obtenemos libertad.* Nuestros secretos han estado mantenidos con cadenas, atados, congelados, sin poder moverse hacia delante en ninguna de nuestras relaciones con Dios y otros. Admitir nuestros pecados *rompe* nuestras cadenas y así el poder sanador de Dios puede comenzar.

"En su angustia clamaron al Señor, y él los salvó de su aflicción. Los sacó de las sombras tenebrosas y rompió en pedazos sus cadenas" (Salmo 107:13-14 NVI).

Por otro lado los pecados no confesados supuran. En Salmo 32:3-4 (NVI) David nos dice lo que le sucedió cuando intentó esconder sus pecados: Mientras guarde silencio, mis huesos se fueron consumiendo por mi gemir de todo el día. Mi fuerza se fue debilitando como el calor del verano" Recuerde: "La apertura lleva a la integridad así como los secretos a la enfermedad." Mi abuelo acostumbraba decir: "Si quieres limpiar el arroyo necesitas sacar el cerdo de la fuente." Admita y vuélvase de sus pecados. Recuerde que el único pecado que Dios no puede perdonar es el que no se confiesa.

3. Obtenemos apoyo. ¡Cuando usted comparte su inventario con otra persona, obtiene apoyo! La persona puede estar pendiente de usted y proveerle respaldo. Cuando sus viejos amigos aparecen con "negación" y usted escucha la lista de excusas de Satanás: "Realmente no es algo tan malo"; "Se lo merecían"; "Realmente no era mi culpa". Esa persona de apoyo puede estar allí para animarle con la verdad. Pero la mayoría de ustedes necesitan otra persona para que simplemente les escuche y oiga lo que tienen que decir.

¿Cómo elijo a alguien?

A diferencia de la pequeña Jessica, la niña atrapada en el pozo de quien hablamos en la lección 12, usted puede elegir la persona que descenderá hasta su pozo y estará con usted, así que ¡elija cuidadosamente! No creo que desee tener a alguien que diga: "¿Tú hiciste qué?" O "No debiste haber hecho eso." Usted no necesita un juez y un jurado. Ya hablamos del veredicto. Recuerde Romanos 3:23-24 (NVI): "Todos han pecado ... pero por su gracia son justificados gratuitamente mediante la redención que Cristo Jesús efectuó." y 1 Juan 1:9: "Si confesamos nuestros pecados, Dios, que es fiel y justo, nos los perdonará y nos limpiará de toda maldad".

Usted solamente necesita alguien para que le escuche. Encuentro que funciona mejor escoger a alguien que sea un cristiano maduro en la fe y que esté familiarizado con los ocho principios o los 12 Pasos.

1. Elija a alguien de su mismo sexo en quien usted confíe y respete. Lo cual ya se ha dicho.

2. Pregunte a la persona si ya ha terminado el Principio 4 o los Pasos 4 y 5. El proceso debe seguir más suavemente si la persona está familiarizada con lo que usted está haciendo. Dicha persona también debe tener un sentido de empatía y si esta persona puede compartir experiencias, usted tendrá un intercambio saludable.

3. *Programe una cita con la persona, un tiempo sin interrupciones.* Deshágase de los teléfonos, niños, todas las interrupciones al menos durante dos horas. He escuchado de algunos inventarios que han durado ocho horas al ser compartidos con alguien. Eso quizás es un poco dramático.

Lineamientos para su reunión

1. Comience con una oración. Pida valor, humildad y honestidad. Aquí hay un ejemplo de oración a considerar:

> *Dios, te pido que me llenes con tu paz y fuerza al confesar mi inventario. Sé que has perdonado mis antiguas faltas y mis pecados. Gracias por enviar tu Hijo a pagar el precio por mí, para que mis pecados puedan ser perdonados. Durante esta reunión ayúdame a ser humilde y completamente honesto. Gracias por proveerme este programa y por ________________ (el nombre de la persona con quien está compartiendo su inventario). Gracias por permitir que las cadenas de mi pasado sean rotas. En el nombre de mi Salvador oro.* AMÉN.

2. Lea los versículos del Principio 4 que se encuentran en la página 23 en la Guía 3 del Participante. Poniéndose a cuenta con Dios, con usted mismo y con otros.

3. Mantenga los comentarios equilibrados —¡debilidades y fortalezas!

4. Termine en oración. Agradezca al Señor las herramientas que Él le ha dado y el completo perdón que encontró en Cristo.

TESTIMONIO del PRINCIPIO 4

Mi nombre es Juan, un creyente y alcohólico en recuperación que ha identificado a Jesucristo como su Poder Superior. No le molestaré con los detalles de mis veintinueve años y medio de alcoholismo compulsivo e incontrolable; el daño puede ser resumido como sigue:

0 valor personal
1 familia rota y abandonada
2 divorcios

3 problemas en carretera
4 veces en la cárcel
5 años sin declarar impuestos
6 viajes de emergencia al hospital
Un sinnúmero de intentos de *controlar* mi alcoholismo
¡Una presión arterial de 190/165!
120 litros de vodka barato y Valium (Diazepam)

Peor que todo esto, yo estaba espiritual y moralmente en bancarrota y había perdido el "juego de la vida." El 7 de enero de 1976, luego de una temporada de unas festividades en continua bebida y un choque emocional con mi mamá y otros miembros de mi familia, mi "momento de claridad" reveló que ya no podía seguir así y llamé a los Alcohólicos Anónimos.

Aunque lo desconocía, el gran viaje espiritual había comenzado. No sabía, no podía entender las palabras de Efesios 2:10: "Porque somos hechura de Dios, creados en Cristo Jesús para buenas obras, las cuales Dios dispuso de antemano."

Durante los próximos quince años prosperé financieramente y físicamente con mi programa secular de AA. Cuando llegué a mi Cuarto Paso, el que dice: "Hice un inventario moral minucioso y audaz acerca de mí mismo," comencé a escribir y escribir. Lo que salió de tres cuadernos llenos fue lo siguiente:

1. Las expectativas eran catastróficas para mí, desde mi niñez tenía un verdadero temor a fracasar y a no lograr alcanzar lo que esperaban otros de mí. Mi padre murió cuando tenía tres años. Era un prominente médico que había comenzado durante la Gran Depresión; el orgullo de toda la familia. Desde los primeros recuerdos que tengo, mi familia decía: "Miren las manos de Juan, ¿no será él un gran cirujano, así como su padre?" O, "Juan ha sido preseleccionado para la escuela de medicina en el alma mater de su padre; él será exactamente como su padre."

Toda esta responsabilidad puesta en mí por otros se volvió *culpa* y *resentimiento*, la cual enterré y llevé conmigo por años.

2. La soledad o el temor al rechazo era un compañero de mi temor a no reunir las expectativas de los demás; aunque deseaba ser valorado, me sentía solo y separado porque era hijo único. Aunque siempre estaba rodeado de multitud o parte de un grupo, mi Cuarto Paso hizo que me diera cuenta de que estaba solo. Había alejado a la gente de las cuales buscaba aprobación. Había perdido uno por uno de los que eran importantes para mí y era un maestro en echarle la culpa a otros.

3. Puedo concluir los comentarios de Mi Cuarto Paso mencionando que entrelazando todo esto, había un temor de perder el control. Pero con suficiente alcohol, una "personalidad carismática" y cierta cantidad de trabajo duro, nunca podías darte cuenta de todo lo que estaba sucediendo dentro de

mí. ¡Y no se diga de dañarme a mí mismo! Estaba cometiendo suicidio a plazos, con veintinueve años y medio de alcoholismo diario.

Con un Cuarto Paso y mucho más que simplemente llenar esos cuadernos, mis escritos revelaron que podía ver las cosas como realmente eran, que aceptaba la realidad de mi vida y aceptaba la responsabilidad (y de nadie más) de todo el daño que me había hecho.

Pronto llegué al Quinto Paso y admití la naturaleza exacta de mis errores a mí mismo y a otro ser humano. Ahora, como todos ustedes saben, el Quinto Paso dice que admitimos la naturaleza exacta de nuestros errores a Dios, a nosotros mismos y a otro ser humano. No tenía (o no quería) a Dios en mi vida en ese tiempo, así que dejé a Dios fuera de todo eso. Nunca fui capaz de perdonarme a mí mismo ni aceptar el perdón de Dios por mis pecados cometidos contra los que había dañado. Como dije, había estado sobrio durante quince años y trabajando en un buen programa de los 12 Pasos, involucrado con H & I y otras obras de los 12 Pasos, pero había un vacío que me atormentaba. Yo clamaba: "¿Esto es todo en cuanto a la sobriedad? ¡Debe haber más en la vida que esto!" Bueno, hay una cosa que no les he dicho, pertenecía a la CIA!

Sí, la CIA: Católicos, Irlandeses y Alcohólicos. Pensaba que la religión Católica era rígida y no perdonadora y que Dios me había abandonado. Esto no era cierto. Todos los irlandeses como saben, son testarudos, obstinados y básicamente "parlanchines." Quizas esto fuera verdad. Como un alcohólico recuperado, estaba todavía en negación y no reconocía la necesidad de Dios en mi vida. Estaba equivocado, por supuesto. Alguna gran pieza desconocida estaba faltando y yo era miserable. Ya no podía seguir negando que necesitaba a Dios en mi vida, tenía que encontrar una iglesia.

¡Y ahora llegamos al milagro!

Casi una semana después que decidí buscar una iglesia, encontré un volante fuera de la puerta de mi casa anunciando el servicio de Semana Santa de 1991 en Saddleback. Supe que este fue el único año que Saddleback enviara cartas en el área del Valle Capistrano a casi 38 kilómetros. ¿Es esta una coincidencia? ¡Creo que no!

En el servicio de Semana Santa en 1991, escuché este mensaje:

Confía en Dios —el pasado ha sido perdonado.
Confía en Dios —el presente es manejable.
Confía en Dios —el futuro es seguro.

Ya no pude más y lloré durante todo el sermón. Sentí la presencia del Espíritu Santo dándome la bienvenida a casa, y mi soledad y temor desaparecieron.

Corrí a casa y le conté a mi esposa lo que había pasado, y ella pudo ver el gozo, la paz y la presencia del Espíritu Santo de Dios. El resto es historia.

Tomé las clases en Saddleback para la entrevista ministerial, el Pastor Steve me transfirió al pastor John Baker en *Celebremos la Recuperación* y comencé arreglando las sillas en las noches del viernes y ayudando en cualquier otra forma que podía.

Se me pidió que fuera líder de un grupo pequeño de hombres fármaco dependientes, todos nuevos en recuperación. Nuestro primer programa de 90 días está en su tercer año hoy y he tenido el privilegio de liderar decenas de hombres a través de los primeros tres principios en las guías del participante de *Celebremos la Recuperación*.

Mi vida diaria está grandemente involucrada con los cristianos recuperados, trabajando en un programa de 12 Pasos Cristocéntrico, todavía ayudando donde pueda y viendo, de muchas formas, la sanidad, relaciones restauradas y milagros que solamente una relación con Jesucristo puede proveer.

Al trabajar en el programa Cristocéntrico de 12 Pasos, finalmente pude completar el Paso 5 y aceptar tanto el perdón como el amor de Dios a través de la obra de Cristo en la cruz. Mis pecados fueron perdonados, mi culpa y temores desaparecieron. Claramente puedo ver el plan y el propósito de Dios para mi vida.

Para terminar, permítanme referirme a un versículo que ahora verdaderamente entiendo y acepto, 2 Corintios 5:17 (NVI): "Por lo tanto, si alguno está en Cristo, es una nueva creación. ¡Lo viejo ha pasado, ha llegado ya lo nuevo!"

Gracias por dejarme contarles un pequeño milagro.

Principio 5

Para que Dios pueda hacer los cambios en mi vida, me someto voluntariamente y con humildad le pido que remueva mis defectos carácter.

Dichosos los que tienen hambre y sed de justicia.

Lección 14

Listo

Principio 5: Para que Dios pueda hacer los cambios en mi vida, me someto voluntariamente y con humildad le pido que remueva mis defectos de carácter.

Dichosos los que tienen hambre y sed de justicia.

Paso 6: Estábamos completamente listos para que Dios eliminara todos esos defectos de carácter.

Humíllense delante de Dios y él les levantará.

Santiago 4:10

Introducción

¡Felicidades! Si está listo para el Principio 5 ya ha dado algunos pasos grandes en el camino a la recuperación. Admitió que tenía un problema y que no tenía autoridad sobre él; llegó a creer que Dios podía e iba ayudarle; le buscó y entregó su vida y voluntad a Su cuidado y dirección; escribió un inventario espiritual y se lo confesó a Dios y a otra persona. ¡Ha estado ocupado! Eso es mucho trabajo, ¡trabajo difícil!

Tal vez esté pensando que ya es tiempo de tomar un descanso y relajarse por un momento. ¡Piénselo otra vez!

En el material de Alcohólicos Anónimos, el Paso 6 (Principio 5) ha sido referido como el paso "¡que separa a los hombres de los niños!" Así que esta noche vamos a contestar la pregunta: "¿Qué significa estar completamente LISTO?"

Listo

Una de las razones por las que el Principio 5 "separa a los hombres de los niños", o a las mujeres de las niñas, según corresponda, es porque se declara que estamos listos para que "voluntariamente nos sometamos a cada cambio que Dios quiera hacer en nuestras vidas."

La mayoría de nosotros, si no todos, estaríamos muy dispuestos a permitir que *ciertos* defectos de carácter desaparecieran. ¡Mientras más rápido, mejor! Pero admitámoslo, algunos defectos son difíciles de abandonar.

Soy un alcohólico, pero llegó un tiempo en mi vida, un momento de claridad, cuando supe que había tocado fondo y estaba listo para dejar de tomar. Pero, ¿estaba listo para dejar de mentir? ¿Dejar de ser codicioso? ¿Listo para dejar ir los resentimientos? Había estado haciendo estas cosas por mucho tiempo. ¡Como la maleza en un jardín, habían echado raíces!

Hemos formado nuestros defectos de carácter, nuestros complejos, nuestros hábitos durante períodos de diez, veinte o treinta años. En este principio usted y Dios, juntos, van a tratar todos estos defectos. ¡***Todos*** ellos!

El acróstico de esta noche le mostrará cómo estar **LISTO** para permitir que Dios haga eso.

Liberar el control
Iniciar con calma
Someterse al cambio
Trabajar en reemplazar sus defectos de carácter
Objetivamente dar lugar al crecimiento

La primera letra de esta noche, la **L**, se refiere a LIBERAR el control. Eso me recuerda una historia que escuché.

Un hombre se acercó a un viejo amigo en un bar y le dijo: "Pensé que habías dejado de beber. ¿Qué pasó, no hay autocontrol?" El amigo respondió: "Claro que tengo mucho autocontrol. ¡Sólo que estoy demasiado decidido como para usarlo!"

Dios es muy cortés y paciente. En el principio 3 él no impuso su voluntad en usted. ¡El esperó que usted lo invitara!

Ahora, en el Principio 5 usted necesita estar "completamente listo," dispuesto para dejar que Dios trate con cada área de su vida. Él no entrará y limpiará un área al menos que usted esté dispuesto a pedírselo.

Se ha dicho que "la disposición es la llave que entra en la cerradura y abre la puerta que permite a Dios comenzar a eliminar sus defectos de carácter." Me gusta la forma en que el salmista invita a Dios a obrar en su vida: "Enséñame a hacer tu voluntad, porque tú eres mi Dios. —Que tu buen Espíritu me guíe por un terreno sin obstáculos." (Salmo 143:10 NVI).

Entonces, la L de Liberar el control significa: "¡Soltar y dejar que Dios obre!"

La segunda letra, **I**, quiere decir INICIAR CON CALMA. ¡Estos principios y pasos no son arreglos rápidos! Usted necesita darle tiempo a Dios para obrar en su vida.

Los principios van más allá de solamente ayudarle a dejar de hacer lo malo. Recuerde, el pecado es el *síntoma* del defecto de carácter.

Déjeme explicarle. El pecado es como la maleza en un jardín: seguirá reapareciendo al menos que sea cortada desde la raíz. Y las raíces son los actuales defectos de carácter que causan el pecado particular. En mi caso, el mayor pecado en mi vida era abusar del alcohol. Ese era el acto, el pecado, el defecto de carácter era mi falta de una completa imagen personal. Así que cuando trabajé el Principio 5 traté mi defecto, mi falta de imagen personal que me causó pecar abusando del alcohol.

Eso toma tiempo, pero Dios lo hará. ¡Él prometió! "Encomienda al Señor tu camino; confía en él, y él actuará" (Salmo 37:5 NVI).

La próxima letra es **S**: de SOMETERSE el cambio.

Ver la necesidad de cambiar y permitir que el cambio ocurra son dos cosas diferentes y el espacio entre reconocimiento y disposición pueden ser llenas con temor. Además de eso, el temor puede provocar nuestra vieja dependencia en nuestro propio control. Pero este principio no funcionará si todavía estamos atrapados por nuestra voluntad. Necesitamos estar preparados para aceptar la ayuda de Dios a través de la transición. La Biblia lo deja bien claro en 1 Pedro 1:13-14 (NVI): "Por eso, dispónganse para actuar con inteligencia; tengan dominio propio; pongan su esperanza completamente en la gracia que se les dará cuando se revele Jesucristo. Como hijos obedientes, no se amolden a los malos deseos que tenían antes, cuando vivían en la ignorancia."

Como dije, todos los pasos que ha dado en el camino a la recuperación le han ayudado a construir el fundamento para la "última rendición" que se encuentra en el Principio 5.

Santiago 4:10 dice: "Humíllense delante del Señor, y él los exaltará." Todo lo que necesitamos es tener la disposición para dejar que Dios nos guíe en nuestro camino a la recuperación.

Vamos a la siguiente letra en Listos, la cual es extremadamente importante: ¡**T**RABAJAR en reemplazar sus defectos de carácter!

Usted gastó mucho tiempo en sus complejos, compulsiones, obsesiones y hábitos. ¡Cuando Dios quite uno, usted necesitará reemplazarlo con algo positivo, como reuniones de recuperación, actividades de la iglesia, servicio de 12 pasos y ser voluntario! Si usted no lo hace, se expone a volver al defecto de carácter.

Escuche a Mateo 12:43-45 (NVI): "Cuando un espíritu maligno sale de una persona, va por lugares áridos, buscando descanso sin encontrarlo. Entonces dice: "Volveré a la casa de donde salí." Cuando llega, la encuentra desocupada ... Luego va y trae a otros siete espíritus más malvados que él, y entran a vivir allí."

Dije que uno de mis más grandes defectos de carácter era una imagen negativa de mí mismo, una inexistente autoestima, para ser más exacto. Gasté mucho tiempo en bares, intentando obviarlo. Cuando comencé a trabajar los 12 Pasos, descubrí que tenía mucho tiempo en mis manos. Intenté llenarlo haciendo cosas positivas que construyeran mi autoestima, en lugar de dañar la misma.

Además de trabajar mi programa y asistir a reunión tras reunión, tuve comunión y trabajé con gente "saludable." Fui voluntario. Y al pasar los meses, también me involucré más en la iglesia. Entonces Dios me llamó a empezar a formar *Celebremos la Recuperación*. Comencé a estudiar en el seminario.

No tiene que comenzar un ministerio, pero usted tiene que reemplazar su defecto negativo de carácter con algo positivo. Hay muchas, muchas oportunidades para servir e involucrarse en la iglesia.

La última letra es **O**: OBJETIVAMENTE dé lugar al crecimiento.

Al principio, sus propias dudas y vaga imagen personal pueden decirle que usted no es merecedor del crecimiento y progreso que está haciendo en el programa. ¡No las escuche! Dé lugar al crecimiento. Es el trabajo del Espíritu Santo en usted.

"Ninguno que haya nacido de Dios practica el pecado, porque la semilla de Dios permanece en él; no puede practicar el pecado, porque ha nacido de Dios." (1 Juan 3:9 NVI).

Resumen

La pregunta es: "¿Está completamente listo para voluntariamente someterse a cualquiera de todos los cambios que Dios quiere hacer en su vida?"

Si lo está, entonces lea los versículos del Principio 5 que se encuentran en la Guía del Participante 3 en la página 28, y haga la siguiente oración:

> *Querido Dios, gracias por llevarme tan lejos en mi viaje de recuperación. Ahora oro para que me ayudes a estar completamente listo para cambiar todos mis fracasos. Dame la fuerza para tratar con todos mis defectos de carácter que he entregado ante ti. Permíteme aceptar todos los cambios que quieres hacer en mí. Ayúdame a ser la persona que quieres que sea. En el nombre de tu Hijo oro.* AMÉN.

Victoria

Lección 15

Principio 5: Para que Dios pueda hacer los cambios en mi vida, me someto voluntariamente y con humildad le pido que remueva mis defectos de carácter.

Dichosos los que tienen hambre y sed de justicia.

Paso 6: Estábamos completamente listos para que Dios quitara todos esos defectos de carácter.

Humíllense delante del Señor, y él los exaltará.

Santiago 4:10

Paso 7: Humildemente le pedimos a Dios que quite todos nuestros defectos.

Si confesamos nuestros pecados, él es fiel y perdonará nuestros pecados y nos purificará de toda maldad.

1Juan 1:9

Introducción

Esta noche vamos a repasar el Principio 5. Vamos a contestar la pregunta: ¿Cómo puede tener victoria sobre sus defectos de carácter?

Victoria

Usaremos el acróstico VICTORIA.

*V*oluntariamente sométase
*I*dentifique los defectos de carácter
*C*ambie su mente

*T*otal entrega de los defectos de carácter
*O*bre un día a la vez
*R*ecuperación es un proceso
*I*nicie
*A*dmita que necesita cambiar

La **V** es VOLUNTARIAMENTE someterme a cada cambio que Dios quiera que haga en mi vida y humildemente pedirle que quite mis defectos. La Biblia dice que debemos hacer una ofrenda de nuestras propias vidas a Dios. "No se amolden al mundo actual, sino sean transformados mediante la renovación de su mente. Así podrán comprobar cuál es la voluntad de Dios, buena, agradable y perfecta" (Romanos 12:1-2 NVI).

Cuando aceptó el Principio 3 usted tomó la decisión más importante de su vida al escoger entregar su vida a la voluntad de Dios. Esa decisión lo puso en buena relación con Dios; usted aceptó y determinó seguir a Su Hijo Jesucristo como a su Salvador y Señor.

Luego comenzó a trabajar en *usted* mismo. Hizo un inventario moral minucioso y audaz de su vida. El primer paso en una victoria es reconocer al enemigo. Mi inventario me mostró que yo era mi mayor enemigo.

Se volvió limpio al admitir y confesarse a usted mismo, a Dios y otra persona sus fallas y sus pecados. Probablemente por primera vez en su vida usted fue capaz de quitarse los lentes empañados de la negación y ver la realidad con un enfoque limpio y claro.

Ahora, ¿cómo inicia el proceso de permitir que Dios haga los cambios positivos en su vida que tanto usted como él desean? La siguiente letra en nuestro acróstico lo dice:

La **I** en victoria es: IDENTIFICAR en cuáles defectos de carácter desea trabajar primero. Regrese a las fallas, defectos y pecados que descubrió en su inventario. Caer no lo hace un fracasado, ¡quedarse ahí, sí! Dios no solamente desea que admitamos nuestras faltas; ¡Él desea hacernos perfectos! Dios desea darnos un futuro y una esperanza. Él no solamente desea perdonarnos, ¡desea cambiarnos! Pídale primero a Dios que elimine esos defectos de carácter que le están causando más dolor. ¡Sea específico! "El corazón del hombre traza su rumbo, pero sus pasos los dirige el Señor" (Proverbios 16:9 NVI).

Vamos a la letra *C*, la cual significa que CAMBIE su mente.

Segunda de Corintios 5:17 nos dice que cuando usted se vuelve cristiano, es una nueva criatura, una nueva persona en su interior. La vieja naturaleza se va. Los cambios que van a suceder son el resultado de un esfuerzo de equipo. Su responsabilidad es actuar para seguir la dirección de Dios para el cambio. Debe permitirle a Dios que le transforme (cambie) al renovar su mente.

Veamos Romanos 12:2: "No se amolden al mundo actual, sino sean transformados mediante la renovación de su mente. Así podrán comprobar cuál es la voluntad de Dios, buena, agradable y perfecta"

Transformar algo significa cambiar su condición, su naturaleza, su función y su identidad. Dios quiere cambiar más que solo nuestro comportamiento. Él desea cambiar la forma en que pensamos. Simplemente cambiar el comportamiento es como cortar la maleza en un jardín en lugar de sacarla. La maleza siempre vuelve a crecer al menos que sea arrancada de raíz. ¡Necesitamos permitir que Dios transforme nuestras mentes!

La próxima letra es **O**: OBRE un día a la vez.

Sus defectos de carácter no se desarrollaron de un día para otro, así que no espere que salgan instantáneamente. ¡La Recuperación se da un día a la vez! Sus heridas de toda la vida, complejos y hábitos necesitan ser tratados las veinticuatro horas. ¿Ha escuchado el viejo dicho: "La vida en metros es dura; la vida en milímetros es una cosa fácil?" Jesús dijo lo mismo: "Por lo tanto, no se angustien por el mañana, el cual tendrá sus propios afanes. Cada día tiene ya sus problemas." (Mateo 6:34 LBAD).

Cuando comienzo a quejarme del pasado o a temer el futuro, recuerdo Éxodo 3:14 donde Dios nos dice que Su nombre es "Yo soy."

No sé quien tiene el crédito de la siguiente ilustración, pero es buena. Dios me dice que cuando vivo en el pasado con sus errores y quejas, la vida es dura. Puedo regresar a Dios para sanarme, para perdonarme, para perdonar mis pecados. Pero Dios no dice: Mi nombre es "Yo era". Dios dice, mi nombre es "Yo soy."

Cuando vivo en el hoy, este momento, iniciando un día a la vez, la vida no es dura. Dios dice: "Vengan a mí todos ustedes que están cansados y agobiados, y yo les daré descanso." (Mateo 11:28).

¿Cómo? A través de la **T** en victoria: TOTAL entrega de nuestros defectos de carácter a Jesucristo. Descansar en su fuerza de voluntad, en su propia obstinación, ha bloqueado su recuperación. Sus esfuerzos anteriores para cambiar usted solo sus heridas, complejos y hábitos, no tuvieron éxito. Pero si usted hace lo que dice Santiago 4:10: "Humíllense delante del Señor, y él los exaltará" sí lo tendrá.

Humildad no es una mala palabra y ser humildes no quiere decir que sea débil. La humildad es como la ropa interior: debemos usarla, pero no tenemos que mostrarla. La humildad es tener un concepto correcto de sí mismo, es decir, vernos como Dios nos ve.

Usted no puede proseguir en su recuperación hasta que entregue sus defectos de carácter a Jesús. Déjelos ir. ¡Permita que Dios obre!

Veamos la letra **R**: RECUPERACIÓN es un proceso, "un día a la vez" luego "otro día a la vez."

Una vez que usted le pide a Dios que le quite sus defectos de carácter, usted comienza un viaje que lo llevará a una nueva libertad de su pasado. No busque perfección, al contrario regocíjese en un proceso seguro. Lo que necesita buscar es "mejorar pacientemente." Oiga estas expresiones de ánimo de la Palabra de Dios: "Estoy convencido de esto: el que comenzó tan buena obra en ustedes la irá perfeccionando hasta el día de Cristo Jesús" (Filipenses 1:6 NVI).

Seguimos con la letra **I** en el acróstico: INVARIABLE disposición.

Necesita disponerse a que Dios obre juntamente con usted. Ahora está considerando lo que el Paso 6 dice: usted está "completamente listo para que Dios quite todos sus defectos de carácter." Usted está en un lugar en su recuperación en el cual dice: "Ya no quiero vivir de esta forma. Quiero deshacerme de mis heridas, complejos y hábitos. Pero, ¿cómo lo hago?

¡La buena noticia es que *usted* no es quien lo hace!

El paso 6 NO dice: "Está completamente listo para quitarse *usted* mismo todos sus defectos de carácter" ¿Verdad que no? ¡NO! Lo que dice es: "Usted está completamente listo para que *Dios* quite todos sus defectos de carácter."

La última letra en Victoria es **A:** ADMITA que necesita cambiar.

Mientras mantenga la confianza en usted mismo, es imposible una verdadera confianza en Jesucristo. Usted debe voluntariamente someterse a cada cambio que Dios desea que usted haga en su vida y humildemente pedirle que quite sus defectos. Dios está esperando cambiar sus debilidades en fortalezas. Todo lo que necesita hacer es *¡pedirlo humildemente!*

"Dios se opone a los orgullosos, pero da gracia a los humildes. Así que sométanse a Dios. Resistan al diablo, y él huirá de ustedes. Acérquense a Dios, y él se acercará a ustedes" (Santiago 4:6-8 LBAD).

Resumen

Para hacer cambios en nuestras vidas todo lo que tenemos y necesitamos hacer es estar completamente preparados para permitir que Dios sea el que nos haga cambiar. No somos el comité del "cómo" y "cuándo." Somos el comité de preparación: Todo lo que tenemos que hacer es ¡estar *listos*!

Esta noche Jesús le está preguntando: "¿Desea ser sanado, quiere cambiar?" Usted debe elegir cambiar. ¡De eso se trata el Principio 5!

Terminemos con una oración.

Querido Dios, muéstrame Tu voluntad cuando trate con mis defectos. Ayúdame a no resistirme a los cambios que Tú has planeado para mí. Necesito que "dirijas mis pasos." Ayúdame a estar en el hoy, no a escarbar en el pasado o perderme en el futuro. Te pido que me des el poder y la sabiduría para hacer lo mejor que pueda hoy. En el nombre de Cristo oro. AMÉN.

TESTIMONIO del PRINCIPIO 5

Hola a todos, mi nombre es Tom y Saddleback es mi iglesia y familia. También soy un creyente que lucha con el alcoholismo.

Realmente hoy estoy aquí para hablar de mis luchas con la impaciencia, la cual, en mi caso, siempre va de la mano con la ira. Hace unos años fui honrado con el prestigioso título de "El hombre vivo más enojado." Pero hoy estoy aquí para hablarles de la esperanza y victoria que se encuentran en Cristo.

A través de los años he luchado por ser paciente con las inconveniencias que todos enfrentamos. Sin embargo, en lugar de aprender a ser paciente, observaba que mi ira cada vez se salía más y más fuera de control, hasta que finalmente perdí todo.

Recuerdo que desde joven la ira era un factor muy dominante en mi vida. Mis cuatro hermanos y yo estábamos en casa siempre con ese temor de cuándo mi mamá podía estallar. Recuerdo la vez cuando me salvé de ser golpeado en la cabeza con una plancha. Gracias a Dios todavía estaba conectada y la cuerda no permitió que la plancha me alcanzara. Les diré que yo realmente pensaba que esa era la forma en que la vida tenía que ser. En mi adolescencia la ira brotaba de la ansiedad que dominaba mis pensamientos y consecuentemente mis actitudes. En mí ardía una inquietud, una falta de razón y un permanente descontento. Me causaba tal confusión interior que buscaba olvidar estos sentimientos con alcohol y drogas. ¡Esto era en la plenitud de mis trece años! Mientras la tormenta crecía en mí, la única cosa que lo calmaba era el alcohol y las drogas. Vean, para mí, el emborracharme y drogarme no eran un problema, era mi solución. Sólo deseaba lo fácil y cómodo que veía en la vida de otras personas. Luego de un tiempo la impaciencia me llevó más lejos en mi ira y esto se volvió rencor.

En este tiempo, entre mis veinte y veinticinco años, mis arranques de ira habían causado que perdiera todo, trabajos, familia, una prometida, amigos. Estaba solo y aislado; luego las drogas y el alcohol eran mi refugio. El rencor seguía creciendo y luego se volvió interno. Había crecido para odiar la persona que yo había llegado a ser y morir parecía una buena opción en mi vida. Recuerdo que llamé a mi amigo Mateo, uno de esos pocos amigos que todavía me hablaban, y le dije: "Matt, estoy cansado y simplemente quiero que esto termine." Él dijo: "Tom, ¿puedo hacerte una pregunta? ¿Quieres morir o solamente quieres ser feliz?" Bueno, pensé: "Morir... feliz... morir... feliz." ¡Hey, feliz no es una mala elección! Sólo quería paz.

Ahora, había tratado de poner todo junto antes de tomar cualquier resolución o hacer promesas. Pero todos esos nuevos códigos morales y filosofías no funcionaban. ¿Vieron? Aun con mucho conocimiento como el que tenía y con todos mis recursos humanos controlados por mi voluntad, fallé miserablemente. El poder necesario no estaba allí. Solamente un acto de la providencia podía salvarme.

Entonces busqué ayuda. Descubrí un grupo de recuperación de los 12 Pasos y, en el proceso, descubrí que necesitaba a Dios, lo cual me llevó a la cruz. ¡Gloria a Dios! Gloria a Dios por *Celebremos la Recuperación* y esta iglesia. Allí es donde encontré mi paz. Fue Su bondad, misericordia y gracia las que me inspiraron a entregarme al Señor. Desde que le entregué mi vida a Él tres cosas han sucedido.

Primero, comencé a ver la vida más y más desde el punto de vista de Dios. Es simplemente un milagro cómo toda mi perspectiva de la vida cambió. Sólo de saber que Él está en control me hace calmarme. Con menos temor y ansiedad, no hay una verdadera causa para la ira. En Isaías 41:10 Su Palabra dice: "Así que no temas, porque yo estoy contigo" Y Filipenses 4:7 habla acerca de una paz que está más allá de nuestro entendimiento. Esta no es una paz que tenía en mí, sino la paz que Dios puso en mí.

Segundo, el amor de Dios está reemplazando la ira en mi vida. Me hizo ver que yo tenía valor ante Sus ojos. Él demostró ese amor al morir en la cruz por mí. Mi respuesta de amor es tener fe en que Sus caminos son más grandes que mis caminos. Y esa confianza me ha llevado a la acción. A través de la oración, estudio de Su Palabra, y caminando en fe por sus amorosos preceptos, Él ha transformado mi mente y ha hecho por mí lo que nunca yo pude haber hecho por mí mismo. Y a través de Su Espíritu he encontrado el ánimo que siempre había buscado. Ha cambiado mi ansiedad y desesperación en esperanza, mi temor en fe y mi dolor en compasión.

Finalmente, estoy dependiendo a diario de Cristo para ayudarme a controlar mi impaciencia. La paz que tengo solamente viene de tener una relación totalmente dependiente de Jesucristo. Y estoy muy contento porque mi relación con Dios está basada en Su fidelidad para conmigo, no en mi fidelidad para con Él.

Bueno, algunas veces todavía lucho con la impaciencia. Comencé a perder mi control ayer, pero no reaccioné como el antiguo iracundo Tom. Al contrario, me apoyé en sus promesas de 1 Tesalonicenses 5:23-24 y Filipenses 1:6. No soy todo lo que me gustaría ser; no soy todo lo que debería ser, pero gloria a Dios, no soy el hombre iracundo que acostumbraba a ser. Gracias por oír mi testimonio.

Principio 6

Evalúo todas mis relaciones. Ofrezco perdón a los que me han herido y hago enmiendas por el daño que he causado a otros, excepto cuando al hacerlo los pudiera dañar a ellos o a otros.

Dichosos los compasivos. Dichosos los que trabajan por la paz.

Enmiendas

Principio 6: Evalúo todas mis relaciones. Ofrezco perdón a los que he herido y hago enmiendas por los daños que he hecho a otros, excepto si cuando al hacerlo pudiera dañarlos a ellos o a otros.

Dichosos los compasivos. Dichosos los que trabajan por la paz.

Paso 8: Hicimos una lista de todas las personas que habíamos dañado y estuvimos dispuestos a hacer enmiendas.

Traten a los demás tal y como quieren que ellos los traten a ustedes.

Lucas 6:31

Introducción

Esta semana nos enfocaremos en el Principio 6. De hecho, pasaremos los próximos dos meses en este Principio. Así de importante es nuestra recuperación. Usaremos algo del tiempo para la enseñanza y celebraremos la Santa Cena la próxima semana para ayudarnos a verdaderamente entender el significado real del perdón. Pero me gustaría usar la mayoría de nuestro tiempo oyendo testimonios de ustedes. Por favor, déjeme saber si le gustaría contar su historia de cómo el Principio 6 ha impactado positivamente su recuperación y relaciones.

Esta noche haremos un repaso del Principio 6, el cual trata acerca de hacer enmiendas. "Perdóname entre tanto aprendo a perdonar" resume este principio bastante bien.

Habíamos comenzado reparando algunas cosas del lado *personal* de nuestras vidas, al principio de nuestra recuperación, admitiendo nuestra incapacidad, entregando nuestras vidas y voluntad al cuidado de Dios, haciendo un inventario moral, confesando nuestros pecados y faltas a otra persona, admitiendo nuestros fracasos y pidiendo a Dios que los quitara de nuestras vidas. Pero ahora comenzamos a hacer arreglos en el lado *relacional* de nuestras vidas. Hacer sus enmiendas es el comienzo del final de su separación con Dios y otros.

Así que, mencionando las palabras del Paso 8, es tiempo para "hacer una lista de las personas que hemos herido y estar *dispuestos* a hacer enmiendas con todos ellos." En este punto solamente está buscando la *disposición*. El Paso 8 solamente requiere que identifiquemos a aquellos con quienes necesitamos hacer enmiendas y ofrecer perdón.

Lucas 6:31 nos recuerda tratar a otros de la forma en la que deseamos ser tratados. Para algunos de ustedes, eso debe ser muy difícil. Han sido heridos de una forma tremenda o quizás abusados. Muchos de ustedes no tenían nada que hacer con el daño del que fueron objeto.

Frecuentemente he aconsejado personas en el Principio 6 y en el punto crucial del perdón, para solamente oírles decir: "¡Nunca voy a perdonar! ¡No después de lo que me hicieron!" En estos casos el daño contra el individuo a menudo fue maltrato en la niñez, abuso sexual o adulterio. Tales pecados son violaciones profundas que dejan heridas dolorosas, pero también son las raíces de disfunción que traen a mucha gente a la recuperación.

Perdonar al perpetrador de tales daños, aunque la persona dañada haya tratado con el dolor emocional, parece imposible. En esta lección vamos a hablar específicamente de este aspecto y trataremos acerca de los tres tipos de perdón.

Por ahora escuche la forma en que *Celebremos la Recuperación* expresa de otra manera este paso para aquellos que están en los grupos de abuso sexual o físico:

> Hacer una lista de todas las personas que nos han dañado y estar dispuestos a buscar la ayuda de Dios para perdonar a nuestros perpetradores, así como a perdonarnos a nosotros mismos. Darnos cuenta de que nosotros también hemos dañado a otros y estar dispuestos a enmendar todo lo que les hemos hecho.

Veamos la segunda parte del Principio 6: "... hacer enmiendas por el daño que yo he causado a otros, excepto si al hacer eso les dañaría a ellos o a terceros."

Escuche mientras leo Mateo 5:23-24: "Por lo tanto, si estás presentando tu ofrenda en el altar y allí recuerdas que tu hermano tiene algo contra ti, deja tu ofrenda allí delante del altar. Ve primero y reconcíliate con tu hermano; luego vuelve y presenta tu ofrenda"

La primera parte del Principio 6 trata el aspecto de estar dispuestos a considerar el perdón. La segunda parte del Principio 6 nos llama a actuar al hacer nuestras enmiendas y pedir perdón. Regresamos a la metáfora del jardín porque necesitamos arrancar la maleza muerta en nuestras antiguas relaciones rotas para poder limpiar un lugar donde nuestras nuevas relaciones puedan ser exitosamente plantadas o restauradas. Es por eso que el Principio 6 es tan importante.

En la Guía 3 del Participante, en la página 36 encontrará la lista de Enmiendas.

La Columna 1 es donde usted enumera a las personas con quienes necesita estar dispuesto a hacer enmiendas, aquellos a quienes ha dañado. La columna 2 es para las personas que usted necesita llegar a tener la voluntad para perdonar. Enumérelas esta semana.

Durante los próximos dos meses agregue, según Dios le revele, a otros que debe incluir en la lista. Recuerde, todo lo que está haciendo hasta este momento es escribir los nombres.

Enmiendas

Veamos el acróstico de esta noche y demos respuesta a la pregunta: ¿Cómo hago las ENMIENDAS?

Empiece a vivir las promesas de recuperación
No se oponga
Manifiéstense ánimo
Inventario de una lista
En el tiempo correcto
No por ellos
Disposición
Admita la herida y el daño

La primera letra en enmienda es la que se refiere a **EMPEZAR** a vivir las promesas de recuperación.

Si seguimos este principio con lo mejor de nuestra habilidad, estaremos sorprendidos antes de llegar a la mitad del proceso, al entender que conocemos una nueva libertad y una nueva felicidad. Ya nunca más lamentaremos el pasado. Tendremos una nueva comprensión de paz y serenidad. Veremos cómo nuestras experiencias con las heridas, complejos y hábitos pueden beneficiar a otros.

Ese sentimiento de inutilidad y autocompasión desaparecerá. Perderemos interés en cosas egoístas que causan nuestra propia búsqueda para escapar y ganaremos interés en los demás. Toda nuestra actitud y forma de ver la vida cambian. Y de repente, reconoceremos que ¡Dios está haciendo por nosotros lo que no podíamos antes hacer por nosotros mismos!

(Frases del *Gran Libro de Alcohólicos Anónimos*, páginas 83-84)

La segunda letra es la **N,** NO SE OPONGA.

Todavía, algunos de nosotros nos oponemos a hacer enmiendas. Pensamos: "Si Dios me ha perdonado ¿No es eso suficiente? ¿Por qué debo sacar a relucir el pasado? Después de todo, hacer enmiendas no suena natural."

La respuesta a esa objeción es simple: hacer enmiendas no es algo tan referente a su pasado como lo es a su futuro. Antes de tener las relaciones saludables que desea, necesita limpiar la culpa, la vergüenza y el dolor que han causado el fracaso de muchas de sus relaciones anteriores.

La **M** significa: MANIFIÉSTENSE ÁNIMO unos a otros.

Se ha dicho que el ánimo es el oxígeno del alma. Antes de hacer sus enmiendas u ofrecer perdón a otros, usted necesita tener un compañero a quien rendir cuentas o un mentor, alguien que le anime y que le provea una buena "caja de resonancia" (tiempo y atención). La opinión objetiva de esa persona es valiosa para asegurar que haga enmiendas y ofrezca perdón con los motivos correctos.

Hebreos 10:24 dice: "Y consideremos cómo podemos incentivarnos al amor y a las buenas obras." Si se le pide ser alguien que dé ánimo, o ser un compañero a quien se le rinda cuentas, o ser un mentor, siéntase honrado. Y recuerde, usted no puede tener una antorcha para alumbrar el camino de otra persona sin iluminar el propio.

La próxima letra es **I**: INVENTARIAR una lista.

Además de la hoja de enmiendas en la Guía 3 del Participante, encontrará el "Inventario de Celebremos la Recuperación en la Guía 2 del Participante. Usted también puede usar estas hojas para hacer su lista de enmiendas.

En la columna 1, en su inventario, encontrará la lista de la gente que usted necesita perdonar. Esta es la gente que le ha dañado. En la columna 4 encontrará la lista de personas con quien usted debe hacer enmiendas. Estos son los que usted ha dañado.

Si hace poco que hizo su inventario, Dios pudo haber revelado otros más que necesita agregar a su lista. Por eso es importante comenzar con la hoja de enmiendas.

Cuando esté haciendo su lista, no se preocupe por los "cómo"al hacer sus enmiendas. No se pregunte: *¿Cómo le puedo pedir perdón a mi papá? ¿Cómo podría perdonar a mi hermano por lo que hizo?* Siga adelante y escriba el nombre de la persona de todas formas. "Traten a los demás tal y como quieren que ellos los traten a ustedes" (Lucas 6:31 NVI).

Vamos a la siguiente letra, **E,** de EN EL TIEMPO CORRECTO.

¡Este principio no solamente requiere de ánimo, buen juicio y disposición, sino también un sentido correcto del *tiempo*!

Eclesiastés 3:1 (NVI) nos dice: "Hay un tiempo para todo". Hay un tiempo para *dejar* que las cosas sucedan y un tiempo para *hacer* que las cosas sucedan. Hay un tiempo correcto y un tiempo incorrecto para ofrecer perdón y hacer enmiendas.

Antes de hacer enmiendas, necesita orar y pedirle a Jesucristo su dirección, orientación y su perfecto uso del tiempo.

El Principio 6 además dice: "... excepto cuando al hacer esto pudiera dañar a ellos o a otros."

Escuche Filipenses 2:4: "Cada uno debe velar no sólo por sus propios intereses sino también por los intereses de los demás."

No espere hasta que *tenga* ganas de hacer enmiendas u ofrecer perdón; vivir este principio lleva consigo un acto de voluntad. O quizás debería decir una *crisis* de la voluntad. Hacer sus enmiendas es un acto de obediencia a la Escritura y de sobrevivencia personal.

La otra **N** en enmienda es la razón para hacer enmiendas: **NO** por ellos.

Necesita acercarse a las personas a quienes les está ofreciendo su perdón o con quien está haciendo enmiendas, humilde, honesta y sinceramente y sobre todo con disposición. No ofrezca excusas o intente justificar sus acciones; enfóquese solamente en lo que le corresponde.

En cinco palabras, aquí está el secreto para hacer enmiendas exitosamente: *¡No espere nada a cambio!* Está haciendo sus enmiendas, no por una recompensa, sino para ser libre de sus heridas, complejos y hábitos.

El Principio 6 dice que: Yo soy responsable de "hacer enmiendas por el daño que he causado a otros." Jesús dijo: "Amen a sus enemigos, háganles bien y denles prestado sin esperar nada a cambio" (Lucas 6:35 NVI). Dios nos ama generosa y compasivamente, aunque estamos en nuestros peores momentos. Dios es amable, ¡necesitamos ser amables!

¿Sabe que puede volverse adicto a su amargura, odio y venganza, así como se es adicto al alcohol, drogas y relaciones dañinas? Una vida caracterizada por la amargura, resentimiento e ira, le matará emocionalmente y marchitará su alma. Producirán las "Tres D":

Depresión

Desesperación

Desánimo

Un corazón no perdonador le causará más dolor y destrucción de lo que pudo haberle causado la persona que le dañó.

La penúltima letra es la **D:** DISPOSICIÓN

Como lo hemos mencionado antes, es tiempo para estar *dispuestos* a considerar el perdonar; *dispuestos* para hacer enmiendas y *dispuestos* a pedir perdón. En este punto solamente se está buscando la *disposición*. El Paso 8 solamente requiere que identifiquemos a aquellos con quienes necesitamos hacer enmiendas y ofrecer perdón.

Lucas 6:31 nos recuerda tratar a otros de la forma en la que deseamos ser tratados. Para algunos de ustedes, eso debe ser muy difícil.

Finalmente la **A** es ADMITIR *la herida y el daño*. El principio 4 nos mostró cuán importante es abrirnos a Dios y a otros. Sus sentimientos han estado reprimidos durante mucho, mucho tiempo y eso ha interferido con todas sus relaciones importantes. En este paso de su recuperación usted necesita una vez más afrontar las heridas, resentimientos e injusticias que otros le han causado o que usted ha causado a otros. Aferrarse a los resentimientos no solamente bloquea su recuperación, sino que bloquea el perdón de Dios en su vida.

Lucas 6:37 (NVI) nos dice: "No juzguen, y no se les juzgará. No condenen, y no se les condenará. Perdonen, y se les perdonará."

Resumen

El Principio 6 le ofrece libertad, libertad de las cadenas del resentimiento, la ira y las heridas; libertad a través de hacer enmiendas por el daño que usted ha causado a otros, para mirarlos a los ojos, sabiendo que usted juntamente con Dios está limpiando su propio lado de la calle (limpiando su propia vida).

En los grupos pequeños, animo a aquellos que han terminado el Principio 6 a explicar la libertad y las bendiciones que han recibido.

Oremos.

Querido Dios, oro por disposición, disposición para evaluar todas mis relaciones pasadas y actuales. Por favor, muéstrame la gente que he dañado y ayúdame a estar dispuesto para ofrecerles arreglar las cosas. También, Dios, dame Tu fuerza para estar dispuesto a ofrecer perdón a los que me han herido. Oro por Tu tiempo perfecto para llevar a cabo lo que nos pide el Principio 6. Todo lo pido en el nombre de Tu Hijo. AMÉN.

Perdón

Principio 6: Evalúo todas mis relaciones. Ofrezco perdón a los que he herido y hago enmiendas por los daños que he hecho a otros, excepto si al hacerlo los dañare a ellos o a otros.

Dichosos los compasivos. Dichosos los que trabajan por la paz.

Paso 8: Hicimos una lista de todas las personas que habíamos dañado y estuvimos dispuestos a hacer enmiendas.

Traten a los demás tal y como quieren que ellos los traten a ustedes.

Lucas 6:31

Paso 9: Hicimos enmiendas a tales personas cuando fue posible, excepto si al hacerlo les dañaríamos a ellos o a otros.

Por lo tanto, si estás presentando tu ofrenda en el altar y allí recuerdas que tu hermano tiene algo contra ti, deja tu ofrenda allí delante del altar. Ve primero y reconcíliate con tu hermano; luego vuelve y presenta tu ofrenda.

Mateo 5:23-24

Introducción

Esta noche vamos a seguir trabajando en evaluar todas nuestras relaciones. Ofreceremos perdón a los que nos han herido y, cuando sea posible, haremos enmiendas por el daño que hemos hecho a otros, sin esperar nada a cambio.

Hemos hablado de cómo hacer enmiendas, pero esta noche me gustaría hablar acerca de algo que podría bloquear, demorar o aun destruir su recuperación: La incapacidad para aceptar y ofrecer *perdón*.

Creo que todos estamos de acuerdo en que el perdón es una idea muy bonita hasta que tenemos que practicarla.

Un muchacho me dijo una vez: "John, nunca me verás con úlceras. Tomo las cosas como vengan. Nunca me quedo con un resentimiento, ni aun en contra de la gente que me ha hecho cosas que nunca perdonaré". ¡¡Qué barbaridad!!

Vi este letrero en el boletín de una compañía: "Errar es de humanos; perdonar no es una norma de la compañía."

Hay muchas bromas acerca del perdón, pero el perdón no es algo que nosotros, los que estamos en recuperación, podemos tomar a la ligera, porque el perdón es claramente la receta de Dios para los quebrantados. No importa cuán grande sean la ofensa o los abusos, a lo largo del camino hacia la sanidad siempre se encuentra el perdón.

Todos sabemos que una de las raíces del comportamiento compulsivo es el dolor, el dolor sepultado.

En el Principio 1 aprendimos que pretender que la herida no esta allí o que eso ya no nos molesta, no resolverá sus problemas. Jeremías 6:14 (NVI) nos recuerda que: "¡Curan por encima la herida de mi pueblo, y les desean: "¡Paz, paz!", cuando en realidad no hay paz!"

Enfrentar su pasado y perdonarse usted mismo y a aquellos que le han dañado y hacer enmiendas por el dolor que usted ha causado a otros es la única solución duradera. ¡El perdón rompe el ciclo! No se resuelven todas las preguntas de culpa, justicia o imparcialidad, sino que permite a las relaciones sanar y posiblemente comenzar de nuevo.

Por lo que esta noche hablaremos acerca de las tres clases de perdón.

Perdón

Para estar completamente libres de sus resentimientos, ira, temores, vergüenza y culpa, necesitan dar y aceptar perdón en todas las áreas de sus vidas. Si no lo hacen, su recuperación se demorará y por lo tanto será incompleta.

El primero y más importante es el perdón extendido de Dios hacia nosotros. ¿Has aceptado el perdón de Dios? ¿Has aceptado la obra de Jesús en la cruz? Por su muerte en la cruz, todos nuestros pecados fueron cancelados, pagados por completo; un regalo gratis para aquellos que creen en Él como el verdadero y único Poder Superior, Salvador y Señor.

Jesús exclamó desde la cruz: "Está terminado" (Juan 19:30). No importa cuán gravemente podamos haber dañado a otros o a nosotros mismos, la gracia de Dios es siempre suficiente. ¡Su perdón es siempre completo!

Romanos 3:22-25 (NVI) dice: "Esta justicia de Dios llega, mediante la fe en Jesucristo, a todos los que creen. De hecho, no hay distinción, pues todos han pecado y están privados de la gloria de Dios, pero por su gracia son justificados gratuitamente mediante la redención que Cristo Jesús efectuó."

Recuerde, si Dios no estuviera dispuesto a perdonar el pecado, el cielo estuviera vacío.

La segunda clase de perdón es extendida de nosotros a otros. ¿Ha perdonado a otros que le han herido? Este tipo de perdón es un proceso. Necesita estar dispuesto a estar dispuesto, pero para ser verdaderamente libre, debe dejar ir el dolor del daño pasado y del abuso causado por otros.

El perdón es dejar ir. ¿Recuerda el juego de tirar de un lazo cuando era niño? Siempre y cuando la gente en cada punta del lazo se mantenga tirando, ustedes tienen una guerra. "Usted deja ir la punta del lazo" cuando perdona a los otros. No importa cuán fuertemente ellos puedan tirar de su punta, si usted ha soltado la suya, la guerra ha terminado. ¡Se acabó! ¡Pero mientras usted no suelte, sigue siendo un prisionero de guerra!

Piense, ¿a quién daña más su ira? Le daré una clave. ¡Es a usted! El perdón le brinda la posibilidad de ser completamente liberado de su ira y le permite adelantar positivamente en esas relaciones.

La Biblia tiene mucho que decir acerca del perdón. Romanos 12:17-18 dice: "No paguen a nadie mal por mal. Procuren hacer lo bueno delante de todos. Si es posible, y en cuanto dependa de ustedes, vivan en paz con todos."

Causar un daño le pone *bajo* su enemigo. Vengarse de un daño le hace *aún* como él. Perdonarlo lo pone arriba de él. Pero lo más importante, ¡le hace libre!

A propósito, en su lista de "otros a quienes perdonar," debió haberse olvidado de alguien que necesita perdonar: Dios. Sí, así como lo escuchó. Dios no puede pecar y no peca. Su naturaleza está marcada por perfecta santidad en cada atributo y acción. Dios es perfecto en amor, misericordia y gracia. Pero recuerde que Él nos amó tanto que nos dio una voluntad libre

(libre albedrío). No deseaba que fuésemos sus marionetas. Él deseaba que decidiéramos amarle. Usted necesita entender y creer que el daño que otros le hicieron fue la voluntad de ellos. Fue la elección de ellos, no la de Dios. No fue la voluntad de Dios. Una vez que entienda lo que es la "libre voluntad" entenderá que su ira contra Dios es equivocada.

Su promesa se encuentra en 1 Pedro 5:10 (NVI): "Y después de que ustedes hayan sufrido un poco de tiempo, Dios mismo, el Dios de toda gracia que los llamó a su gloria eterna en Cristo, los restaurará y los hará fuertes, firmes y estables"

Si ha sido la víctima de abuso sexual, abuso físico, abuso emocional en su niñez o de negligencia, lo siento mucho por el dolor que ha sufrido; sufro con usted. Pero no encontrará paz y liberación en cuanto a sus perpetradores hasta que sea capaz de perdonarlos. Recuerde, perdonarlos de ninguna manera los excluye del daño que le han causado, pero le liberará del poder que han tenido sobre usted. He escrito de una forma diferente los Pasos 8 y 9 de los 12 Pasos para usted.

> Paso 8. Hacer una lista de todas las personas que nos han dañado y estar dispuestos a buscar la ayuda de Dios para perdonar nuestros causantes, así como también perdonarnos a nosotros mismos. Darnos cuenta que también hemos dañado a otros y estar dispuestos a enmendar lo que les hicimos.
>
> Paso 9. Extendernos perdón a nosotros mismos y a otros que han actuado contra nosotros, dándonos cuenta de que esta es una actitud del corazón, no siempre una confrontación. Enmendar directamente, pidiendo perdón a las personas que hemos dañado, excepto si al hacerlo les hacemos daño a ellos o a otros.

Para recapitular, necesitamos recibir el perdón de Dios al aceptar lo que Jesús hizo por nosotros en la cruz, y necesitamos perdonar y pedir perdón a otros.

La última clase de perdón es tal vez la que se nos hace más difícil ofrecer: necesitamos perdonarnos a nosotros mismos. ¿Se ha perdonado a sí mismo? Puede perdonar a otros, puede aceptar el perdón de Dios, pero es posible que usted sienta que la culpa y la vergüenza de su pasado sean demasiado como para perdonarse.

Esto es lo que Dios quiere hacer con la oscuridad de su pasado: "¡Vengan, pongamos las cosas en claro —dice el Señor—.

—¿Son sus pecados como escarlata? ¡Quedarán blancos como la nieve! ¿Son rojos como la púrpura? ¡Quedarán como la lana! ¿Están ustedes dispuestos a obedecer? ¡Comerán lo mejor de la tierra!" (Isaías 1:18-19 NVI).

No importa con cuánta falta de amor o de valor pueda sentirse, ¡Dios le ama! Lo que usted sienta por sí mismo no cambia el amor de Él por usted en lo más mínimo.

Déjeme hacerle una pregunta: Si Dios mismo puede perdonarle, ¿cómo puede detener el perdón hacia usted mismo? De hecho, creo que debemos perdonarnos antes de poder honestamente perdonar a otros. El primer nombre en su lista de enmiendas necesita ser Dios, el segundo necesita ser usted. ¿Por qué?

La respuesta se encuentra en Mateo 22:36-40, donde a Jesús se le preguntó:

> —Maestro, ¿cuál es el mandamiento más importante de la ley?
> —"Ama al Señor tu Dios con todo tu corazón, con todo tu ser y con toda tu mente" —le respondió Jesús—. Éste es el primero y el más importante de los mandamientos. El segundo se parece a éste: "Ama a tu prójimo como a ti mismo." De estos dos mandamientos dependen toda la ley y los profetas.

Ahora, ¿cómo puede amar o perdonar a su prójimo, si no puede amarse ni perdonarse usted mismo? Si no se ha perdonado, su perdón para otros puede ser superficial, incompleto y tener motivos incorrectos.

El perdonarse uno mismo no es cuestión de echarle la culpa a alguien más y librarse de su responsabilidad. No es una licencia para la irresponsabilidad. Es simplemente el reconocimiento de que usted es un ser humano como todos los demás y que ha alcanzado esta etapa en su recuperación donde usted puede darse a sí mismo mayor respeto.

Resumen

Al dar los pasos necesarios del perdón, descubrirá que está dejando ir la culpa y la vergüenza. Será capaz de decir: "No soy perfecto, pero Dios y yo estamos trabajando en mi vida. Todavía me caigo, pero con la ayuda de mi Salvador me puedo levantar, limpiar y empezar otra vez.

Podemos decir: "Me perdono a mí mismo porque Dios me ha perdonado y con Su ayuda, puedo perdonar a otros."

Cuando usted se perdona, no cambia el pasado, pero ¡seguro que sí cambia el futuro!

Gracia

Principio 6: Evalúo todas mis relaciones. Ofrezco perdón a los que he herido y hago enmiendas por los daños que he hecho a otros, excepto si al hacerlo les dañare a ellos o a otros.

Dichosos los compasivos. Dichosos los que trabajan por la paz.

Paso 9: Hicimos enmiendas a tales personas cuando fue posible, excepto si al hacerlo les dañáramos a ellos o a otros.

Por lo tanto, si estás presentando tu ofrenda en el altar y allí recuerdas que tu hermano tiene algo contra ti, deja tu ofrenda allí delante del altar. Ve primero y reconcíliate con tu hermano; luego vuelve y presenta tu ofrenda.

Mateo 5:23-24

Introducción

Esta noche terminaremos de hablar del Principio 6. Hemos hablado de cómo evaluar todas nuestras relaciones, ofrecer perdón a los que nos han herido y hacer enmiendas por el daño que hemos causado a otros, cuando sea posible y sin esperar nada a cambio.

Al crecer como cristianos y al crecer en nuestra recuperación, queremos seguir la dirección e instrucciones de Jesucristo. Y al conocerle mejor, queremos seguir Sus enseñanzas y Sus caminos. Queremos llegar a ser más como Él. Honestamente, si vamos a implementar el Principio 6 con lo mejor de nuestra habilidad, necesitamos aprender a modelar la gracia de Dios, pero ¿cómo?

Gracia

El texto bíblico clave de *Celebremos la Recuperación* es: 2 Corintios 12:9-10 (NVI): "Pero él me dijo: Te basta con mi gracia, pues mi poder se perfecciona en la debilidad. Por lo tanto, gustosamente haré más bien alarde de mis debilidades, para que permanezca sobre mí el poder de Cristo. Por eso me regocijo en debilidades, insultos, privaciones, persecuciones y dificultades que sufro por Cristo; porque cuando soy débil, entonces soy fuerte."

Celebremos la Recuperación está edificado y centrado en la gracia y el amor de Cristo para cada uno de nosotros.

Veamos esta noche el acróstico: **GRACIA**

Generoso regalo de Dios
Recibido por nuestra fe
Aceptados por el amor de Dios
Cristo pagó el precio
Inmerecido obsequio
Amoroso don eterno

La primera letra se refiere a que la gracia es un GENEROSO REGALO DE DIOS.

La gracia es un regalo. La gracia no puede ser comprada. Es libremente dada por Dios a usted y a mí. Cuando ofrecemos (damos) nuestras enmiendas y no esperamos nada a cambio, ese es un regalo de nuestra parte para con aquellos que hemos dañado.

Romanos 3:24 (NVI) nos dice: "Pero por su gracia son justificados gratuitamente mediante la redención que Cristo Jesús efectuó."

Primera Pedro 1:13 (NVI) dice: "Por eso, dispónganse para actuar con inteligencia; tengan dominio propio; pongan su esperanza completamente en la gracia que se les dará cuando se revele Jesucristo."

Si mi relación con Dios dependiera de la perfección, tendría problemas la mayor parte del tiempo. Gracias a Dios que mi relación con Él está edificada en Su gracia y amor por mí. Él da la fuerza para hacer las enmiendas y ofrecer el perdón que el Principio 6 requiere.

Y ¿cómo recibimos el regalo de la gracia de Dios? La respuesta la representa la **R** en el acróstico: RECIBIDO por fe.

No importa cuán duro trabajemos, no podemos ganarnos el camino al cielo. Solamente al profesar nuestra fe en Jesucristo como nuestro Señor y Salvador podemos experimentar Su gracia y tener vida eterna.

Efesios 2:8-9 dice: "Porque por gracia ustedes han sido salvados mediante la fe; esto no procede de ustedes, sino que es el regalo de Dios, no por obras, para que nadie se jacte."

Permítame compartir otro versículo con usted. Filipenses 3:9 (NVI) dice: "No quiero mi propia justicia que procede de la ley, sino la que se obtiene mediante la fe en Cristo, la justicia que procede de Dios, basada en la fe."

Usted y yo tendemos a interesarnos más en lo que hacemos. Dios está más interesado en lo que somos.

Romanos 5:2 dice de Jesús: "También por medio de él, y mediante la fe, tenemos acceso a esta gracia en la cual nos mantenemos firmes. Así que nos regocijamos en la esperanza de alcanzar la gloria de Dios."

Sólo una palabra de advertencia: Nuestro caminar necesita estar de acuerdo con nuestro hablar. Nuestras creencias y valores son vistos por otros en nuestras acciones. Y es a través de nuestra fe en Cristo que podemos encontrar la fuerza y el valor que necesitamos para actuar como el Principio 6 lo requiere; haciendo enmiendas y ofreciendo perdón.

La próxima letra es la **A**. Somos ACEPTADOS por el amor de Dios.

Dios le amó y me amó mientras aún estábamos pecando. Romanos 5:8 dice: "Pero Dios demuestra su amor por nosotros en esto: en que cuando todavía éramos pecadores, Cristo murió por nosotros"

Podemos, a cambio, amar a otros porque Dios nos amó primero. También podemos perdonar a otros porque Dios primero nos perdonó a nosotros. Colosenses 3:13 (NVI) dice: "De modo que se toleren unos a otros y se perdonen si alguno tiene queja contra otro. Así como el Señor los perdonó, perdonen también ustedes."

Efesios 2:5 (NVI) nos recuerda que: "Nos dio vida con Cristo, aun cuando estábamos muertos en pecados. ¡Por gracia ustedes han sido salvados!"

No sé usted, pero yo sé que no me merezco el amor de Dios. Pero la buena noticia es que Él me acepta a pesar de mí mismo. Él ve todos mis fracasos y aun así me ama. Y lo mismo es para ti también.

Hebreos 4:16 (NVI) nos dice: "Así que acerquémonos confiadamente al trono de la gracia para recibir misericordia y hallar la gracia que nos ayude en el momento que más la necesitemos."

Vamos a la **C** en la palabra gracia: CRISTO pagó el precio.

Jesús murió en la cruz para que todos nuestros pecados, todas nuestras fallas, sean perdonados. Él pagó el precio, se sacrificó por usted y por mí para que podamos estar con Él por siempre.

Cuando aceptamos la obra de Cristo en la cruz, somos hechos una nueva creación. Entonces podemos confiar en la fuerza y el poder de Dios que nos capacita para perdonar a los que nos han dañado. Podemos hacer a un lado nuestro egoísmo y hablar la verdad en amor. Nos enfocamos solamente en nuestra parte de hacer enmiendas u ofrecer nuestro perdón.

Efesios 1:7 (NVI) dice: "En él tenemos la redención mediante su sangre, el perdón de nuestros pecados, conforme a las riquezas de la gracia"

Continuamos con la letra **I**, INMERECIDO obsequio.

Yo estoy aquí ante ustedes como producto de la gracia de Dios. Todos aquí en esta noche han aceptado a Cristo en sus vidas como producto de la gracia de Dios. Al modelar esta gracia, seremos capaces de hacer el trabajo que el Principio 6 requiere.

Colosenses 1:6: "Este evangelio está dando fruto y creciendo en todo el mundo, como también ha sucedido entre ustedes desde el día en que supieron de la gracia de Dios y la comprendieron plenamente."

La última letra es la **A**: la gracia es un AMOROSO DON ETERNO.

Una vez que ha aceptado a Jesucristo como su Salvador y Señor, el regalo de la gracia de Dios es para siempre.

Déjeme leer una parte del Gran Libro de Alcohólicos Anónimos, páginas 83-84: “Una vez haya completado el Paso Nueve, conocerá una nueva libertad y una nueva felicidad. ... Usted comprenderá la palabra serenidad y conocerá la paz. ... De repente se dará cuenta que Dios está haciendo por usted lo que usted no pudo hacer por sí mismo.”

Y esta es un cita del *verdadero* Gran Libro, la Biblia: “Estoy convencido de esto: el que comenzó tan buena obra en ustedes la irá perfeccionando hasta el día de Cristo Jesús” (Filipenses 1:6 NVI).

Y también 2 Tesalonicenses 2:16 (NVI) dice: “Que nuestro Señor Jesucristo mismo y Dios nuestro Padre, que nos amó y por su gracia nos dio consuelo eterno y una buena esperanza”

Mi versículo preferido es 1 Pedro 2:9-10 (NVI), donde Dios dice: Pero ustedes son linaje escogido, real sacerdocio, nación santa, pueblo que pertenece a Dios, para que proclamen las obras maravillosas de aquel que los llamó de las tinieblas a su luz admirable. Ustedes antes ni siquiera eran pueblo, pero ahora son pueblo de Dios; antes no habían recibido misericordia, pero ahora ya la han recibido.

Un tiempo ustedes fueron menos que nada; ahora ustedes [tú, John Baker] son propiedad de Dios. Un tiempo conocieron un poco de las bondades de Dios; ahora sus propias vidas han sido cambiadas por esa misma bondad.

TESTIMONIO del PRINCIPIO 6

Hola, soy Carl y estoy aquí porque los 12 Pasos son una parte importante de mi vida cristiana.

Antes de entregarme completamente a Dios, mi vida era inmanejable. Finalmente toqué fondo y admití que no podía manejar mi propia vida. Le pedí al Señor Jesucristo que la manejara y que fuera el Señor de mi vida. Busqué el plan de Dios para mí y por medio de la oración, el estudio bíblico y la adoración, comencé a crecer espiritualmente.

Sabía que todavía tenía un problema, pero no sabía exactamente qué era, así que el año pasado decidí inscribirme en el programa de 12 Pasos de *Celebremos la Recuperación*. Inmediatamente vi tres pasos que realmente no quería dar. El Cuarto paso —un inventario moral minucioso y audaz de mí mismo— me requirió ver *todas* mis heridas, hábitos y mi dolor. ¿No podía simplemente dejar mi pasado en el pasado? El Quinto Paso, confesar los complejos, examinar *todas* mis relaciones y resentimientos, admitir la naturaleza exacta de *todas* mis equivocaciones a otra persona, no sonaba muy atractivo para mí. ¿De verdad tenía que decirles *todo*? Pero el Noveno Paso "hacer enmiendas directas a todas las personas que había dañado y ofrecer perdón a los que me habían herido" ¡DE NINGUNA MANERA quería hacer eso!

Sin embargo, quería arreglar mis defectos de carácter. "Funciona si tú lo trabajas," me decían mis amigos en *Celebremos la Recuperación* y el Pastor John me prometió que crecería espiritualmente al trabajar los 12 Pasos. Prometí trabajar en los 12 pasos porque ellos están basados en los principios de Dios en la Biblia.

Uno de mis nuevos amigos, un adicto recuperado, me animó a orar y pedirle a Jesucristo caminar en los 12 Pasos conmigo, pero que no orara de esa forma hasta que estuviera seguro. Mi amigo me dio un buen consejo; Jesús estuvo conmigo al caminar a través de los 12 pasos y no tomamos *ningún* atajo. Él es fiel y todavía camina conmigo diariamente en mi camino a la recuperación.

Quiero recalcar que no puedo trabajar este programa sin la ayuda de Dios. No puedo hacer *nada* de eso sin la fuerza de mi Poder Superior, Jesucristo.

Hice mi inventario del Cuarto Paso y Dios trajo a mi mente cada persona que había dañado o que me había dañado a mí, y cada resentimiento que tenía. Me di cuenta que estaba enumerándolos a *todos*; familia, amigos, ex novias, compañeros de trabajo. *Cada* relación adulta significativa que había tenido. Mirando hacia atrás, vi un pasado cubierto de pedazos, mucha gente que había dañado y herido. Y llevaba resentimientos y muchas cicatrices emocionales y espirituales. *No* era una imagen bonita. Luego, realmente le tenía pavor al Noveno Paso. Pero, mientras terminaba ávidamente la confesión en el Quinto Paso, mi mentor me aseguró que cuando llegara al Noveno Paso, estaría tan ansioso por hacer esas enmiendas, como él lo estuvo en ese momento.

Al preparar mi lista del Octavo Paso, permití que Dios me dirigiera a través de la oración al enumerar *solamente* a las personas con quienes necesitaba hacer enmiendas. Esa lista no fue tan larga como mi inventario, pero era suficientemente larga. Era obvio para mí por qué necesitaba el perdón de la mayoría de la gente en mi lista, pero no entendía por qué debía enmendar algo con algunos de ellos. Después de todo, *ellos me habían* herido, y hasta después de un detallado inventario, no veía que les hubiera dañado en ninguna forma. En este punto tuve que reconsiderar el Tercer y Octavo Paso; ¿insistiría en *mi* voluntad y no los incluiría, o me sometería a la voluntad de Dios?, ¿agregaría sus nombres a mi lista y estaría dispuesto a hacer enmiendas con ellos, aun si no entendiera por qué? Agregué sus nombres a mi lista.

Mientras estudiaba y memorizaba la Palabra de Dios, aprendí que el perdón y la reconciliación son verdaderamente importantes. Debo pedirle perdón a Dios, pedir y ofrecer perdón a otros y buscar la reconciliación. Y siempre depende de mí el dar el primer paso. Nunca tendré que perdonar a nadie más de lo que Dios ya me ha perdonado por mis pecados. Y nunca tendré que hacer más de lo que Jesús ya hizo para reconciliarme con Dios al morir en la cruz por mis pecados. Colosenses 3:13 nos dice: "De modo que se toleren unos a otros y se perdonen si alguno tiene queja contra otro. Así como el Señor los perdonó, perdonen también ustedes."

¿Cómo perdono los pecados del pasado? En mi corazón debo perdonar y perdonar y perdonar ¡Y PERDONAR! cada vez que el dolor y el resentimiento aparezcan, hasta que ya no vuelvan a aparecer, tantas veces como sea necesario.

Mi mentor me dio estas valiosas directrices para enmendar mis errores: Primero, explicar el programa de los 12 Pasos y por qué estoy haciendo enmiendas, además de que estoy haciendo esto para estar a cuentas con Dios. Segundo, enfocarme en lo que me corresponde a mi y nada de mencionar lo que les corresponde a ellos. Tercero, decirles que siento mucho haberles herido. Cuarto, expresarles que me gustaría hacer "borrón y cuenta nueva." Y quinto, no esperar nada a cambio de parte de ellos. Explico el programa, me enfoco en mi parte, que lo siento mucho y "borrón y cuenta nueva", SIN EXPECTATIVAS.

La oración es una parte importante de todos mis pasos, especialmente mis enmiendas. Oraba repetidamente durante los días previos a hacer las enmiendas, pedía a Dios que me ayudara a amar a esa persona y a orar por la misma. Con una persona comencé literalmente orando y dije: "DIOS AYÚDAME A AMARLA." Descubrí que no puedo orar sinceramente por alguien y seguir guardando resentimiento contra esa persona. ¡Y la oración funciona!

La mayoría de mis enmiendas involucraban pedir perdón. Esto puede ser muy humillante. Admitir prontamente que estoy equivocado ha causado que haga cambios en U para regresar y hacer enmiendas del Paso Diez. Humillante, sí, pero muy necesario. Para mí la elección no es hacer las enmiendas o no hacerlas; es escoger vivir saludablemente o en autodestrucción, así de simple.

Hacer enmiendas puede ser ofrecer perdón. Muchas veces, luego de pedir perdón por lo que había hecho, la otra persona preguntaba: "¿Te he hecho algo que te dañara?, porque si lo hice, no me di cuenta." Esto realmente me sorprendía al principio y pensaba: "¿Estás bromeando? ¡*De verdad* me dañaste! ¿Cómo puedes no saberlo?" En ese momento Dios tomaba control y de mis labios las palabras salían calmadamente: "Digamos que te perdono por todo lo que me has hecho, hay borrón y cuenta nueva para ambos." No hice eso en *mi propia* capacidad; fue Dios obrando en mí. Y Dios me recordó lo que Jesús dijo cuando lo clavaron en la cruz: "—Padre —dijo Jesús—, perdónalos, porque no saben lo que hacen" (Lucas 23:24).

Hacer enmiendas puede incluir una restitución financiera. Una vez Dios trajo a mi mente algo que había hecho y en lo que había mentido veinte años antes, al involucrarme en dañar la propiedad de alguien. Verdaderamente no quería confesar esa mentira, pero otra vez, de regreso al Octavo Paso: ¿Estaba dispuesto a estar limpio? Confesé lo que había hecho y ofrecí pagar por el daño que había causado.

Hacer lo que sea necesario para restaurar una relación, repararla, también es realizar enmiendas. Luego de cometer adulterio, mentir y destruir mi matrimonio, hacer enmiendas con mi esposa incluía pedirle, luego de años de separación, que confiara lo suficiente como para arriesgarse a ir conmigo a consejería matrimonial cristiana. ¿Ven ustedes? Dios puso en mi corazón que *yo* tenía que hacer *todo* lo que estuviera a mi alcance para arreglar mi matrimonio. Romanos 12:18 dice: "Si es posible, y en cuanto dependa de ustedes, vivan en paz con todos."

Para que la confianza que había roto fuera restaurada, tenía que mostrar que verdaderamente había cambiado. Tenía que esperar tanto tiempo como fuera posible. ¿Por qué, Señor? ¿Por qué estoy esperando por un matrimonio que había destruido, por un amor que había *muerto*? Dios me recordó que él se *especializa* en resurrecciones. ¿Cuánto tiempo, Señor, tengo que esperar? Y él me dijo simple y llanamente: "Espera." 1 Corintios 13 dice: "El amor es paciente, todo lo espera, todo lo soporta. El amor jamás se extingue." Otra vez: ¿La voluntad de quién estaba siguiendo? ¿Estaba dispuesto a hacer lo que fuera necesario para enmendar esto?

¿Vio ella algún cambio y arrepentimiento en mí? Dos días después de escucharme confesar públicamente mis pecados ante diez mil personas aquí en Saddleback, ella estuvo de acuerdo en ir conmigo a consejería. Lo que ahora me corresponde es seguir haciendo todo lo que pueda para restaurar esa relación. Y debo continuar dispuesto a permitir que Dios me cambie en el hombre y esposo que Él quiere que sea. Para mí eso incluye trabajar un programa serio con mis compañeros a quien rindo cuentas para que me guarden del pecado. Gracias, muchachos, realmente están haciendo una gran diferencia en mi vida.

Y Dios me dijo: "Yo *sanaré* tu familia."

Pero a veces no hay manera de hacer enmiendas; de pedir perdón, de restituir, de reconciliar. ¿Qué pasa si la persona no está dispuesta a hablar? ¿Qué pasa si no hay nada que yo pueda hacer para enmendar mis errores? ¿Qué si he causado un daño permanente? ¿O algo peor?

Cuando tenía veinte años, embaracé a una mujer. Por razones egoístas, ella abortó el bebé. Aunque en ese tiempo no lo sabía, Dios dice que el aborto está mal, que es un pecado.

En mi Quinto Paso confesé y me arrepentí de ese pecado y recibí el perdón de Dios, pero, ¿a quién tenía que hacer enmiendas por esto? ¿Cómo puedo hacer enmiendas por quitarle la vida a mi hijo que no nació? ¿Qué restitución puedo ofrecer por la vida que tomé?

La respuesta es: no hay forma de hacer enmiendas, de pagarle a mi hijo por la vida que le quité. Así que, ¿qué puedo hacer? Dios me dijo que escribiera una carta y luego que la escribí, le pedí a Dios que se la leyera a mi hijo en el cielo. Ahora voy a leerles parte de esa carta.

Querido hijo:

Como parte de mi programa de recuperación de 12 Pasos, basado en la Palabra de Dios, nuestro Padre, me he dado cuenta que te he dañado y debo enmendar lo que hice. Deseo enmendarlo, pero nada de lo que haga, piense o diga puede remediar el haberte quitado la vida, por lo que soy culpable.

Hijito, no intentaré hacer vanas excusas o racionalizar, pero quiero decirte que en ese tiempo estaba ciego a la verdad de Dios. Recientemente me he convencido de que un niño es una persona y una creación predestinada de Dios al momento de su concepción y que terminar con esa vida intencionalmente es un pecado. Esta verdad es eterna, pero no lo reconocía en ese momento; ahora sí.

Soy culpable de este pecado. Siento mucho lo que hice para dañarte. Le he pedido a Dios, nuestro Padre, que me perdone este pecado. Me he arrepentido de esto y de mi incorrecta manera de pensar y nunca más lo haré.

Sé que te veré en el cielo.

Con amor,

Papá.

Gracias por oír mi testimonio.

Principio 7

Reservo un tiempo diario con Dios, para una autoevaluación, lectura de la Biblia, y oración para conocer a Dios y Su voluntad para mi vida y obtener el poder para seguirla.

Encrucijada

Principio 7: Reservo un tiempo diario con Dios para una autoevaluación, lectura de la Biblia y oración para conocer a Dios y Su voluntad para mi vida y para tener el poder de seguirla.

Paso 10: Seguimos haciendo un inventario personal y cuando estábamos equivocados, rápidamente lo admitimos.

Por lo tanto, si alguien piensa que está firme, tenga cuidado de no caer.
1 Corintios 10:12

Introducción

Ha llegado a un cruce muy importante. Ha recorrido un largo camino, el cual requiere: enfrentar su negación, rendir su vida a Jesucristo, examinar su vida de una forma honesta, enumerar, confesar y compartir todo lo malo que ha hecho, ser lo suficiente humilde para permitir que Dios haga grandes cambios en su vida, estar dispuesto a perdonar o hacer enmiendas, ofrecer perdón a los que le hayan herido, hacer enmiendas por todo el daño que usted haya causado a otros...

¡Óigame! ¡Ese sí es un viaje! No hace mucho tiempo la mayoría de ustedes hubiera dicho que era un viaje imposible, que nunca hubiera podido cambiar, crecer tanto o haber hecho el trabajo que los primeros seis principios piden.

Y eso era lo correcto. Nunca hubiéramos podido hacerlo nosotros, con nuestra propia capacidad. De hecho, la única razón para llegar hasta aquí es haber tomado una decisión anteriormente en el Principio 3, de entregar nuestras vidas y voluntad al cuidado de Dios.

Jesús lo explica de esta forma en Juan 8:32: "Y conocerán la verdad, y la verdad los hará libres." Luego en Juan 14:6 Él define la Verdad al decir: "—Yo soy el camino, la verdad y la vida —le contestó Jesús—. Nadie llega al Padre sino por mí." Hemos sido libres de nuestras adicciones y nuestros comportamientos obsesivo/compulsivos por la "Verdad" que hemos recibido en nuestros corazones, Jesucristo.

Por esta decisión que usted hizo (que cambia vidas), Jesús ha entrado, invitado, y reedificado el fundamento de su vida. Usted indudablemente verá grandes cambios ¡si es que todavía no los ha visto!

El Principio 7 y el Paso 10 son una encrucijada de su recuperación. No es un lugar para detenerse a descansar en logros pasados. Necesitamos agradecerle a Dios que nos llevara tan lejos en nuestro camino a la recuperación, alabarle por tantas victorias sobre nuestras heridas, complejos y hábitos que hemos visto al trabajar los primeros nueve pasos, pero también necesitamos continuar trabajando en los últimos tres pasos con la misma devoción y entusiasmo que nos trajo hasta este punto en nuestras recuperaciones.

Primera Corintios 10:12 lo pone de esta forma: "Si alguien piensa que está firme, tenga cuidado de no caer."

La mayoría de los materiales de recuperación se refieren a los Pasos del 10 al 12 (Principios 7 y 8) como los "pasos del mantenimiento." No estoy de acuerdo con el uso de la palabra "mantenimiento."

Creo que es en estos pasos y principios donde su recuperación, su nueva forma de vivir realmente se inicia, y realmente produce el fruto de todos los cambios en los que Dios y usted han estado trabajando juntos.

Es en los Principios 7 y 8 donde usted y yo experimentaremos nuestras recuperaciones para el recuerdo de nuestra vida aquí en la tierra, un día a la vez. ¡Amigos, eso es más, muchísimo más que "mantenimiento"!

Paso Diez

Al comenzar a trabajar el Paso 10[1], veremos que depende de tres partes clave.

1. El *qué*: "Seguimos haciendo un inventario personal..."

2. El *por qué*: "... y cuándo estuvimos equivocados ..."

3. El *entonces qué*: "... rápidamente lo admitimos."

Esta noche vamos a pasar un tiempo estudiando cada una de estas partes del Paso 10. Por supuesto, necesitamos un acróstico. Esta noche la palabra es DIEZ.

Dedique tiempo para hacer un inventario diario
Interrogantes que debe responder
Evalúe lo bueno y lo malo
Záfese de sus errores rápidamente

La **D** responde la pregunta "qué": DEDIQUE tiempo para hacer un inventario diario.

Hacer un inventario de algo es simplemente contarlo. Los negocios hacen inventarios todo el tiempo. El Principio 7 nos recuerda "reservar un tiempo diario con Dios para una autoevaluación, lectura de la Biblia y oración." Esto nos da un buen momento para contar las cosas buenas y malas que hicimos durante un período particular de tiempo. Lamentaciones 3:40 nos exhorta a que: "Hagamos un examen de conciencia y volvamos al camino del Señor"

La siguiente letra es la **I**, INTERROGANTES que debe responder.

Necesitamos hacernos estas preguntas:

- ¿Qué hice bueno hoy?

- ¿En qué áreas me equivoqué?

[1] Por favor, tenga en cuenta que aunque el Paso 10 y el Principio 7 difieren de alguna manera en sus enfoques, ambos apuntan hacia el mismo resultado: el carácter y la imagen de Cristo en nuestra vida diaria. Este capítulo destacará más el paso que el principio, pero de ninguna manera intentamos quitar los muchos beneficios de vivir diariamente el Principio 7.

- ¿Hice o dije algo que hirió a alguien en este día?
- ¿Debo enmendar algo con alguien?
- ¿Qué aprendí de mis actitudes hoy?

Hago eso a diario. Reflexiono en mi día para ver si he dañado a alguien, si he actuado o reaccionado con temores o egoísmo, o si pretendí mostrar amabilidad.

Al hacer énfasis en el Principio 4, nuestros inventarios diarios necesitan tener un balance. Necesitamos ver las cosas que hicimos correctamente así como las áreas en las cuales fallamos e hicimos cosas malas. Créanlo o no, para el tiempo en que llegamos al Principio 7 realmente comenzamos hacer muchas cosas correctamente. Pero si no tenemos cuidado, lentamente podemos regresar a nuestros antiguos hábitos, complejos y disfunciones, por lo que necesitamos regular y continuamente hacer inventarios.

La ***E*** en nuestros acróstico responde "por qué": EVALUAR lo bueno y lo malo.

El paso no dice: "... *si* estábamos equivocados." Eso es lo que *desearía* que dijera. Si alguna vez me equivoco... si tal vez arruiné todo... NO. El paso dice *cuando* me equivoco.

Algunas veces no quiero trabajar este paso para nada. Si me obliga a admitirlo, a diario voy a equivocarme y a cometer errores. Luché con eso durante años, al principio de mi recuperación, hasta que un día vi un rótulo que estaba colgando en una reunión de Alcohólicos Anónimos en el centro de Los Ángeles. El rótulo decía: "¿Prefieres estar bien... o mejor?"

¿Prefieres estar bien o mejor?

Primera Juan 1:8-10 (NVI) dice: "Si afirmamos que no tenemos pecado, nos engañamos a nosotros mismos y no tenemos la verdad. Si confesamos nuestros pecados, Dios, que es fiel y justo, nos los perdonará y nos limpiará de toda maldad. Si afirmamos que no hemos pecado, lo hacemos pasar por mentiroso y su palabra no habita en nosotros."

En Juan 3:21a Jesús nos dice: "El que practica la verdad se acerca a la luz." El Paso 10 nos trae diariamente a la luz.

Una vez que vemos la luz, tenemos una elección. Podemos obviarla o podemos actuar de acuerdo a ella. Si actuamos, estamos viviendo la última parte del Paso 10 y respondemos la interrogante "entonces qué". ZAFARNOS de nuestras equivocaciones rápidamente.

Pasé años sin poder admitir que me equivocaba. ¡Mi esposa puede testificar que es cierto! No podía admitir mis errores. Mi rechazo a ofrecer enmiendas bloqueaba todas mis relaciones, especialmente con mi familia. Mientras crecía maduré en la Palabra de Dios y en la recuperación, descubrí que tenía que reconocer mis errores y responsabilizarme de mis actos. No podía hacerlo si no tomaba tiempo a diario para permitir que Dios me mostrara dónde me equivocaba.

Hay otra palabra que desearía que hubiera quedado fuera del Paso 10, la palabra "rápidamente". Es más fácil para mí admitir los errores que cometí hace diez años que los errores que cometí hoy. ¡Pero el Paso 10 dice "rápidamente"! Tan pronto me doy cuenta que hice algo malo necesito admitirlo rápidamente.

En Mateo 5:23-24 (NVI), Jesús nos dice: "Por lo tanto, si estás presentando tu ofrenda en el altar y allí recuerdas que tu hermano tiene algo contra ti, deja tu ofrenda allí delante del altar. Ve primero y reconcíliate con tu hermano; luego vuelve y presenta tu ofrenda."

En otras palabras, admite tus errores y záfate de ellos ... ¡rápidamente!

Resumen

Una forma fácil de estar al tanto de nuestro comportamiento bueno o malo, es escribir un diario. La Guía 4 del Participante tiene espacio en las páginas 19-25 para que usted practique escribiendo durante una semana. Ahora, su diario no es para que escriba el récord de las calorías que comió en el almuerzo hoy o para escribir su horario de clases. Su diario es una herramienta para que usted revise y escriba las cosas buenas y malas que hizo hoy.

Analice patrones negativos, aspectos que continuamente está escribiendo y los cuales está enmendando rápidamente, una y otra vez. Compártalos con su mentor o compañero a quien rinde cuentas y establezca un plan de acción para que usted, con la ayuda de Dios, pueda vencerlos.

Trate de escribir su diario durante siete días. Comience por escribir algo de lo cual está agradecido de sus experiencias del día. Eso sí lo hará escribir.

Si hasta este momento no ha tenido un diario en su recuperación, creo que encontrará que esta herramienta es de gran ayuda.

La próxima semana hablaremos acerca de "los cómo" del Paso 10 y de las formas de evitar que constantemente necesitemos enmendar errores.

Inventario Diario

Principio 7: Reservar un tiempo diario con Dios para una autoevaluación, lectura de la Biblia y oración para conocer a Dios y Su voluntad para mi vida y para tener el poder de seguirla.

Paso 10: Seguimos haciendo un inventario personal y cuando estábamos equivocados, rápidamente lo admitimos.

Por lo tanto, si alguien piensa que está firme, tenga cuidado de no caer

1 Corintios 10:12

Introducción

Esta noche deseamos enfocarnos en "los cómo" del Paso 10. Pero primero me gustaría ver cómo le fue con los siete días de su diario del Paso 10. Sé que para muchos de ustedes fue la primera experiencia escribir sus pensamientos a diario. Pensé que sería interesante llamar a uno de ustedes al azar para que pase aquí y se la lea al grupo. ¡Sólo bromeaba!

Pero, es importante recapitular nuestro día en forma escrita, lo bueno y lo malo, los éxitos y las veces que echamos a perder las cosas. Aquí está el porqué:

1. Escribir las áreas en las cuales debe hacer enmiendas le ayudará a ver si hay patrones desarrollándose para que pueda identificarlos y trabajar en ellos con la ayuda de Jesucristo y su mentor·

2. Puede poner las enmiendas que tiene que hacer en una "lista muy corta." Tan pronto como escriba un aspecto usted podrá hacer un plan para RÁPIDAMENTE hacer sus enmiendas. Luego de hacerlo usted puede tacharlas en su diario.

Inventario

Algunos de ustedes debieron haber tenido problemas al comenzar a escribir en su diario. Permítame darle tres ideas que le ayudarán a comenzar.

1. La última vez hablamos de comenzar escribiendo solamente una cosa que haya sucedido en ese día particular y de lo cual estamos agradecidos. Solo una cosa puede hacer que usted comience y esto también le ayudará a dormir mejor esa noche.

2. Pídale a su compañero a quien le rinde cuentas o a su mentor que le recuerde ser responsable al escribir en su diario esa noche.

3. ¡Esta es la que realmente funciona para mí! Memorice Gálatas 5:22-23: "El fruto del Espíritu es amor, alegría, paz, paciencia, amabilidad, bondad, fidelidad, humildad y dominio propio."

Diariamente hágase cualquiera de estas preguntas para incentivar su escritura, comience cada pregunta con la palabra "hoy":

- ¿Cómo mostré *amor* a otros?

- ¿Me comporté de alguna manera no afectuosa hacia alguien?

- ¿Vieron otros en mí el *gozo* de tener una relación personal con el Señor? Si no es así, ¿por qué no?

- ¿Cómo estuvo mi serenidad, mi *paz*? ¿Sucedió algo que me causara perderla? ¿Cuál fue mi parte en esto?

- ¿Fui *paciente*? ¿Qué ocasionó que perdiera mi paciencia? ¿Debo enmendar algo?

- ¿Diría alguien que fui *amable/bueno*? ¿En qué maneras no me comporté amable?

- ¿Cómo estuvo mi *fidelidad*?

- ¿Cumplí mi palabra con la gente?

- ¿Cómo estuvo mi mansedumbre y templanza? ¿Perdí mi control, hablé de una forma no amable o cruel a alguien?

Al trabajar el Paso 10 y el Principio 7, iniciamos el viaje para aplicar lo que hemos descubierto en los primeros nueve pasos. Humildemente vivimos cada día en la realidad, no en la negación. Hemos hecho lo mejor para enmendar nuestro pasado. Por medio de la dirección de Dios podemos elegir las emociones que afectan nuestro pensamiento y acciones. Comenzamos a actuar en forma positiva en lugar de *reaccionar constantemente*.

En el Principio 7 deseamos crecer diariamente en nuestra nueva relación con Jesucristo y con otros. En lugar de intentar estar al control de cada situación y de cada persona con la que nos comunicamos, o salirnos del control de nuestras propias vidas, comenzamos a exhibir autocontrol a la manera que Dios quiere que seamos. Recuerde "el yo bajo control" es lo que buscamos. Nos esforzamos por tener nuestro ser bajo el control *de Dios*.

Dios nos ha provisto un control diario para nuestro nuevo estilo de vida. Es llamado el "Gran Mandamiento" y se encuentra en Mateo 22:37-40: Jesús dijo: —Ama al Señor tu Dios con todo tu corazón, con todo tu ser y con toda tu mente" —le respondió Jesús—. Éste es el primero y el más importante de los mandamientos. El segundo se parece a éste: "Ama a tu prójimo como a ti mismo." De estos dos mandamientos dependen toda la ley y los profetas.

Cuando haga su inventario personal diario, pregúntese: "¿Mostraron hoy mis acciones lo que el segundo gran mandamiento me pide hacer? ¿Amé a mi prójimo (otros) como a mí mismo?

Al vivir los dos mandamientos poniendo los principios y pasos en acción en nuestras vidas, nos volveremos más como Cristo. Nos volveremos hacedores de la Palabra de Dios, no solamente oidores. Santiago 1:22 dice: "No se contenten sólo con escuchar la palabra, pues así se engañan ustedes mismos. Llévenla a la práctica." Nuestras acciones necesitan ser coherentes con nuestro hablar. Usted puede ser la única Biblia que alguien leerá. Eso es ser una "Biblia Viviente." Así es cómo el apóstol vivió. Él dice en 1 Tesalonicenses 1:5 (NVI) ..."Nuestro evangelio les llegó no sólo con palabras sino también con poder, es decir, con el Espíritu Santo y con profunda convicción." Las personas deben ver la verdad de Dios revelada en nuestras vidas.

El Paso 10 no dice cuán a menudo hacer un inventario, pero me gustaría ofrecer tres sugerencias que pueden ayudarnos a mantenernos en el camino correcto, el camino de Dios a la recuperación.

Haga un inventario constante

Podemos hacer un inventario constante durante todo el día. El mejor tiempo para admitir que estamos equivocados es el momento exacto en el que nos damos cuenta de ello. ¿Por qué esperar? Déjeme darle un ejemplo.

Ayer por la tarde regañé a mi hijo. Inmediatamente enfrenté una elección. Podía admitir que me había equivocado ("No debí regañar a Johnny; él sólo quería jugar a la pelota") y enmendar mi error con él ("Johnny, perdón por hablarte tan fuerte; estaba equivocado"), o podría esperar hasta más tarde y arriesgarme a racionalizarlo ("él vio que estaba ocupado; no tenía derecho a pedirme que jugara en ese momento").

No tiene que esperar hasta llegar a casa, cocinar o ver televisión y luego comenzar su diario. Si usted hace un inventario constante durante el día, puede mantener muy corta la lista de cosas que enmendar.

Haga un inventario diario

Al final de cada día miramos en nuestras actividades diarias lo bueno y lo malo. Necesitamos buscar dónde podríamos haber dañado a alguien o si hemos actuado con ira o con temor. Pero una vez más, recuerde mantener su inventario diario en balance. Asegúrese de incluir las cosas buenas que hizo durante todo el día. La mejor forma de hacer esto es escribirlas en su diario.

Antes de ir a dormir yo paso casi quince minutos, escribiendo los sucesos de mi día, pidiéndole a Dios que me muestre las equivocaciones que he cometido. Tan rápido como puedo, al día siguiente, los admito y enmiendo mis errores.

Haga un inventario periódico

Hago un inventario periódico cada tres meses. Me voy a un "mini retiro." Le animaría a intentarlo. Lleve su diario, ore mientras lee los últimos noventa días de su diario. Pida a Dios que le muestre áreas en su vida en las que puede mejorar en los próximos noventa días y *celebre las victorias de lo* que ya ha logrado.

Al llevar un inventario constante, diario y periódico, podemos trabajar el Paso 10 con lo mejor de nosotros. Con la ayuda de Dios podemos mantener nuestro "lado de la calle limpio".

Aquí están unos pocos versículos clave para aprender y seguir para el paso 10.

El sabio de corazón controla su boca; con sus labios promueve el saber.
Proverbios 16:23 (NVI)

Eviten toda conversación obscena. Por el contrario, que sus palabras contribuyan a la necesaria edificación y sean de bendición para quienes escuchan.

Efesios 4:29 (NVI)

Al sabio de corazón se le llama inteligente; los labios convincentes promueven el saber.

Proverbios 16:21 (NVI)

La angustia abate el corazón del hombre, pero una palabra amable lo alegra.

Proverbios 12:25 (NVI)

Si hablo en lenguas humanas y angelicales, pero no tengo amor, no soy más que un metal que resuena o un platillo que hace ruido.
1 Corintios 13:1 (NVI)

Plan de acción diario para el Paso 10

1. Continúe llevando un inventario diario y cuando se equivoque, trate de enmendar la situación rápidamente.

2. Resuma los hechos de su día en el diario.

3. Lea y memorice uno de los versículos del Principio 7a.

4. Trabaje todos los pasos y principios con lo mejor de su capacidad.

El versículo clave para esta lección es Marcos 14:38: "Vigilen y oren para que no caigan en tentación. El espíritu está dispuesto, pero el cuerpo es débil." Terminemos con una oración.

Querido Dios, gracias por este día. Gracias por darme las herramientas para trabajar mi programa y vivir mi vida en una forma diferente, centrada en Tu voluntad. Señor, ayúdame a hacer enmiendas rápidamente y pedir perdón. Hoy, en todas mis relaciones, ayúdame a hacer mi parte para que sean saludables y que puedan crecer. Oro en el nombre de Jesús. AMÉN.

TESTIMONIO del PRINCIPIO 7A

Mi nombre es Rosanne y soy una alcohólica. Crecí en lo que llamo una "familia disfuncional." Mis padres se divorciaron cuando casi tenía seis meses. Tengo dos hermanos mayores, una hermana mayor y una hermanastra menor que yo. La mayor parte de mi juventud vivimos con mi mamá. Mi papá siempre fue un alcohólico activo hasta hace casi dos años en que se volvió sobrio. No culpo a ninguno de mis padres por mi alcoholismo. Los dos eran judíos y crecieron como tal. Aun tuve mi celebración de Mitzvah cuando tenía diecisiete años. Ellos se casaron cuatro veces, así que teníamos que relacionarnos con muchos "padres". Cuando tenía 10 años, mi mamá decidió mudarse a Lake Tahoe, donde no había ni drogas ni alcohol. Temía por nosotros cuando estábamos pequeños. Allí fue donde aprendí que "a donde vayas, tú eres el mismo." No puedes escapar de tus problemas. A los trece años ya fumaba cigarros y marihuana con mis hermanos mayores. Ocasionalmente probaba otras drogas. El alcohol no se volvió la droga de mi predilección hasta que tuve dieciséis años. Salía con los chicos "buenos", ustedes saben, las porristas (cheerleaders) y los jugadores de fútbol, así que pensaba que no tenía problemas. Pero a los veintiún años bebía todos los días. Era una bebedora que se desmayaba y vomitaba a diario. Cada mañana decía: "No volveré a beber," y cada noche volvía a echar el vino en un vaso otra vez. Simplemente no podía parar.

Terminé casándome con otro alcohólico como yo. Poco después de la boda quedé embarazada. Afortunadamente Dios derramó Su gracia sobre mí durante el tiempo de mi embarazo y sólo tomaba un vaso de vino los sábados por la noche. Ahora sé que fue Dios, porque nunca pude dejar de tomar por mi propia fuerza ni siquiera un día. Comencé a ir a Alcohólicos Anónimos para esposas (Al-Anón). No me sentía parte de ello, pero necesitaba ayuda. Pensé que mi esposo era el del problema y no yo. Una vez que mi hijo nació, mi alcoholismo se reactivó. Yo había sido una bebedora diaria, sólo que ahora era peor.

Luego de casi dos años no podía más y decidí dejar a mi esposo. Tres semanas después, en mi nuevo apartamento con mi hijo de dos años, me di cuenta que yo era la del problema. Todavía estaba bebiendo la misma cantidad de alcohol, teniendo desmayos y deseando que todo cambiara pero no hacía nada al respecto. ¡Estaba viviendo un infierno! El alcohol se volvió en mi contra, mi enemigo. Dije e hice cosas que nunca hubiera hecho en estado de sobriedad.

Finalmente pude admitir que tenía un problema. Recuerdo que la reunión de Esposas de Alcohólicos y Alcohólicos Anónimos estaban a la par. Llamé a los Alcohólicos Anónimos y mi viaje realmente comenzó. Me dieron la Bienvenida con los brazos abiertos. En los AA hablaban de este concepto de "Poder Superior" y me dijeron que muchos llamaban a su Poder Superior "Dios." Y ya que era judía y crecí con una creencia en Dios, no tenía problemas con Dios. Así que yo también llamé a mi Poder Superior Dios. Una vez que admití que no tenía el poder sobre mi adicción y que mi vida había llegado a ser incontrolable, y entendí lo que eso significaba, pude comenzar mi recuperación.

El próximo paso, me dijo mi mentor, era "Llegar a creer que un poder más grande que yo misma me restauraría hasta la cordura." Aprendí a través de trabajar el Paso 2, que si sigo con el mismo comportamiento y espero resultados diferentes, estoy completamente enferma. Pero si voy a Jesucristo y le pido que me dé el valor y la fuerza y la disposición para cambiar mi comportamiento, entonces los resultados cambiarán. Con todo lo que me ha pasado en sobriedad, si hubiera seguido tomando, ahora estaría muerta. Afortunadamente, Dios tenía otro plan. Dejé de beber (mi primer día de sobriedad fue el 1 de marzo de 1987). Me divorcié y me casé con mi actual esposo, quien es muy diferente del primero. Nos conocimos cuando yo ya tenía tres años sin tomar. Esto me llevó a creer que realmente había aprendido a observar lo que hacía, ver por qué no funcionaba y cómo hacer las cosas de una nueva manera. De hecho, todo tenía que cambiar realmente en sobriedad.

Se me dio esperanza al trabajar el segundo paso. Primero, llegué. Luego llegué a... Y luego llegué a creer. Jesucristo me llenó con Su gracia aun antes que creyera en Él. Con la ayuda de Dios tuve la voluntad de cambiar las cosas que podía y Él me dio el poder para hacerlo. Seguí escuchando: "No renuncie antes del milagro; está a la vuelta de la esquina!" Creí y todavía creo. Todavía tengo esperanza.

He sobrevivido dificultades financieras, tuve un segundo hijo, me dio cáncer, perdí un trabajo que había tenido durante ocho años y medio, encontré un nuevo empleo y batallé con una enfermedad del hígado potencialmente mortal. Y a través de todo eso, nunca tuve que beber porque se me enseñó en el paso 2 a cambiar mi comportamiento, que beber o usar drogas no haría mejor la situación, sino simplemente peor. Aprendí a "pensar a través de la bebida."

Mis versículos favoritos de la Biblia son Mateo 7:7-8 (NVI), los cuales dicen: "Pidan, y se les dará; busquen, y encontrarán; llamen, y se les abrirá. Porque todo el que pide, recibe; el que busca, encuentra; y al que llama, se le abre."

Estos versículos me llevan al Paso 10: "Seguimos haciendo un inventario personal y cuando nos equivocamos, rápidamente lo admitimos." Cada día, no solamente pido a Dios por su bendición, sino también le pido que me muestre en qué le he fallado a Él o a otros, para que pueda enmendar mis errores y cambiar mi comportamiento. Aprendí que existen dos partes para hacer las enmiendas. La primera parte es reconocer el error que he cometido y la segunda parte (y más importante) es cambiar mi conducta o actitudes. Hay días en que este paso es muy difícil de cumplir, pero siempre le pido al Señor que me dé el valor de ver mi verdadero yo, como Él y otros me ven. La oración actual que uso es: "Examíname, oh Dios, y sondea mi corazón; ponme a prueba y sondea mis pensamientos. Fíjate si voy por mal camino, y guíame por el camino eterno." (Salmo 139:23-24).

Mientras trabajaba el Paso 11: "Busqué a través de la oración y la meditación mejorar mi contacto consciente con Dios, orando solamente por conocer Su voluntad para mí y poder para llevar a cabo dicha voluntad:" Me hice cristiana y recibí a Jesucristo como mi Señor y Salvador. Pero, ese es otro testimonio...

Ahora, todos, mi esposo, mis hijos y yo, somos miembros de Saddleback. Mi esposo trabaja en el Ministerio de la "Tierra de la Aventura" con niños de dos años de edad los domingos en la mañana, y yo he estado involucrada en el ministerio de jovencitos de bachillerato. En un momento me sentía tan incomoda los domingos por la mañana con los niños como me sentía con los de bachillerato. Hablé con mi líder de miembros y le dije que no sabía si podía seguir con el ministerio de bachillerato. Hablamos acerca de mi "pasión" que es la recuperación. Ella me pidió que pensara en comenzar un programa para muchachos de bachillerato que no son necesariamente adictos o alcohólicos todavía, pero que pueden ser arrastrados a la adicción. Oré mucho por eso. El nombre llegó a mi cabeza (me encantan los acrónimos) —TNT, las cuales en inglés significan un par de cosas. Primero, Adolescentes en Tentación (Teens'n'Tenptation). La tentación podría ser cigarros, sexo, alcohol, drogas, aun comida. El problema es el mismo y el proceso de recuperación es igual también. Quería ayudar a los muchachos a conseguir la recuperación antes de que ellos se dañaran profundamente así mismos y a otros también. El otro significado de TNT, por supuesto, es "dinamita", un ministerio verdaderamente "explosivo" en esta iglesia. Los tomamos desde la edad en que ya puedan ser tentados, pero no deben ser mayores de 18 años. Estoy muy agradecida al Señor por darme esta oportunidad. Por favor, oren por mí y por todos los muchachos.

Gracias por escucharme y por la oportunidad de darles mi testimonio.

Recaída

Principio 7: Reservo un tiempo diario con Dios para una autoevaluación, lectura de la Biblia y oración para conocer a Dios y Su voluntad para mi vida y para tener el poder de seguirla.

Paso 11: Buscamos a través de la oración y la meditación mejorar nuestro contacto con Dios, orando solamente por conocer Su voluntad y poder para llevarla a cabo.

Que habite en ustedes la palabra de Cristo con toda su riqueza.

Colosenses 3:16

Introducción

(Nota: En la Iglesia Saddleback comenzamos con la Lección 1 en enero. Por lo tanto, estamos enseñando el Principio 7 en noviembre. Es por eso que esta lección comienza con una referencia a Navidad.)

Esta noche, vamos a comenzar a trabajar el Principio 7. Vamos a ver específicamente cómo mantener el impulso de su recuperación durante las próximas festividades de Navidad.

Las festividades pueden ser difíciles, especialmente si está sólo, o si usted está todavía esperando que su familia actúe de acuerdo a sus expectativas. Este es un tiempo clave del año para guardarse en contra de volver a sus antiguas heridas, complejos o hábitos. ¡Un tiempo clave para guardarse de una recaída!

Por lo tanto, esta noche vamos a hablar acerca de cómo usted puede prevenir una RECAÍDA. No debe comenzar sus compras de Navidad todavía, aunque no es demasiado pronto para comenzar a trabajar en el programa de prevención de una recaída.

Prevenir una Recaída

El acróstico de esta noche es RECAIDA:

*R*eserve un tiempo de quietud diario
*E*valúe
*C*onéctese al poder de Dios
A solas y quieto
*I*mportante disfrutar de su crecimiento
*D*eténgase lo suficiente...
A Jesús escuche

La primera letra en recaída se refiere al mismo Principio 7: ***R***ESERVE un tiempo quieto diariamente con Dios para una autoevaluación, lectura de la Biblia y oración para conocer a Dios y Su voluntad para mi vida y obtener el poder para seguirla.

Como dije antes, durante las festividades es fácil volver a nuestras antiguas heridas, complejos y hábitos. El alcohólico vuelve a tomar, el que come mucho vuelve a ganar peso, el que apuesta en juegos vuelve a "las apuestas" (Las Vegas), el adicto al trabajo llena su agenda, el co-dependiente regresa a una relación enfermiza. La lista sigue y sigue.

El primer paso para prevenir una recaída es admitir que será tentado, que no está por encima de la tentación. Jesús no lo estuvo, ¿por qué deberían estarlo ustedes?

Encontramos el pasaje de la tentación de Jesús en Mateo 4:1–11 (NVI):

> Luego el Espíritu llevó a Jesús al desierto para que el diablo lo sometiera a tentación. Después de ayunar cuarenta días y cuarenta noches, tuvo hambre. El tentador se le acercó y le propuso:
> —Si eres el Hijo de Dios, ordena a estas piedras que se conviertan en pan.
> Jesús le respondió:
> —Escrito está: "No sólo de pan vive el hombre, sino de toda palabra que sale de la boca de Dios."
> Luego el diablo lo llevó a la ciudad santa e hizo que se pusiera de pie sobre la parte más alta del templo, y le dijo:
> —Si eres el Hijo de Dios, tírate abajo. Porque escrito está:
> "Ordenará que sus ángeles te sostengan en sus manos, para que no tropieces con piedra alguna."

—También está escrito: "No pongas a prueba al Señor tu Dios" —le contestó Jesús.

De nuevo lo tentó el diablo, llevándolo a una montaña muy alta, y le mostró todos los reinos del mundo y su esplendor.

—Todo esto te daré si te postras y me adoras.

—¡Vete, Satanás! —le dijo Jesús—. Porque escrito está: "Adora al Señor tu Dios y sírvele solamente a él."

Entonces el diablo lo dejó, y unos ángeles acudieron a servirle"

La prueba terminó; el diablo se fue. Jesús fue tentado. Él nunca pecó, pero fue tentado.

Marcos 14:38 nos dice a todos que "Vigilen y oren para que no caigan en tentación. El espíritu está dispuesto, pero el cuerpo es débil."

Recuerde, ser tentado no es un pecado. Es caer en el acto de la tentación lo que nos mete en problemas. ¿Usted sabe qué es curioso? Que las tentaciones son diferentes a las oportunidades. ¡Las tentaciones siempre nos dan una segunda elección!

La tentación no es un pecado; es una llamada a batallar. Cuando somos tentados a caer de nuevo en nuestras antiguas heridas, complejos y hábitos, necesitamos hacer como Jesús hizo en Mateo 4:10 (NVI): —¡Vete, Satanás! —le dijo Jesús—. Porque escrito está: "Adora al Señor tu Dios y sírvele solamente a él."

La próxima palabra en nuestro acróstico nos recuerda el Paso 10: ***E***VALUAR.

Permítame solamente recapitular lo que hemos hablado en las últimas dos lecciones. Su evaluación necesita incluir su salud física, emocional, social y espiritual.

Como el Pastor Rick (Warren) dice, no olvide el valor de hacerse un chequeo de "CORAZÓN." (H-E-A-R-T en inglés) Pregúntese diariamente si está

Herido
Exhausto
Airado o enojado
Resentido
Tenso

Si usted responde SÍ a cualquiera de los aspectos anteriores, simplemente use las herramientas que ha aprendido en recuperación para ayudarse a volver al camino. Encontramos instrucciones específicas para este paso en Romanos 12:3-17: "Nadie tenga un concepto de sí más alto que el que debe tener. ... Aborrezcan el mal; aférrense al bien. ¡Ámense los unos a los otros ... muestren paciencia en el sufrimiento ... procuren hacer lo bueno delante de todos."

La práctica diaria del Paso 10 mantiene su honestidad y humildad.

La próxima letra es *C*: CONÉCTESE al poder de Dios a través de la oración.

No le puedo decir el número de personas que, en consejería, me han preguntado: "¿Por qué Dios permite que me pase eso?"

Yo contesto: "¿Oraste y buscaste Su voluntad y dirección antes de tomar la decisión de casarte, antes de tomar la decisión de cambiar de trabajo?" o cualquiera que fuera el aspecto.

Como ve, si diariamente no buscamos Su voluntad para nuestras vidas, ¿cómo podemos culparle cuando las cosas van mal?

Algunas personas piensan que su trabajo es darle instrucciones a Dios. Lo entienden al revés. Nuestro trabajo es diariamente buscar Su voluntad para nuestras vidas. ¿Ven ustedes? La dirección e instrucción de Dios sólo puede comenzar cuando nuestras demandas terminan.

No me interpreten mal en este punto. Yo solamente estoy sugiriendo que debemos dejar de exigirle cosas a Dios, no de dejar de pedírselas. Las peticiones específicas de oración son otra forma de estar conectado al poder de Dios.

En Filipenses 4:6 Pablo nos dice que oremos por todo, pidiendo la voluntad perfecta de Dios en todas nuestras decisiones: "NO se preocupen por nada; al contrario, oren por todo; cuéntenle a Dios sus necesidades y no olviden agradecerle sus respuestas."

El versículo dice *Sus* respuestas, *Su* perfecta voluntad –no la mía ni la suya. Nuestra voluntad es imperfecta y casi siempre egocéntrica. Frecuentemente usamos la oración como recurso ahorra-esfuerzo, pero necesito recordarme diariamente que Dios no hará por mí lo que puedo hacer por mí mismo. Tampoco Dios hará por usted lo que usted puede hacer por sí mismo.

Veamos la letra ***A***, la cual significa un tiempo A SOLAS y quieto.

La primera parte del Paso 11 dice: "Buscamos a través de la oración y la meditación mejorar nuestro contacto con Dios."

En el Principio 3 tomamos una decisión de entregar nuestras vidas y voluntad al cuidado de Dios; en el Principio 4 confesamos nuestros pecados a Él; y en el Principio 5 humildemente le pedimos que quitara nuestros defectos.

Ahora, en el Principio 7 para mantener su recuperación en crecimiento usted necesita tener un tiempo diario a solas con Jesús. Aun Jesús pasó tiempo a solas con Su Padre (Marcos 1:35); usted necesita hacer lo mismo. Establezca una cita diaria para estar a solas con Dios, para que pueda aprender a escuchar cuidadosamente, ¡aprender cómo escuchar a Dios!

En el Salmo 46:10, Dios nos dice: "Quédense quietos, reconozcan que yo soy Dios"

El Paso 11 usa la palabra "meditación." Meditación puede ser nueva para usted y tal vez se sienta incómodo. La definición de meditación es simplemente "calmarse lo suficiente como para escuchar a Dios." Con la práctica usted comenzará a darse cuenta del valor de pasar tiempos a solas con Dios.

El Enemigo usará lo que sea para interrumpir su tiempo a solas con Dios. Él dejará que llene su agenda con tantas cosas buenas que lo agoten y no tenga tiempo para cumplir con su cita con Dios. El Enemigo se deleita cuando nos aleja de crecer y trabajar la relación más importante de nuestras vidas, nuestra relación con Jesús.

El Salmo 1:1-3 (NVI) nos dice que: "Dichoso el hombre que ... en la ley del Señor se deleita, y día y noche medita en ella. Es como el árbol plantado a la orilla de un río —que, cuando llega su tiempo, da fruto."

Ahora la letra ***I***: IMPORTANTE disfrutar de su crecimiento.

Es importante que disfrute de sus victorias. ¡Regocíjese y celebre los pequeños éxitos a lo largo de su camino a la recuperación! Primera

Tesalonicenses 5:16-18 (NVI) nos dice: "Estén siempre alegres, oren sin cesar, den gracias a Dios en toda situación, porque esta es su voluntad para ustedes en Cristo Jesús." Y no olviden compartir sus victorias, no importa cuán pequeñas sean con otros en su grupo. ¡Su crecimiento dará esperanza a otros!

Vamos a la siguiente letra de nuestro acróstico: ***D***ETÉNGASE lo suficiente como para oír a Dios.

Luego que pasa un tiempo a solas con Dios, usted necesita calmarse lo suficiente para oír Sus respuestas y dirección. Después que oramos y pedimos, necesitamos escuchar. Dios le dijo a Job: "De lo contrario, escúchame en silencio y yo te impartiré sabiduría." (Job 33:33 NVI).

Filipenses 4:7 (NVI) nos dice: "Y la paz de Dios, que sobrepasa todo entendimiento, cuidará sus corazones y sus pensamientos en Cristo Jesús."

Finalizamos con la ***A***, A JESUCRISTO, su Poder Superior, escuche.

Necesito enfatizar que debemos tomar suficiente tiempo fuera del "correr frenético" del mundo y escuchar a nuestros cuerpos, a nuestras mentes y a nuestras almas. Necesitamos calmarnos lo suficiente para escuchar las instrucciones de Dios. "Sométanlo todo a prueba, aférrense a lo bueno, eviten toda clase de mal" (1 Tesalonicenses 5:21 NVI). Me gusta ese versículo en *El Mensaje*: "No sea crédulo." Examine todo y guarde solamente lo que es bueno. Deshágase de todo lo que esté teñido de maldad.

Con la práctica diaria de estos principios y con la amante presencia de Cristo en su vida, será capaz de mantenerse y continuar creciendo en su recuperación.

Resumen

Honestamente, algunas veces desearía tomarme unas vacaciones de mi recuperación, especialmente durante las festividades. Estoy seguro de que todos han sentido de igual forma una que otra vez. Pero permítame asegurarle que la recaída es real. ¡Sucede! Y puede ser algo muy costoso. Les exhorto a que den los pasos de los cuales hablamos esta noche y así prevengan una recaída.

Seamos prácticos. Aquí hay algunas cosas que hacer para prevenir una recaída durante las festividades:

1. Ore y lea su Biblia diariamente. Establezca un tiempo específico del día para tener su "tiempo a solas."

2. Haga de su asistencia a la reunión de recuperación una prioridad. Manténgase cerca de su equipo de apoyo. Si se descubre diciendo: "Estoy muy ocupado para ir a *Celebremos la Recuperación* esta noche," haga tiempo. Escape de lo que esté haciendo y venga a compartir su recuperación.

3. Pase tiempo con su familia si son salvos. Si no lo son, pase tiempo con la familia de su iglesia. Vamos a tener reunión de *Celebremos la Recuperación* cada viernes por la noche durante las festividades de Navidad. No tiene que estar solo en este tiempo de fiestas.

4. Involúcrese en el servicio. ¡Sea Voluntario! No tiene que esperar hasta que llegue al principio 8 para comenzar a servir.

Estas solamente son unas pocas ideas y sugerencias. Esta noche dígales a su grupo las formas en que usted, con la ayuda de Dios, puede prevenir una recaída en su recuperación.

Gratitud

Principio 7: Reservo un tiempo diario con Dios para una autoevaluación, lectura de la Biblia y oración para conocer a Dios y Su voluntad para mi vida y para tener el poder de seguirla.

Paso 11: Buscamos a través de la oración y la meditación mejorar nuestro contacto con Dios, orando solamente por conocer Su voluntad y el poder para llevarla a cabo.

Que habite en ustedes la palabra de Cristo con toda su riqueza.

Colosenses 3:16

Introducción

Esta noche vamos a enfocar nuestra atención hacia fuera en lugar de hacia dentro. Hemos dado muchos pasos en nuestro camino a la recuperación. Nuestro primer paso fue admitir que éramos (y somos) incapaces. Nuestro segundo paso nos llevó a elegir, una vez y para siempre, un poder por el cual vivir. Dimos nuestro tercer y más importante paso cuando decidimos entregar nuestras vidas y voluntad al único y verdadero Poder Superior, Jesucristo.

Al seguir nuestro viaje, crecemos en nuestro contacto con Dios y Él comienza a obrar en nuestras vidas. Y al comenzar a crecer en nuestro conocimiento de Él, comenzamos a vivir conforme a la decisión que tomamos en el Principio 3. Seguimos caminando en paz, al seguir nuestros inventarios en forma diaria y al seguir profundizando en nuestra relación con Cristo. La forma en que hacemos esto, de acuerdo al Principio 7, es "reservar un tiempo diario con Dios." Durante este tiempo nos enfocamos en Él al orar y meditar.

Orar es hablar con Dios. Meditar es escuchar a Dios diariamente. Cuando medito no me siento en posición de yoga ni murmuro: Simplemente me enfoco y pienso en Dios o en un determinado versículo de la Escritura o tal vez en una o dos palabras. Esta mañana pasé diez o quince minutos solamente tratando de enfocarme en una sola palabra: "Gratitud."

Necesito meditar cada mañana, pero no lo hago. Algunas mañanas mi mente se desvía y encuentro muy difícil el concentrarme. Aquellos viejos amigos regresarán. Usted sabe, ese viejo comité familiar de antigua disfunción. El comité tratará de hacer todo lo posible para interrumpir mi tiempo a solas con Dios. A través de trabajar los principios a diario y dando lo mejor de mí, he aprendido a callarlos la mayoría del tiempo.

He aprendido a escuchar a Dios, quien me dice que tengo un gran valor. Y Él dirá lo mismo de usted, si lo escucha.

Cuando comienzo mi día con el Principio 7 y lo termino haciendo mi inventario diariamente, tengo un día muy bonito, un día razonablemente feliz. Esta es una forma en la que decido vivir "un día a la vez" y una forma en la que puedo prevenir una recaída.

Otra forma de prevenir una recaída, especialmente durante las festividades, es mantener una actitud de gratitud.

Gratitud

Esta semana, la semana antes de celebrar Acción de Gracias, (en Estados Unidos se celebra en noviembre) sugiero que sus oraciones se enfoquen en la gratitud de cuatro áreas de su vida: hacia Dios, hacia otros; su recuperación, su iglesia. Le voy a pedir que escriba eso en su "lista de gratitud." Esta es una lección interactiva.

Ahora vamos a tomar un tiempo para que haga su lista de gratitud para esta próxima celebración de Acción de Gracias.

Primero: ¿Por qué cosas está agradecido a *Dios*? Ofrezca oraciones de gratitud a su Creador.

En Filipenses 4:6 se nos dijo: "No se inquieten por nada; más bien, en toda ocasión, con oración y ruego, presenten sus peticiones a Dios y denle gracias."

Salmo 107:15 nos anima a "dar gracias al Señor por su amor inagotable y maravillosos hechos para los hombres." ¡Qué maravillosos son! ¿Cuáles son al menos dos áreas de su vida en las que usted puede ver la obra de Dios y de las cuales está agradecido en esta época de festividad?

Puede reflexionar en los últimos once meses o en lo que Dios ha hecho por usted esta semana o aun hoy mismo. Luego tome un tiempo para enumerar unas cuantas cosas por las cuales usted está agradecido a su Poder Superior.

La siguiente área es enumerar las personas que Dios ha puesto en su vida para caminar junto con usted en su camino de recuperación. Necesitamos ser agradecidos por *otros.*

"Que gobierne en sus corazones la paz de Cristo, a la cual fueron llamados en un solo cuerpo. Y sean agradecidos. Que habite en ustedes la palabra de Cristo con toda su riqueza" (Colosenses 3:15-16 NVI).

¿Con quien está agradecido? ¿Por qué? Tome un momento para enumerarlos.

La tercera área en la que podemos estar agradecidos es por nuestra *recuperación*.

"Por tanto, también nosotros, que estamos rodeados de una multitud tan grande de testigos, despojémonos del lastre que nos estorba, en especial del pecado que nos asedia, y corramos con perseverancia la carrera que tenemos por delante." (Hebreos 12:1 NVI).

¿Cuáles son dos áreas de reciente crecimiento en su recuperación por las cuales usted está agradecido? De nuevo, enuméralas ahora.

La cuarta y última área por la cual estar agradecido es su *iglesia.*

"Entren por sus puertas con acción de gracias; vengan a sus atrios con himnos de alabanza; denle gracias, alaben su nombre." (Salmo 100:4 NVI).

¿Cuáles son dos de las cosas por las cuales está agradecido a su iglesia?

Resumen

Lleve su "lista de gratitud" a casa hoy y póngala en un lugar donde la vea frecuentemente. Le recordará que ha progresado en su recuperación y que no está solo, que Jesucristo está siempre con usted.

Usar su lista de gratitud para asistir a las reuniones de recuperación y hacer de la asistencia una prioridad e involucrarse en el servicio en su iglesia, son las mejores maneras que conozco de prevenir una recaída durante las festividades.

Terminemos con una oración.

Querido Dios, ayúdame a poner a un lado las molestias y el ruido de este mundo y a enfocarme y escucharte solamente a ti durante los próximos minutos. Ayúdame a conocerte mejor. Ayúdame a entender Tu plan, Tu propósito para mi vida. Padre, ayúdame a vivir en el hoy, buscar Tu voluntad y vivir este día como tu deseas.

Es mi oración que otros me vean como tu hijo, no solamente en mis palabras, pero lo más importante, en mis actitudes. Gracias por Tu amor, Tu gracia, Tu perfecto perdón. Gracias por todos los que has puesto en mi vida, por mi programa, mi recuperación y mi familia de la iglesia. Que se haga tu voluntad, no la mía. En el nombre de Tu Hijo oro. AMÉN.

TESTIMONIO del PRINCIPIO 7B

Mi nombre es Brett y soy un creyente en Cristo que lucha con los aspectos que por lo general sufren los hijos de alcohólicos y otros adictos.

Crecí en una comunidad rural en el corazón de América. Mis padres fueron agricultores durante casi toda su adolescencia y sus años de adultos. Como resultado, una ética de trabajo fuerte y casi compulsiva fue arraigada en mi familia. Desafortunadamente otro componente fue introducido a esta familia dinámica también. No estoy seguro si inicialmente este componente fue agregado para ayudar al descanso, para ayudar a olvidar una multitud de tristezas y contrariedades asociadas con la granja o para simplemente ser una porción del ambiente social luego de un arduo día de trabajo. Sé que el alcohol creció hasta convertirse en un sustituto para interactuar con los miembros de la familia, para bloquear la intimidad en la comunicación y para anestesiar el dolor y las decepciones de la vida.

Al mirar al pasado, creo que mi papá frecuentemente bebía algo para romper con el perfeccionismo y aspectos de su comportamiento que le criticaban como resultado de crecer como el hijo menor de un hogar sin madre y con cuatro hermanas. Aunque solamente pasé mis primeros cuatro años en la granja, el comportamiento de ese ambiente siguió manifestándose en nuestra nueva casa. Muchas veces, cuando la gente escuchaba el término "alcohólico" pensaban en una persona que no iba a trabajar y que caminaba con una bolsa de papel marrón (para guardar la botella) en su mano. Por el contrario, mi papá era bastante funcional, nunca dejaba de trabajar y era muy responsable con las finanzas.

El aspecto fundamental era que papá se descontrolaba emocionalmente o se agitaba fácilmente cuando bebía. Recuerdo con claridad el sonido cuando papá abría la puerta del refrigerador en el sótano, sabiendo que el próximo movimiento sería el consumo de uno o dos sorbos de whisky, directamente de la botella, seguido de una cerveza. Las claves audibles indicaban que era tiempo de darle a papá su espacio, y mucho espacio, para evitar el conflicto a cualquier costo y mantenerlo feliz. El resultado se traducía en lo que yo pensaba era una noche normal. Mamá hizo todo esfuerzo para no interrumpir y ayudar a evitar el conflicto. Pero, al mismo tiempo, ella daba lugar al comportamiento de papá.

Mientras los años pasaban hice todo lo que sabía para agradar a otros, evitar conflictos y triunfaba al recibir reconocimiento. Fui miembro de muchos clubes en el bachillerato y en la universidad, recibí honores, premios, grados académicos y más, pero nunca estaba contento. Este comportamiento orientado al cumplimiento de logros siguió en mi vida profesional mientras comenzaba mi carrera. Sin embargo, la motivación para mi éxito no era sana. Seguía intentando tratar de agradar a un padre imposible de complacer aun después de haber muerto.

Durante mis años de vida escolar y éxito profesional, egocéntricamente tomé todo el crédito. Nunca se cruzó por mi mente que todos mis talentos, salud, capacidades y demás cosas eran un regalo de Dios. No me di cuenta de que eran un regalo hasta que comencé a abusar y, hasta cierto punto, a perderlos. ¿Ven ustedes?, aunque el trabajo y el estudio llegaron fácilmente, siempre, siempre luchaba con las relaciones.

Durante mi segundo matrimonio, estaba pasando un tiempo bien difícil con mi hijastra. No era sensible a sus necesidades ni le dedicaba tiempo. Visité un terapeuta y llegué a entender que todo estaba conectado a mi trasfondo como hijo de un alcohólico (ACA, por sus siglas en inglés).

Cinco años de terapia ayudaron a mi conocimiento académico, pero en las partes más profundas de mi alma sabía que algo hacía falta... pero no podía entender qué. Por ese mismo tiempo mi esposa, Cindi, sugirió que asistiéramos a un servicio de Pascua en Saddleback en el colegio Trabuco. Acepté de mala gana y seguí visitando la iglesia durante dos meses. Al final de cada servicio discutía con Cindi acerca del mensaje y su contenido. No estaba por sucumbir como para admitir que necesitaba a Dios. Estaba convencido de que podía manejar todo lo que el mundo me diera. Mientras tanto, mi vida cayó en un colapso emocional. Ya no podía seguir haciendo malabares. Mis habilidades de padrastro fallaron, tuve neumonía durante tres meses, fuimos afectados financieramente y estaba agotado por el trabajo.

Durante un servicio dominical en ese tiempo, un nuevo pastor fue presentado como el líder de un ministerio de recuperación. En ese momento Dios me convenció aun más profundamente, de que había estado en el camino equivocado. Conocí a John Baker y comencé mis siguientes cinco años con *Celebremos la Recuperación*. Esta vez Cristo fue mi Poder Superior. Trabajé los pasos con diligencia y compulsividad; como pude. Aunque seriamente, mientras trabajaba los pasos, lentamente comenzaron a despegarse capas de aspectos escondidos que revelaban más de mí. Al seguir a través de los pasos llegué al No. 11, el paso que dice: "Buscamos a través de la oración y meditación mejorar nuestra comunión consciente con Dios, orando solamente por el conocimiento de Su voluntad para nosotros y poder para llevar a cabo la misma." El onceavo paso fue el combustible que necesitaba para aceptar dos cosas. Primero, que Dios proveería la paz y los medios para guiarme y ayudarme aceptar que mi recuperación era un proceso de por vida; y segundo, que Él siempre estaría allí conmigo para conversar, para escuchar, ser amado y amar. Todos estos conceptos eran difíciles para mí porque toda mi vida había estado intentando ganar cosas, aprobación, reconocimiento, confianza, perdón, etc. Este paso proveía todas esas cosas y más, siempre y cuando yo fuera obediente y estuviera consciente de comunicarme con Dios.

Al tomar las clases de madurez espiritual en Saddleback, llegué a entender que un tiempo a solas diariamente era importante si iba a crecer en mi relación con mi Poder Superior, Jesucristo. Al leer la Palabra de Dios y pasar tiempo en oración, mi intimidad y conocimiento de Su voluntad se volvieron más claros. Comencé a confesar que soy Su hijo, que Él me ama incondicionalmente, que soy perdonado y que no puedo, por mérito propio, ganarme Su amor.

Trabajar el Paso 11 también me ha ayudado a desarrollar paciencia, porque Dios me está enseñando a estar quieto y escuchar, a esperar en Él y a confiar en que Él proveerá para *todas* mis necesidades. Él me ayuda a conocer que necesito deshacerme de mi voluntad y buscar Su voluntad, que Él está en control y no yo. ¡Qué descanso! En los momentos de silencio y quietud Él me ayuda a ver todas las cosas que me han sucedido en la vida hasta traerme a este momento hoy con ustedes. Nunca supe que Él estaba tan cerca y que yo estaba tan lejos hasta que comencé a estudiar el onceavo paso. Es mi oración que cada uno de ustedes continúe practicando este paso tan desafiado por todos esos ruidos de perros ladrando, timbres de puertas, cosas que hacer, pensamientos y diversiones que el mundo pone en su camino. Durante este paso he llegado a adoptar Filipenses 4:13 (NVI) como el versículo de mi vida: "Todo lo puedo en Cristo que me fortalece" Puede permitirle que le fortalezca a usted también.

Principio 8

Al rendir mi vida a Dios para ser usada puedo llevar estas Buenas Nuevas a otros, tanto con mi ejemplo como con mis palabras.

Dichosos los perseguidos por causa de la justicia.

Dar

Principio 8: Al rendir mi vida a Dios para ser usada puedo llevar estas Buenas Nuevas a otros, tanto con mi ejemplo como con mis palabras.

Dichosos los perseguidos por causa de la justicia.

Paso 12: Después de haber tenido una experiencia espiritual como resultado de estos pasos, tratamos de llevar este mensaje a otros y de practicar estos principios en todas las áreas.

Hermanos, si alguien es sorprendido en pecado, ustedes que son espirituales deben restaurarlo con una actitud humilde. Pero cuídese cada uno, porque también puede ser tentados.

Gálatas 6:1

Introducción

Creo que si Dios tuviera que escoger su principio favorito, elegiría el Principio 8: "Entrego mi vida a Dios para ser usada y así llevar estas Buenas Nuevas a otros, tanto con mi ejemplo como con mis palabras."

¿Por qué pienso que el Principio 8 es el favorito de Dios? Porque se trata de poner nuestra fe en acción. La Palabra de Dios nos dice en Santiago 2:17: "Así también la fe por sí sola, si no tiene obras, está muerta" La fe activa es importante para Dios.

No me mal entienda, las obras no le van a salvar. Solamente la fe en Jesucristo como su Señor y Salvador puede hacer eso. Es por medio de nuestras acciones, sin embargo, que demostramos a Dios y a otros el compromiso que tenemos con nuestra fe en Jesucristo.

Entonces, esta noche vamos comenzar a estudiar el principio 8. En los Alcohólicos Anónimos el paso 12 es llamado el paso de "llevar el mensaje", el paso "restituir."

¿De qué se trata "restituir"? ¿Qué significa en realidad dar?

Para contestar esa pregunta hice un estudio del significado de "dar" o "dando." En el Nuevo Testamento, la palabra "dar" tiene diecisiete diferentes palabras hebreas con diecisiete significados diferentes. Así que pensé que esta noche, sería interesante tener una lectura de 30 minutos acerca de cada uno de los usos de la palabra "dar." ¡Sólo bromeaba!

Tal vez le demos un vistazo más práctico al significado de la palabra "dar" al relacionarla con el Principio 8, ya que de eso trata todo este Principio.

El Principio 8 no nos dice que demos de manera enfermiza, de una forma que nos dañaría o causaría una recaída en nuestros comportamientos co-dependientes. No, el Principio 8 habla de una entrega no co-dependiente y saludable de nosotros mismos, sin el más mínimo indicio de esperar recibir algo a cambio. Recuerde, ninguna persona ha sido alguna vez honrada por lo que ha recibido. El honor siempre ha sido una recompensa por lo que alguien ha dado.

Mateo 10:8 resume el Principio 8: "Lo que ustedes recibieron gratis, denlo gratuitamente"

En el Principio 8, entregamos nuestras vidas para ser usadas por Dios y llevar estas Buenas Nuevas a otros, tanto con nuestro ejemplo como con nuestras palabras.

Dar

Es en el Principio 8 que aprendemos lo que verdaderamente significa DAR.

Desarrollaremos el acróstico DARÉ

***D**ios Primero*
***A**bandonar el "Yo"*
***R**ecordar las victorias*
***E**jemplo con nuestras acciones*

La ***D*** que significa **DIOS** primero.

Cuando usted pone a Dios primero en su vida, se da cuenta que todo lo que tiene es un regalo de Él. Usted reconoce que su recuperación no depende ni está basada en cosas materiales, está edificada en su fe y su deseo de seguir la instrucción de Jesucristo.

Romanos 8:32 (NVI) dice que Dios "El que no escatimó ni a su propio Hijo, sino que lo entregó por todos nosotros, ¿cómo no habrá de darnos generosamente, junto con él, todas las cosas?"

Nunca nos parecemos tanto a Dios como cuando damos, no solamente dinero o cosas sino nuestras propias vidas. Eso fue lo que Jesús hizo por nosotros. Él nos dio el regalo más grande de todos: Él mismo.

La segunda letra en "DARÉ" se refiere al *A*BANDONO del "*YO*" para convertirlo en "*NOSOTROS*"

Ninguno de los pasos o principios comienzan con la palabra "Yo." La primera palabra en el Paso 1 es "Nosotros." De hecho, la palabra *nosotros* aparece catorce veces en los 12 pasos. La palabra "Yo" no aparece ni una sola vez en los 12 Pasos. El camino a la recuperación no tiene la intención de que se camine solo. Este no es un programa que deba trabajarse aislado.

Jesús dijo: —"Ama al Señor tu Dios con todo tu corazón, con todo tu ser y con toda tu mente" —le respondió Jesús—. Éste es el primero y el más importante de los mandamientos. El segundo se parece a éste: "Ama a tu prójimo como a ti mismo." (Mateo 22:37-39).

Cuando usted ha alcanzado este paso en su recuperación y alguien le pide que sea su mentor o su compañero a quien rendir cuentas, ¡hágalo! Las recompensas son enormes y ser el mentor de alguien es una forma de ¡llevar el mensaje!

Eclesiastés 4:9-12 (NVI) Explica este concepto de dar algo bien claro: "Más valen dos que uno, porque obtienen más fruto de su esfuerzo.
Si caen, el uno levanta al otro. ¡Ay del que cae y no tiene quien lo levante!
... uno solo puede ser vencido, pero dos pueden resistir"

La tercera letra es la ***R*** de RECUERDE las victorias para compartirlas.

¡Dios nunca, nunca, nunca desperdicia una herida! Él puede tomar nuestras heridas y usarlas para ayudar a otros. El Principio 8 nos da la oportunidad de compartir nuestras experiencias, fortalezas y esperanzas unos con otros.

Deuteronomio 11:2 nos dice que recordemos lo que hemos aprendido del Señor a través de nuestras experiencias con Él. Comenzamos diciendo: "Así es como me pasó a mí; esta es la *experiencia* de lo que me sucedió. Así es como obtuve la *fortaleza* para comenzar mi recuperación y hay *esperanza* para usted."

Segunda a los Corintios 1:3-4 (NVI) nos anima a "Alabado sea el Dios y Padre de nuestro Señor Jesucristo, Padre misericordioso y Dios de toda consolación, quien nos consuela en todas nuestras tribulaciones para que con el mismo consuelo que de Dios hemos recibido, también nosotros podamos consolar a todos los que sufren."

Todo el dolor, todo el daño que mis veinte años de abuso del alcohol causaron, toda la destrucción que yo me causé a mí mismo y a los que amaba, finalmente tuvieron sentido cuando llegué al Principio 8. Finalmente entendí Romanos 8:28 (NVI): "Ahora bien, sabemos que Dios dispone todas las cosas para el bien de quienes lo aman, los que han sido llamados de acuerdo con su propósito"

Porque Él me llamó de acuerdo a Sus planes y porque respondí al llamado de Dios, puedo pararme aquí como un ejemplo de que Dios utiliza todas las cosas para bien de acuerdo a Su propósito.

¡A Dios sea la gloria!

Deseo pasar el resto de mi vida trabajando en la obra de recuperación. Saben, realmente esto no es un trabajo. Es servicio, un servicio de placer.

Este pensamiento nos lleva a la última letra en el acróstico "daré", EJEMPLO con nuestras acciones.

Todos ustedes saben que sus acciones hablan más fuertemente que sus palabras. Las buenas intenciones mueren al menos que sean ejecutadas.

En Santiago 1:22 somos exhortados a ser "hacedores de la Palabra." Pero para ser de ayuda a otros, tenemos que "llevarles las Buenas Nuevas."

Eso es lo que el Paso 12 dice. No dice que llevemos parte de las Buenas Nuevas o que las llevemos solamente a otros que están en recuperación.

Todos han escuchado el término "cristianos domingueros". No nos volvamos solamente "Aficionados de Recuperación del viernes por la noche."

Obras, actitudes, no palabras, son la prueba de nuestro amor a Dios y a otras personas. La fe sin obras es como un auto sin gasolina. Primera Juan 3:18 (NVI) dice: "Queridos hijos, no amemos de palabra ni de labios para afuera, sino con hechos y de verdad."

Dar y servir es el termómetro de su amor. Usted *puede* dar sin amar. Eso es lo que a veces hacemos en una relación co-dependiente. O damos porque sentimos que tenemos que hacerlo. Usted puede dar sin amar, pero no puede amar sin dar.

Resumen

El Señor difunde Su mensaje a través de los Ocho principios y los 12 Pasos. Somos los instrumentos para entregar las Buenas Nuevas. ¡La forma en que vivimos mostrará a otros nuestro compromiso con nuestro programa, con nuestro Señor y con ellos!

Todos han escuchado la paradoja divina: "¡No puedes conservarlo hasta que lo entregas!" Eso es el Principio 8.

Me gustaría dejarlos con Lucas 8:16-19 de NVI: "Nadie enciende una lámpara para después cubrirla con una vasija o ponerla debajo de la cama, sino para ponerla en una repisa, a fin de que los que entren tengan luz. No hay nada escondido que no llegue a descubrirse, ni nada oculto que no llegue a conocerse públicamente. Por lo tanto, pongan mucha atención. Al que tiene, se le dará más; al que no tiene, hasta lo que cree tener se le quitará."

No estamos escondiendo cosas; estamos sacando todo. Así que cuídense de no ser avaros... la generosidad produce generosidad. ¡Lleven las Buenas Nuevas con gozo!

Sí

Principio 8: Entrego mi vida a Dios para ser usada y así llevar estas Buenas Nuevas a otros, tanto con mi ejemplo como con mis palabras.

Dichosos los perseguidos por causa de la justicia.

Paso 12: Después de haber tenido una experiencia espiritual como resultado de estos pasos, tratamos de llevar este mensaje a otros y practicar estos principios en todas las áreas.

Hermanos, si alguien es sorprendido en pecado, ustedes que son espirituales deben restaurarlo con una actitud humilde. Pero cuídese cada uno, porque también puede ser tentado.

Gálatas: 6:1

Introducción

¡La tecnología moderna es tremenda! Tome una lata de Coca Cola vieja, golpeada, sucia y con agujeros. Hace unos pocos años hubiera sido tirada en la basura y considerada inútil, sin valor. Hoy en día puede ser reciclada, derretida, purificada y fabricada como una nueva lata, brillante y limpia, que puede ser utilizada otra vez.

Esta noche vamos a hablar de reciclar, reciclar su dolor al permitirle al fuego y a la luz de Dios brillar en ese dolor, derretir sus viejas heridas, complejos, y hábitos para que puedan ser utilizados de una forma positiva. Pueden ser reciclados para mostrar a otros cómo trabajaron los principios y pasos con la ayuda de Jesús en el proceso de sanidad y cómo ha llegado a través de la oscuridad de su dolor hasta la gloriosa libertad y luz de Cristo.

La sociedad nos dice que el dolor es inservible. De hecho, ¡la gente está llegando a creer que *las personas* que están en dolor son inútiles! En

Celebremos la Recuperación sabemos que el dolor tiene valor, como también la gente que lo experimenta. Así que mientras el mundo dice no, esta noche nosotros decimos ¡Sí!

Sí

¡El acróstico de esta noche no podría ser más positivo! Es la palabra SÍ.

Servir a otros como Jesucristo lo hizo
Incondicional entrega a Dios

La primera letra en el acróstico de esta noche es ***S***: SERVIR a otros como Jesucristo lo hizo.

Cuando ha alcanzado el Principio 8 está listo para levantar la "toalla del Señor", con la cual Él lavó los pies de los discípulos en el Aposento Alto la noche antes de ser crucificado.

Jesús dijo: "Pues si yo, el Señor y el Maestro, les he lavado los pies, también ustedes deben lavarse los pies los unos a los otros. Les he puesto el ejemplo, para que hagan lo mismo que yo he hecho con ustedes" (Juan 13:14-15 NVI).

No todos ustedes tienen que dar sus testimonios delante de trescientas personas para poder servir. Todo servicio ocupa la misma posición para Dios. ¡Usted puede decir "Sí" al Principio 8 de muchas maneras!

1. Sea un compañero a quien se le pueda rendir cuentas. Encuentre alguien en su grupo pequeño que esté de acuerdo en animarle y ayudarle mientras usted trabaja los principios. Esté de acuerdo en hacer lo mismo para él. Háganse responsables el uno del otro para así desarrollar un programa honesto.

2. Sea un mentor. Un mentor es alguien que ha trabajado los pasos. Su compromiso es guiar a los recién llegados en su caminar a través de los pasos. Pueden dar un codazo amable cuando la persona que está ayudando está postergando una decisión y calmarlos cuando están corriendo a un paso acelerado. Un mentor hace eso al compartir su experiencia, fortalezas y esperanzas.

3. Puede dar la bienvenida. Las personas que dan la bienvenida llegan a *Celebremos la Recuperación* a las 6:45 p.m. Dan la bienvenida y dirigen a los recién llegados, le dan la primera impresión del programa, la cual es muy importante.

4. *Ayude en el Café Roca Sólida*. Necesita llegar a las 6:00 p.m. para ayudar a organizar. Si no puede estar temprano, quédese unos minutos después para ayudar a limpiar. Puede hornear un pastel.

5. *Ayude en la Barbacoa*. Comenzaremos en la Primavera. Necesitamos ayudar con la organización, limpieza y todo lo que se necesite.

6. *Invite a alguien a la iglesia*. Invite a alguien de sus grupos seculares o a un vecino, amigo o a un compañero de trabajo.

El mundo está lleno de dos clases de personas: los que dan y los interesados. Estos últimos comen bien y los que dan duermen bien. Sea un dador. Hay muchas, muchas más áreas en las cuales usted puede servir. Haga sugerencias. ¡Involúcrese!

El Principio 8 concluye con esto: Haga lo que pueda, con lo que tenga, donde usted esté.

La gente toma su ejemplo mucho más en serio que su consejo.

Su caminar necesita coincidir con su hablar. Todos sabemos que hablar es fácil, porque las promesas siempre exceden a las necesidades.

¡Haga de su vida una misión, no un intermedio!

La última letra representa el mismo Principio 8: INCONDICIONAL entrega a Dios para que use mi vida y así llevar las Buenas Nuevas a otros, tanto con mi ejemplo como con mis palabras.

Para practicar verdaderamente este principio debemos darle a Dios la libertad que Él necesita para usarnos como lo crea necesario. Hacemos esto al presentar todo lo que tenemos, nuestro tiempo, talentos y tesoros, a Él. Poseemos lo que llamamos nuestro sin aferrarnos a ello, reconociendo que todo viene de Su mano. Cuando hemos entregado todo a Él incondicionalmente, puede usarnos como Sus instrumentos para llevar el mensaje a otros en palabra y acción.

Gálatas 6:1-2 (NVI) nos dice: "Hermanos, si alguien es sorprendido en pecado, ustedes que son espirituales deben restaurarlo con una actitud humilde. Pero cuídese cada uno, porque también puede ser tentado. Ayúdense unos a otros a llevar sus cargas, y así cumplirán la ley de Cristo"

Como el pastor Rick Warren dice: "Si usted quiere que alguien vea lo que Cristo hará por ellos, permítales ver lo que Cristo ha hecho por usted."

Hay una pregunta que debe hacerse usted mismo cuando llegue a este principio: ¿Refleja mi estilo de vida lo que creo? En otras palabras, ¿le muestra a otros los patrones del mundo: egoísmo, orgullo y lujuria. Refleja el amor, humildad y servicio de Jesucristo?

"Debes hacerlo así para que el amor brote de un corazón limpio, de una buena conciencia y de una fe sincera" (1 Timoteo 1:5 NVI).

Este año todos hemos sido bendecidos por unos testimonios excelentes y valientes en *Celebremos la Recuperación*. Me gustaría que todos los que dieron sus testimonios este año se pusieran de pie. ¡Esta gente cree en el Principio 8! Creen lo suficiente en él para hablar de Cristo no solamente en la seguridad de sus grupos pequeños sino también con toda la familia de recuperación. Creen en Jesucristo lo suficiente para hablar de sus vidas con otros. Se pararon aquí y contaron sus debilidades y fortalezas a otros que están sufriendo dolores, complejos y hábitos similares. Entregaron no una parte de su mente, sino una parte de su corazón.

Nuestro objetivo para el próximo año es tener dos testimonios cada mes al trabajar en cada paso. Así que, si usted ha estado en recuperación por algún tiempo y no ha contado su historia todavía, ¡a trabajar! escríbalo y entréguemelo. Necesitamos escuchar y usted necesita relatar su milagro en el año venidero.

Resumen

El camino a la recuperación nos lleva al servicio. Cuando usted llega al Principio 8 el camino se divide (vea el diagrama). Algunos de ustedes elegirán servir en *Celebremos la Recuperación*. Otros elegirán servir en otras áreas de la iglesia. El hecho es que son necesarios de ambos servicios.

Necesitamos que narre sus experiencias, fortalezas y esperanzas a los recién llegados los viernes por la noche. Pueden servir también como líderes, mentores y/o compañeros a quienes rendir cuentas. Pero la iglesia también necesita su servicio. Al servir fuera de *Celebremos la Recuperación* pueden ayudar a otros y llevarlos al programa cuando estén listos para trabajar con sus heridas, complejos y hábitos.

Cada mañana antes de levantarme hago esta oración del Principio 8:

Querido Jesús, según sea de tu agrado, llévame a alguien a quien pueda servir hoy. AMÉN.

¿Hará esta oración esta semana?

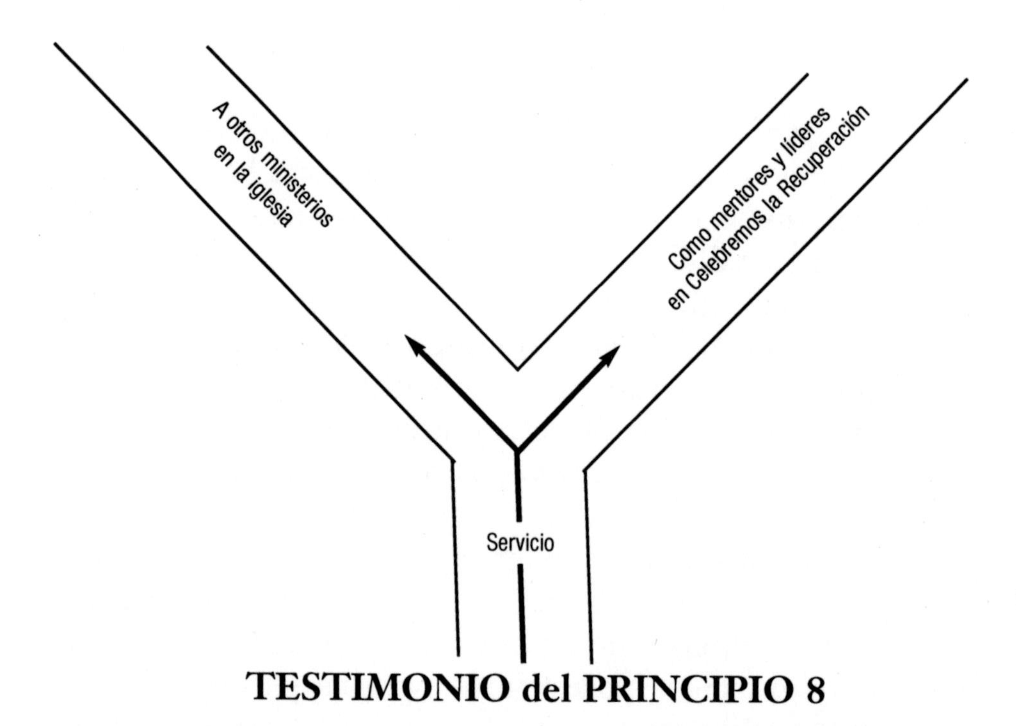

TESTIMONIO del PRINCIPIO 8

Mi nombre es Bob, gracias al poder de mi Señor y Salvador Jesucristo me he recuperado de un estado mental y corporal aparentemente sin esperanza, conocido como adicción al alcohol y otras drogas. Me gustaría compartir con ustedes cómo Dios ha guiado mi vida, me ha llevado por caminos que nunca imaginé y como resultado, hizo posible los cambios en mi vida.

Vengo de un hogar donde no hubo alcoholismo ni abuso de ninguna clase. Hice todas las cosas normales que los niños hacen cuando crecen y también estaba bastante involucrado en los deportes, sobre todo en el fútbol.

Durante esos años todo parecía bien, hasta que llegué al bachillerato, tiempo en el que comencé a experimentar el alcohol y otras drogas. Realmente me gustaba la forma en que me hacían sentir y en verdad pensaba que era algo fascinante en ese tiempo. Me gustaba tanto la sensación producida por las drogas que comencé a hacerlo a diario. Esto terminó llevándome a drogas más fuertes y más alcohol. La consecuencia: más problemas en mi vida, como por ejemplo ser expulsado del colegio, discusiones en casa y una continua falta de dinero. Vivía en un estado constante de confusión porque el abuso de las drogas me estaba destruyendo.

A pesar de numerosos tratamientos en diferentes programas de rehabilitación a los que asistía para complacer a mi familia, seguía negando mi adicción. Las drogas y el alcohol parecían ser la solución a un problema de baja autoestima. Luego de tres años mi familia ya no me pudo soportar; había llegado a ser un peligro para ellos y para mis compañeros de trabajo. Ellos finalmente fueron firmes y decidieron echarme de sus negocios y sacarme de la casa si no estaba sobrio. El temor de quedar sin nada me llevó a darle una oportunidad a la sobriedad por mí mismo y redirigir mi camino, pero sin la ayuda de Jesucristo. Fallé miserablemente trayendo más dolor y frustración a mi vida. Era obvio para todos que el camino que estaba siguiendo era de miseria y destrucción, creado por mi propia voluntad. Diría que lo primero a lo que me llevó Dios fue a reconocer mi necesidad de Él.

Luego, Dios me ayudó a darme cuenta que no era capaz de cambiar los hábitos, heridas y complejos que estaban destruyendo mi vida. Este fue el primer paso en mi camino a la recuperación. En una reunión de Alcohólicos Anónimos conocí a un miembro de esta iglesia que me invitó al programa *Celebremos la Recuperación*. Este programa me ayudó a darme cuenta de que las reuniones no eran suficientes y que mi recuperación dependía de mi relación con Jesucristo. Fue entonces cuando le pedí a Él ser mi Señor, Salvador y el Director de mi vida. Él comenzó a guiarme hacia Su Santa Palabra, aprendí en el libro de Proverbios que si confío en Él con todo mi corazón, no me apoyo en mi propio entendimiento, le reconozco en todos mis caminos, Él promete enderezar mis pasos.

Al continuar en mi camino a la recuperación que Él me había trazado, me dio un fuerte deseo de reparar la destrucción de mi pasado a través del ministerio de *Celebremos la Recuperación*, dirigido por el Pastor John Baker. Tenía una esperanza sincera de poder servir a otros que sufrieron como yo con la adicción. Su camino también me llevó a terminar el Estudio Bíblico del Nuevo Creyente, necesario para edificar un fundamento sólido en esta emocionante nueva relación con Cristo. Además de edificar este nuevo fundamento, Él también puso en mi corazón el asistir a las Clases 101, 201 y 301 en Saddleback. Luego fui bautizado, me hice miembro de la iglesia y asistí al Estudio Bíblico Perspectivas de la Vida dirigido por el Pastor Tom Holladay, Kay Warren y el Dr. Ron Rhodes. Ellos me enseñaron más del amor de Dios para mí y los planes que Él tiene para mi futuro.

Seguir este camino que Él planeó ha hecho que mi relación con Él crezca a través de la oración y la lectura diaria de Su Palabra. Dios comenzó a mostrarme cómo podía hacer una diferencia real con mi vida al ser un líder de un grupo pequeño en *Celebremos la Recuperación*, donde puedo servir a los que asisten a nuestras reuniones. Y también he llegado a ser un pastor laico en nuestra iglesia, lo cual me da la oportunidad de servir en la Cena del Señor, bautizar y ayudar a los que estén en necesidad. Este deseo sincero de servir, amigos, es un regalo con el cual solamente Jesucristo podía bendecirme. Él sigue usando mi vida al permitirme compartir Su amor con los niños en La Tierra de la Aventura.

No solamente ha sido fiel al guiarme en estos ministerios, Él también ha estado guiándome en otras áreas al traer a mi vida una mujer bella, amable y sincera que ama a nuestro Señor Jesucristo tanto o más que yo mismo. En cuanto a mi familia y mi trabajo, en lugar de despedirme y sacarme de la casa, ahora me están capacitando para tomar el negocio de la familia. Y lo mejor de todo, Dios ha creído conveniente usarme en traer a mis familiares a un conocimiento de Jesucristo y ahora son miembros activos de esta iglesia. Mi mamá, que nunca se dio por vencida y fielmente oró por mí durante diez años, está luchando con su cuarta reincidencia de cáncer. Su fe sigue creciendo y Dios la usa para animar a otros a través del ministerio Corazones Cariñosos y el Grupo de Apoyo del Cáncer. Mi hermana también se ha involucrado con el ministerio de Jóvenes Adultos.

¡Gloria a Dios! Todas las cosas obran para bien, para los que aman a Dios y son llamados de acuerdo a Su propósito.

Hace solamente año y medio que mi Señor me sacó del camino de miseria y destrucción y me puso en el camino de recuperación. En cuanto a mi baja autoestima, desapareció completamente cuando fui traído al servicio de un Dios amoroso, quien nunca me dejará ni me abandonará. Él sigue haciendo bien claro el hecho de que la única vida que vale la pena vivir es la de la gracia a través de la fe en Cristo. Deje que Jesús conduzca su vida. No se perderá. Él le dirigirá a través de todas las curvas de la vida. ¡No tenga miedo de confiar su vida a Dios! Él promete guiarnos en el camino de justicia por amor de su nombre – ahora y por la eternidad.

Gracias por permitirme contarles mi testimonio.

Las siete razones por las cuales nos estancamos

Introducción

Esta noche, quiero pedir un descanso por un momento. Tomémonos una semana para hablar y evaluar dónde se encuentran en su camino a la recuperación. Creo que nos dará valor a todos nosotros el tomar un descanso, una pausa y repasar nuestro programa. Necesitamos detenernos por un momento y agradecer a Dios al mirar hacia atrás en nuestro progreso y crecimiento. Necesitamos asegurarnos de que estamos avanzando a través de los principios, que no estamos detenidos en uno en particular.

Algunos de ustedes tal vez recién han iniciado el viaje a través de los principios. Otros están en algún punto intermedio. Realmente no importa en cuál está usted. Cualquiera se puede desviar y estancarse.

Siete Razones

Esta noche vamos a hablar acerca de siete razones por las que "nos estancamos" en nuestra recuperación.

No ha trabajado completamente el principio anterior

Quizás está intentando avanzar en los principios muy rápidamente. ¡Cálmese! ¡Dele tiempo a Dios para obrar! El avanzar no siempre es progreso. ¿Alguna vez sus frenos le fallaron cuando estaba manejando cuesta abajo? Quizás estaba yendo rápido, pero no, eso no es progreso. ¡Es pánico! Recuerde, este programa es un proceso. No es una carrera para ver quién termina primero.

Gálatas 5:25 dice: "Si el Espíritu nos da vida, andemos guiados por el Espíritu."

Tome su tiempo con cada principio. Trabaje cada principio lo mejor que pueda. Recuerde, mucha gente se pierde al tratar de encontrar una ruta más fácil por lo recto y estrecho.

No ha rendido su voluntad y vida completamente a Dios

Recuerde, hay dos partes en el Principio 3. La primera es pedir a Jesucristo que entre a su corazón y que sea su Poder Superior, su Señor y Salvador. La segunda es seguir buscando Su voluntad en su vida en todas sus decisiones. Quizás está confiando en Jesús para las cosas "grandes", pero todavía piensa que puede manejar las cosas "pequeñas".

Proverbios 3:5-6 (NVI) nos dice: "Confía en el Señor de todo corazón, y no en tu propia inteligencia. Reconócelo en todos tus caminos, y él allanará tus sendas"

¿A qué parte de su vida se está aferrando todavía? ¿Qué áreas de su vida está rehusando al Señor? ¿En qué aspecto no confía en Dios?

No ha aceptado la obra de Jesús en la cruz para su perdón

Quizás haya perdonado a otros, pero usted piensa que su pecado es demasiado grande para ser perdonado.

Primera Juan 1:9 (NVI) nos dice: "Si confesamos nuestros pecados, Dios, que es fiel y justo, nos los perdonará y nos limpiará de toda maldad." ¡*Toda* maldad! No solamente algunas maldades, sino ¡todas ellas! Créame, su pecado no es tan especial, no es tan diferente.

"En él tenemos la redención mediante su sangre, el perdón de nuestros pecados, conforme a las riquezas de la gracia" (Efesios 1:7 NVI). El versículo dice: "todos nuestros pecados." No algunos de estos y otros de aquellos sino *todos* nuestros pecados. Punto.

Creo que la pregunta aquí es: "¿Se ha perdonado usted?" Allí es donde veo a la mayoría de los que se estancan en su recuperación.

Esto es lo que Dios quiere que haga con la oscuridad de su pasado: Vengan, pongamos las cosas en claro —dice el Señor—.
¿Son sus pecados como escarlata? ¡Quedarán blancos como la nieve!
¿Son rojos como la púrpura? ¡Quedarán como la lana!" (Isaías 1:18).

No ha perdonado a otros que le han dañado

Debe dejar ir el dolor del daño y abuso del pasado. Hasta que pueda soltar y perdonarlo seguirá teniéndole como su prisionero.

Se ha dicho que el perdón es la llave que abre la puerta del resentimientos y remueve las ataduras del odio. Es el poder que rompe las cadenas de amargura y los grilletes del egoísmo.

La Palabra de Dios promete en 1 Pedro 5:10 (NVI): "Y después de que ustedes hayan sufrido un poco de tiempo, Dios mismo, el Dios de toda gracia que los llamó a su gloria eterna en Cristo, los restaurará y los hará fuertes, firmes y estables."

¿Sabe que usted quizás necesite pedir perdón por culpar a Dios? No culpe a Dios por lo que otros decidieron hacerle.

En la tierra están funcionando la voluntad de Dios, la voluntad del diablo y la libre voluntad suya. Recuerde, el daño que otros le hicieron fue de la propia voluntad de ellos, no por la voluntad de Dios.

Tiene temor de arriesgarse a hacer los cambios necesarios

Pudiera ser justo decir que algunas personas aquí esta noche atrasan y posponen el cambio tanto como pueden. Habría varias razones para atrasar un cambio positivo:

Puede que esté paralizado por el temor al fracaso.

Recuerde, el caerse no lo hace un fracaso. Es el mantenerse en esa posición lo que lo convierte en fracaso. Aquí es donde su fe y confianza en Jesucristo se ponen en juego.

Puede que le tema a la intimidad por miedo al rechazo o a ser herido otra vez.

Por eso es tan importante moverse lentamente en una nueva relación, tomando tiempo para buscar la voluntad de Dios, desarrollando expectativas realistas y estableciendo límites apropiados.

Puede que se resista al cambio (crecimiento) por el temor a lo desconocido.

Mi vida es un desorden, mis relaciones son un desorden, pero al menos sé que puedo tener expectativas. Todo junto: "¡un desorden!" Si realmente intenta trabajar estos pasos y principios en esa herida, complejo o hábito, su vida cambiará.

Algunas personas cambian de trabajo, compañeros y amigos, pero nunca piensan en cambiar ellos mismos. ¿Qué nos dice la Palabra de Dios?

Así que no temas, porque yo estoy contigo; no te angusties, porque yo soy tu Dios. Te fortaleceré y te ayudaré; te sostendré con mi diestra victoriosa." (Isaías 41:10 NVI).

Así que podemos decir con toda confianza: "El Señor es quien me ayuda; no temeré. ¿Qué me puede hacer un simple mortal?" (Hebreos 13:6 NVI).

No está dispuesto a "aceptar" su responsabilidad

Ninguno de nosotros es responsable de todas las cosas que nos han sucedido. Pero somos responsables de la forma en que reaccionamos ante ellas. Permítame darle algunos ejemplos:

En el caso de abuso, de ninguna manera es la víctima la responsable por el abuso.

El Paso 8 de los 12 Pasos acerca de nuestro abuso sexual/ físico dice:

> Hicimos una lista de todas las personas que nos han dañado y estuvimos dispuesto a buscar la ayuda de Dios para perdonar a los perpetradores como a nosotros mismos. Reconocemos que también hemos dañado a otros y estamos dispuestos a enmendar el daño causado.

Mis hijos no son responsables de tener como padre a un alcohólico, pero si son responsables de sus propias acciones y recuperación. Usted necesita tomar la responsabilidad que le corresponde en una relación rota, una amistad dañada, un hijo o padre distante.

"Examíname, oh Dios, y sondea mi corazón; ponme a prueba y sondea mis pensamientos. Fíjate si voy por mal camino, y guíame por el camino eterno" (Salmo 139:23 NVI).

Aumentamos nuestra habilidad, estabilidad y responsabilidad propias cuando incrementamos nuestra responsabilidad ante Dios.

No ha desarrollado un equipo de apoyo efectivo

¿Tiene un mentor o compañero a quien rendir cuentas? ¿Tiene los números de teléfono de otros en su grupo pequeño? ¿Ha sido voluntario en un compromiso de los 12 Pasos para con su grupo de apoyo?

Hay muchas oportunidades para involucrarse en *Celebremos la Recuperación.*

Equipo Barbacoa

Equipo del Café Roca Sólida

Boletín

Bienvenida

Mentores

Compañeros a quienes rendir cuentas

Y mucho más. . .

¡Todo lo que tiene que hacer es preguntar!

"El que con sabios anda, sabio se vuelve; el que con necios se junta, saldrá mal parado." (Proverbios 13:20 NVI).

"Les hablo así, hermanos, porque ustedes han sido llamados a ser libres; pero no se valgan de esa libertad para dar rienda suelta a sus pasiones. Más bien sírvanse unos a otros con amor." (Gálatas 5:13 NVI).

"Ayúdense unos a otros a llevar sus cargas, y así cumplirán la ley de Cristo" (Gálatas 6:2 NVI).

Recuerde, las raíces de felicidad crecen más profundamente en el terreno de servicio.

Resumen

Ya conoce las siete áreas en las cuales nos podemos estancar, atascar en nuestra recuperación. ¿Cómo lo sé? Porque en algún momento a lo largo de mi propio camino a la recuperación, las visité todas.

Tome tiempo esta semana y reflexione en su progreso, su crecimiento. Si está estancado hable con su compañero para rendir de cuentas, su mentor, o su líder del grupo. Descubra en cuál de las siete razones se ha detenido y juntos implementen un plan de acción y sigan adelante en su caminar.

Mantenga su Plan de Acción Diario para la Serenidad de *Celebremos la Recuperación* (página 61 en la Guía del Participante 4) en un lugar donde pueda verlo y revisarlo diariamente.

PLAN DE ACCIÓN DIARIO PARA LA SERENIDAD DE *CELEBREMOS LA RECUPERACIÓN*

1. Diariamente siga haciendo su inventario. Cuando se equivoque, admítalo rápidamente.

2. Diariamente estudie la Palabra y ore pidiéndole a Dios que le guíe y ayude a aplicar Su enseñanza y voluntad en su vida.

3. Diariamente trabaje y viva los principios con lo mejor de su capacidad, buscando siempre nuevas oportunidades para ayudar y servir a otros, no solamente en sus reuniones de recuperación sino en todas las áreas de su vida.

Pensamientos Finales

Pero la gracia de nuestro Señor se derramó sobre mí con abundancia, junto con la fe y el amor que hay en Cristo Jesús. Este mensaje es digno de crédito y merece ser aceptado por todos: que Cristo Jesús vino al mundo a salvar a los pecadores, de los cuales yo soy el primero. Pero precisamente por eso Dios fue misericordioso conmigo, a fin de que en mí, el peor de los pecadores, pudiera Cristo Jesús mostrar su infinita bondad. Así vengo a ser ejemplo para los que, creyendo en él, recibirán la vida eterna. Por tanto, al Rey eterno, inmortal, invisible, al único Dios, sea honor y gloria por los siglos de los siglos. Amén. *(1 Timoteo 1:14-17 NVI)*

Hemos llegado al final de esta Guía del líder, ahora usted está listo para comenzar la parte más emocionante, el verdadero surgimiento y comienzo de uno de los ministerios más importantes y significativos en su iglesia. Por favor, siéntase libre para usar los folletos y todas o algunas de las partes de las lecciones.

Quiero orar por usted y su nuevo programa de recuperación. Romanos 12:10-13 (NVI) nos dice: "Ámense los unos a los otros con amor fraternal, respetándose y honrándose mutuamente. Nunca dejen de ser diligentes; antes bien, sirvan al Señor con el fervor que da el Espíritu. Alégrense en la esperanza, muestren paciencia en el sufrimiento, perseveren en la oración. Ayuden a los hermanos necesitados. Practiquen la hospitalidad."

Por favor escríbame o visite nuestro sitio en la red y dígame su progreso, problemas y peticiones de oración.

Escriba a:

John Baker
Celebrate Recovery Books
25422 Trabuco Rd. #105- 151
Lake Forest, CA 92630
www.CelebrateRecovery.com

Deseo tener noticias de todas las vidas que serán cambiadas y de las familias reunidas por su decisión para comenzar un programa de recuperación Cristo-céntrico.

¡Los espero!

John Baker

APÉNDICE A

Celebremos la Recuperación

Pacto de Liderazgo

- Yo he leído y estoy de acuerdo con el siguiente Manual de Liderazgo de *Celebremos la Recuperación*.
- Asistiré mensualmente a las reuniones de líderes de *Celebremos la Recuperación*.
- Haré todo lo posible por mantener las cinco reglas de *Celebremos la Recuperación* en mis reuniones de Grupo Pequeño.
- Oraré por cada persona de mi grupo.
- Oraré por la unidad, la salud y el crecimiento de mi iglesia.
- Aplastaré el chisme con la verdad.
- Continuaré trabajando en mi recuperación personal y en brindar apoyo al grupo.
- Desarrollaré otra persona para que sea mi colíder.
- Seguiré las normas de la directiva de la iglesia para mantener la integridad moral.

Firma

____________________________ Líder

____________________________ Pastor

Fecha ____________________________

Normas de la directiva de Saddleback para el mantenimiento de la integridad moral establecidas por el pastor Rick (1986)

1. No visitará a ninguna persona del sexo opuesto en su hogar si está sola.
2. No aconsejará a alguien del sexo opuesto solo en la oficina.
3. No dará consejo a nadie del sexo opuesto más de una vez sin su cónyuge. Refiéralos.
4. No saldrá a comer con persona alguna del sexo opuesto.
5. No besará a ningún asistente del sexo opuesto ni mostrará excesivo afecto que pudiera ser cuestionado.
6. No discutirá problemas sexuales en detalles con el sexo opuesto durante la consejería. Refiéralos.
7. No discutirá sus problemas matrimoniales con ningún asistente del sexo opuesto.
8. Será muy cuidadoso al responder tarjetas y cartas provenientes del sexo opuesto.
9. Hará a su secretario(a) su aliado(a) protector(a).
10. Orará por la integridad de los demás miembros de la directiva.

"Entre ustedes ni siquiera debe mencionarse la inmoralidad sexual, ni ninguna clase de impureza o de avaricia, porque eso no es propio del pueblo santo de Dios.

(Efesios 5:3)

Celebremos la Recuperación
en el
Café Roca Sólida

VIERNES
De 9:00 a 10:30 p.m. en el Salón 402

- Fabuloso Compañerismo
- Delicioso Café
- Maravillosa Música

Café donado por Haute Caffe
Donación $1.00

Celebremos la Recuperación

BARBACOA

VIERNES
De 6:00 a 7:00 p.m.

Comidas a la Barbacoa

- PERROS Recuperación $2.00
- SALCHICHAS Serenidad $3.00
- HAMBURGUESAS Negación $3.00
- POLLO 12 Pasos $3.50

Fabuloso Compañerismo

- Gran oportunidad para compartir unos con otros
- Excelente tiempo para encontrar un mentor o socio a quien rendir cuentas

Celebremos la Recuperación

Guía Para El Líder de Grupo Pequeño

1. Mantenga su testimonio enfocado en sus propios pensamientos y sentimientos. Por favor, limite su testimonio a 3-5 minutos.

2. Evite la conversación individual, por favor. Esta ocurre cuando dos individuos se involucran en un diálogo excluyendo al resto del grupo. Cada persona es libre de expresar sus sentimientos sin interrupción.

3. Estamos aquí para apoyarnos mutuamente. No intentaremos arreglar a nadie.

4. Anonimato y confidencialidad son los requisitos básicos. ¡Lo que se habla en el grupo no debe salir del mismo!

5. El lenguaje ofensivo no tiene lugar en un grupo de recuperación Cristo-céntrico.

Celebremos la Recuperación

¡Bienvenidos recién llegados!

El propósito de Celebremos la Recuperación en nuestra iglesia es compartir y celebrar el poder sanador de Dios en nuestras vidas a través de los Ocho principios y los Doce pasos Cristo-céntricos. Esta experiencia nos permite cambiar. Abrimos las puertas para compartir nuestras experiencias, fortalezas y esperanzas. Además, estamos dispuestos a aceptar la gracia de Dios al solucionar nuestros problemas.

Al trabajar los doce pasos y aplicar sus principios bíblicos, comenzamos a crecer espiritualmente. Nos convertimos en personas libres de conductas adictivas, compulsivas y disfuncionales. Esta libertad crea paz, serenidad, alegría y lo más importante, una sólida relación personal con Jesucristo y con otros.

A medida que progresamos a través de los principios descubrimos nuestro perdonador, personal y amoroso alto poder: Jesucristo.

Bienvenido a una asombrosa aventura espiritual.

***Celebremos la Recuperación* en Grupos pequeños PUEDE:**

• Brindarle un lugar seguro para compartir sus experiencias, fortalezas y esperanzas con otros que están participando de una recuperación Cristo- céntrica.

• Proveer un líder que ha pasado a través de heridas, complejos o hábitos similares, que facilitará al grupo enfocarse en un principio particular cada semana. El líder también mantendrá las cinco reglas de *Celebremos la Recuperación*

• Ofrecerle la oportunidad de encontrar un compañero a quien rendir cuentas o un mentor.

• Animarle a asistir a otras reuniones de recuperación que se celebren durante la semana.

***Celebremos la Recuperación* en Grupos Pequeños NO:**

• Intentará ofrecer ningún consejo profesional clínico. Nuestros líderes no son consejeros. Le daremos una lista de consejeros aprobados.

• Permitirá a sus miembros intentar arreglarse mutuamente.

Celebremos la Recuperación

Los doce pasos para abuso físico/sexual.

PASO UNO: Admitimos que somos impotentes ante nuestro pasado y como resultado nuestras vidas se han hecho inmanejables.

PASO DOS: Creemos que Dios puede restaurarnos a la integridad y reconocemos de que podemos confiar en que siempre su poder nos traerá salud e integridad a nuestras vidas.

PASO TRES: Tomamos la decisión de volver nuestras vidas y nuestra voluntad al cuidado de Dios, reconociendo que no siempre hemos entendido Su incondicional amor. Escogemos creer que Él nos ama, que es digno de confianza y que nos ayudará a entenderlo en la medida que busquemos Su verdad (su Palabra).

PASO CUATRO: Hacemos un minucioso y audaz inventario moral de nosotros mismos, reconociendo que todos los errores pueden ser perdonados. Renunciamos a la mentira de que el abuso fue nuestra falta.

PASO CINCO: Admitimos ante Dios, ante nosotros mismos y ante otro ser humano, la exacta naturaleza de nuestros errores en el curso de la vida. Esto incluirá tanto los actos cometidos contra mí como los que yo perpetré a otros.

PASO SEIS: Al aceptar la limpieza de Dios podemos renunciar a nuestra vergüenza. Ahora estamos listos para que Dios elimine esas distorsiones de carácter y los defectos.

PASO SIETE: Humildemente pedimos a Dios que quite nuestros defectos incluyendo nuestra culpa. Nos liberamos de nuestro temor y nos sometemos a Él.

PASO OCHO: Hacemos una lista de todas las personas que nos han dañado; estamos dispuestos a buscar la ayuda de Dios para perdonar a nuestros perpetradores así como también perdonarnos a nosotros mismos. Reconocemos que también hemos dañado a otros y estamos dispuestos a hacer enmiendas.

PASO NUEVE: Extendemos el perdón a nosotros y a nuestros victimarios, entendiendo que esto es una actitud del corazón, no siempre una confrontación. Hacemos enmiendas directas a todos los que hemos dañado, excepto si el hacerlo resultara dañino a ellos o a otros.

PASO DIEZ: Continúo haciendo un inventario personal según van apareciendo nuevos recuerdos. Seguimos renunciando a nuestra culpa y vergüenza, pero cuando estamos equivocados lo admitimos enseguida.

PASO ONCE: Continuamos buscando a Dios a través de la oración y la meditación en Su Palabra para mejorar nuestro entendimiento de Su carácter. Oramos por el conocimiento de Su verdad en nuestras vidas, Su voluntad para nosotros y Su poder para llevarla a cabo.

PASO DOCE: Al experimentar un despertar espiritual cuando aceptamos el amor y la sanidad de Dios a través de estos pasos, tratamos de llevar este mensaje de esperanza a otros. Practicamos estos principios a medida que nuevos recuerdos y aspectos van surgiendo declarando las promesas de Dios de restauración e integridad.

Celebremos la Recuperación

Los doce pasos para una persona adicta y compulsiva

VERSIÓN TERGIVERSADA

1. Yo (y no nosotros) declaré que estaba en completo control de mi adicción/compulsión; que mi vida estaba muy bien, excelente, muchas gracias.

2. Yo siempre supe que no había un poder más grande que el mío, pero, que todos ustedes necesitaban ser restaurados a la cordura.

3. Yo tomé la decisión de volver mi vida y mi voluntad al cuidado de mi conducta adictiva/compulsiva porque era lo único que conocía.

4. Yo hice un inventario INMORAL superficial y paranoico de cualquiera, menos de mí mismo.

5. No admitía nada a nadie, nunca.

6. Yo estaba completamente listo para hacer que Dios te castigara por todos tus defectos de carácter.

7. Humildemente le pedí a Dios que molestara a algún otro (no a mí).

8. Hice una lista de todas las personas que me habían dañado y tomé la decisión de vengarme de todas ellas.

9. Tomé venganza directa cada vez que tuve la oportunidad, especialmente cuando esto los dañara o perjudicara a ellos o a otros.

10. Continué haciendo el inventario de otras personas y cuando se equivocaban enseguida se los recalcaba.

11. Yo busqué en el alcohol/otras drogas/relaciones/comida/sexo/etc. mantener un contacto inconsciente conmigo mismo, orando sólo por lo que quería, cuando quería, y para obtenerlo.

12. Luego de obtener una MUERTE ESPIRITUAL como resultado de estos pasos traté de llevar este mensaje a otros adictos/compulsivos y tomar conmigo tantos de ellos como pudiera.

Celebremos la Recuperación
Co-dependencia y vida cristiana

Superficialmente los mensajes de co-dependencia suenan como enseñanzas cristianas.

"Los co-dependientes siempre ponen a otros primero antes de cuidar de sí mismo." (¿No debe el cristiano poner a otros primero?)

"Los co-dependientes se entregan ellos mismos." (¿No debe el cristiano hacer lo mismo?)

"Los co-dependientes se hacen mártires." (El cristianismo honra sus mártires.)

Estas declaraciones suenan conocidas, ¿no es cierto? Entonces, ¿cómo podemos distinguir entre co-dependencia (lo cual es insano para los co-dependientes y los dependientes) y fe madura lo cual es sano?

La co-dependencia dice:

- Yo tengo poco o ningún valor.
- Otras personas y situaciones tienen más valor que yo.
- Debo complacer a otros sin importar el costo que yo o mis valores, deban pagar.
- Yo estoy colocado para ser usado por los demás sin protesta.
- Debo entregarme yo mismo.
- Si declaro cualquier derecho para mí mismo, soy egoísta.

Jesús enseñó el valor del individuo. Él dijo que amáramos a otros como a nosotros mismos, no más de eso. El amor a sí mismo forma la base del amor a otros. Las diferencias entre una vida de servicio y co-dependencia toma varias formas.

Las motivaciones difieren. ¿El individuo da su servicio y a sí mismo por libre elección o porque se considera sin valor? ¿Busca "complacer a la gente"? ¿Lo mueve el temor o la culpa? ¿Es movido para cubrir una necesidad o para hacerse necesario? Esto significa que realmente él usa a la otra persona para lograr sus propias metas; el ayudado se convierte en objeto del ayudador para que este alcance sus propósitos.

- El servicio es una elección activa. La persona actúa. El co-dependiente reacciona.
- La conducta de los co-dependientes es adictiva en lugar de ser balanceada. Las adicciones controlan la persona en vez de ser esta quien esté a cargo de su propia vida.

Celebremos la Recuperación
Encubridor

Encubrir es reaccionar ante una persona a modo de evitar que esta experimente el completo impacto de las consecuencias perjudiciales de su conducta. Encubrir difiere de ayudar en que permite o facilita a la persona ser irresponsable.

PROTECCIÓN de las consecuencias naturales de la conducta.

MANTENER SECRETOS relacionados con las conductas de otros para tratar de conservar la paz.

HACER EXCUSAS de la conducta. (Ante la escuela, amigos, autoridades, trabajo, otros miembros familiares.)

LIBERTAD CONDICIONAL de los problemas. (Deudas, pagar multas, abogados, proveer trabajo.)

CULPAR A OTROS por la conducta dependiente de la persona. (Amigos, profesores, jefes, familiares, UNO MISMO.)

VER EL PROBLEMA COMO EL RESULTADO DE CUALQUIER OTRO. (Timidez, adolescencia, soledad, niñez, divorcio.)

ELUDIR la adicción de la persona para mantener la paz. (Fuera de la vista, fuera de la mente.)

DAR DINERO INMERECIDO/NO GANADO.

INTENTAR CONTROLAR. (Planificar actividades, escoger amigos, buscar trabajo.)

HACER AMENAZAS incumplidas o inconstantes.

CUIDAR de la persona adicta. (Hacer lo que él o ella deben realizar por sí mismos.)

Celebremos la Recuperación

Patrones de búsqueda de aceptación

____ Yo (y no nosotros) declaré que estaba en completo control de mi adicción/compulsión; que mi vida estaba muy bien, excelente, muchas gracias.

____ Me siento culpable de los sentimientos y de las conductas de otros.

____ Tengo dificultad para identificar lo que siento.

____ Tengo miedo de mi ira, todavía irrumpe en furia.

____ Me preocupa la manera en que otros pueden reaccionar a mis sentimientos, opiniones y conducta.

____ Soy indeciso.

____ Tengo miedo de ser herido y/o rechazado por otros.

____ Minimizo, altero o niego cómo me siento realmente.

____ Soy muy sensible a lo que otros sienten y percibo lo mismo.

____ Tengo temor de expresar sentimientos u opiniones diferentes.

____ Valoro las opiniones y los sentimientos de otros más que las mías.

____ Pongo las necesidades y deseos de la gente antes que los míos.

____ Me siento incómodo al recibir reconocimiento, elogios o regalos.

____ Juzgo duramente cada cosa que pienso, digo o hago, como si "nunca fuera suficientemente buena".

____ Soy perfeccionista.

____ Soy extremadamente noble y permanezco en situaciones dañinas durante mucho tiempo.

____ No pido a otros suplir mis necesidades o deseos.

____ No me percibo a mí misma como una persona amable y digna.

____ Comprometo mis valores y mi integridad para evitar el rechazo y la ira de la gente.

Celebremos la Recuperación

¿Qué es la co-dependencia?

- Mis buenos sentimientos acerca de quién soy provienen de ser amado(a) por ti.
- Tu oposición afecta mi serenidad. Mi atención mental se enfoca en resolver tus problemas o aliviar tu dolor.
- Mis pensamientos están concentrados en complacerte.
- Toda mi energía está dirigida a protegerte.
- Mi autoestima es reafirmada al aliviar tu dolor.
- Mis preferencias e intereses son puestos de lado.
- Tu vestimenta y apariencia personal están dictadas por mis deseos porque pienso que tú eres un reflejo de mí.
- No estoy consciente de cómo yo siento sino de cómo tú sientes.
- No estoy consciente de lo que quiero. Te pregunto qué quieres. No razono. Asumo.
- Mis sueños del futuro están ligados a los tuyos.
- Mi temor al rechazo determina lo que digo o hago.
- El temor a tu ira condiciona lo que digo o hago.
- Doy como una forma de sentirme seguro(a) en nuestra relación.
- Mi círculo social disminuye a medida que me involucro contigo.
- Pongo mis valores de lado para conectarme con los tuyos.
- Valoro tu opinión y forma de hacer las cosas más que las mías.
- La calidad de mi vida está en relación directa a la calidad de la tuya.

Celebremos la Recuperación

RENOVACIÓN DE LA ADICCION SEXUAL. (RAS)

Renovación de la Adicción Sexual (RAS) es un grupo de recuperación Cristo-céntrico para hombres que buscan recuperarse de la lujuria y de conductas sexuales compulsivas. La piedra angular de nuestra recuperación es el amor y el poder de Jesucristo. Nuestra "casa" de recuperación está construida sobre el compañerismo del grupo, teniendo un lugar seguro para compartir nuestras luchas, dolores, victorias, el rendir cuentas al grupo y el apoyo mutuo del mismo durante la semana.

¿Cómo sabe si RAS es para usted? Ofrecemos las siguientes observaciones que son una verdad para nosotros.

Compartimos la experiencia común de involucrarnos en conductas sexuales las cuales son desmoralizantes y degradantes para nosotros mismos u otros, ante las cuales parece que somos incapaces de detenernos, a pesar de las consecuencias adversas para nuestras vidas. Hemos sacrificado relaciones, trabajos o a nosotros mismos y aún continuamos enredados en estos dañinos y compulsivos comportamientos sexuales.

Muchos de nosotros compartimos una historia común de algún tipo de abuso infantil. Nos gritaron o nos dijeron que éramos indignos, estúpidos o feos. Hoy reconocemos esto como una forma de abuso emocional. Fuimos desatendidos, rebajados o golpeados con objetos. Hoy reconocemos que esto es abuso físico. Finalmente fuimos tocados, manoseados, sujetados o forzados a actividades sexuales. Hoy llamamos a esto abuso sexual. Cualquiera haya sido el abuso sufrido, aprendimos que para sobrevivir, teníamos que encontrar la forma de no sentir el aplastante e intolerable dolor.

Instintivamente edificamos muros alrededor de nuestros corazones. La lujuria es una pared mágica que nos da la ilusión de acercamiento. Aunque nos sentimos a salvo, quedamos solos dentro de nuestra propia prisión. Inconscientemente sabíamos que de alguna forma teníamos defectos que éramos diferentes de los otros seres humanos y no normales. El sexo con nosotros mismos o con otros nos daba la ilusión de aceptación y la cura a nuestra baja auto estima. Necesitábamos un suministro constante de actividad sexual para permanecer curados. La lujuria es vivir. Esta se convirtió en la cosa más importante en nuestras vidas. Algunos de nosotros estábamos dispuestos a arriesgar y perder cualquier cosa para alcanzarla y mantenerla. Sólo cuando estuvimos cara a cara ante la verdad de que la lujuria era una mentira estuvimos dispuestos a dejarla ir. La lujuria promete conectarnos a otros y hacernos completos. Pero, nunca lo hace.

Nuestra esperanza:

Hemos aceptado que no podemos controlar nuestras conductas y pensamientos lujuriosos con nuestras propias fuerzas. Hemos aprendido que a través del poder de Jesucristo viviremos vidas sobrias, un minuto a la vez y un día a la vez. Si usted se identifica con estos aspectos y si está cansado de su lucha, entonces lo invitamos a compartir con nosotros mientras diariamente buscamos la guía del Señor en nuestro viaje de Renovación de la Adicción Sexual.

Adaptado y condensado de RAS de "El problema" y "La solución"

Celebremos la Recuperación
Grupo nuevo de desórdenes alimenticios

- ¿Los pensamientos acerca de la comida ocupan la mayor parte de su tiempo?
- ¿Está preocupado(a) porque quiere verse más delgado?
- ¿Ha tratado repetidamente de hacer dietas sólo para sabotearlas?
- ¿Se ejercita excesivamente para quemar calorías?

¡Aquí tiene la solución!

"Desórdenes alimenticios" Cristo-céntrico
Grupo de recuperación basado en el estímulo
y rendir cuentas
Comience pronto
Tendremos un invitado especializado en la materia

Cuidado de niños disponible.
Llame a nuestra iglesia para obtener más información

Celebremos la Recuperación
Grupo de Desórdenes Alimenticios

¡Bienvenido!

El propósito de este grupo de recuperación es vencer los efectos dolorosos de los desórdenes alimenticios. Para lograr este fin nos apoyamos mutuamente como una familia. Buscamos aplicar a nuestras vidas y a nuestras relaciones las enseñanzas bíblicas de los ocho principios y los doce pasos.

Bienvenido nuevamente. No podemos arreglar sus problemas y no intentamos vivir su vida. Lo aceptaremos y lo amaremos. Éste es un lugar seguro.

Cuando asistimos a nuestra primera reunión, muchos de nosotros teníamos sentimientos variados. Nos alivió al encontrar un lugar donde la gente podía entender nuestro dolor y desesperanza. Estábamos enojados por tener que buscar ayuda y por no poder manejar esta parte de nuestras vidas. Nos sentíamos solos y avergonzados del aspecto que había tomado nuestra vida. Teníamos secretos que nos negábamos a comentar.

Nuestro grupo no es de terapia ni de estudio. Es un grupo de recuperación Cristocéntrico. NO DAMOS CONSEJERIA. Compartimos nuestras experiencias, fortalezas y esperanzas.

Aquí aprendemos una nueva forma de vivir. Aprendemos, a experimentar a nuestro propio ritmo, y de una manera saludable, la intimidad y el compañerismo con otros. Aprendemos a confiar, a pedir la satisfacción a nuestras necesidades, a decir "no" cuando es conveniente, a expresar nuestros sentimientos y a perseverar cuando queremos escapar.

Aquí nadie nos culpa por lo que hemos hecho ni por lo que aún estamos haciendo. Aquí tenemos un puerto seguro para sanar y estamos agradecidos. El único requisito para pertener a nuestro grupo es el deseo de cambiar nuestros dañinos hábitos alimenticios.

Aquellos de nosotros que hemos experimentado cambios en el estilo de vida a través del programa le ofrecemos este reto: Este programa funciona cuando completamos el trabajo con la ayuda y supervisión de un mentor o un compañero a quien rendir cuentas. Si no lo ha encontrado lo invitamos a buscarlo, a completar la tarea en la Guía para el participante de Celebremos la Recuperación y a comentarla con su mentor o con su compañero para rendir cuentas.

¡Estamos muy contentos de tenerlo aquí! Le invitamos a vivir un día a la vez y a regresar.

¡Funciona!

Celebremos la Recuperación

BIENVENIDO A CASA

Veteranos en recuperación del desorden de Stress Post-Traumático.

Principales síntomas del desorden de Stress Post- Traumático (DSPT).

Existe un número de respuestas primarias de DSPT que exhibimos como resultado de nuestra experiencia en el sureste de Asia y de regreso en Estados Unidos (o Canadá). Psicólogos y psiquiatras que trabajaron con el Programa de Veteranos Americanos Incapacitados hicieron la lista siguiente.

La mayoría de los veteranos de Vietnam muestra sólo algunas de estas respuestas. Las respuestas principales del DSPT son:

- Depresión
- Cinismo y desconfianza del gobierno y la autoridad
- Ira.
- Alienación
- Trastornos del sueño
- Preocupación por los valores humanos recubiertos de hedonismo
- Tendencia a reaccionar a la tensión con tácticas de supervivencia
- Pérdida temporal de alguna habilidad física o emocional
- Autoestima negativa
- Trastornos de la memoria
- Restricción emocional
- Hipersensibilidad a la justicia
- Pérdida del interés por el trabajo y otras actividades
- Problemas con las relaciones íntimas
- Culpa del sobreviviente
- Dificultad con las figuras autoritarias
- Extremadamente alerta
- Eludir actividades que traen a la memoria traumas en la zona de guerra
- Distanciamiento emocional de los hijos, esposa y otros
- Pensamientos y sentimientos suicidas
- Escenas retrospectivas de Vietnam
- Fantasías de represalia y destrucción
- Patrones de conducta autoengañantes y autopunibles que inhabilitan el hablar de las experiencias de la guerra, temor de perder a otros y tendencia a adaptarse a la furia

Algunas de estas respuestas a la tensión retardada pueden parecer conocidas para usted y para los más cercanos a usted. Pero usted y ellos pueden negar estas reacciones cuando aparecen.

Celebremos la Recuperación

Recuperemósnos con nuestros niños

Larry Hamilton, M.A., M.F.C.C.

Taller de seis semanas SOLO PARA PADRES

Los Lunes 7-9 p.m. - Salón 210

Primera semana: Convertir la ira en fronteras, límites y definiciones.

Segunda semana: Convertir la culpa en confesión, perdón y dirección.

Tercera semana: Convertir el desamparo y el control en un examen real.

Cuarta semana: Convertir el miedo en seguridad.

Quinta semana: Convertir los sentimientos de abandono en confrontación y honestidad.

Sexta semana: Convertir los sentimientos de inutilidad y de no ser amado en aceptación y amor.

Celebremos la Recuperación

Mujeres co- dependientes en una relación con hombres sexualmente adictos – MCHSA

El concepto de la adicción sexual y su causa es desconocido para mucha gente. En este grupo usamos los Ocho Principios y los Doce Pasos, así los co-dependientes pueden enfrentar su propia negación y conducta mientras van ganando perspicacia y conocimiento de la adicción de su cónyuge.

Los co-dependientes pueden tener las siguientes experiencias:

- Tener un cónyuge que hace continuas llamadas a los números "900" (sexo telefónico).
- Tener una pareja que actualmente tiene o ha tenido una aventura extra marital.
- Estar viviendo una aventura.
- Tratar estos aspectos con molestia y abuso por parte del cónyuge.
- Tener una pareja con aventuras homosexuales.
- Cónyuge que ve videos de carácter sexual y compra revistas pornográficas.
- Tener una pareja que tiene sexo con prostitutas.

La obsesión sexual del cónyuge llega al punto de la autoagresión.

A través de un grupo de recuperación Cristo-céntrico, los co-dependientes pueden lograr lo siguiente:

1. Permitir a los co-dependientes escuchar las falsas creencias y luchas de otros co-adictos.
2. Aprender sanamente los roles y reglas para la familia con valores cristianos.
3. Obtener información acerca de la sexualidad y las relaciones sanas.
4. Romper con la negación y con otros patrones familiares.
5. Estímulo por parte del grupo para encontrar paz, fortaleza y gracia a través de una relación personal con Jesucristo.
6. Construir relaciones sanas al encontrar amor y aceptación en un lugar seguro para compartir.

Celebremos la Recuperación
Hombres en recuperación de abuso físico/sexual.

Este es un grupo Cristo-céntrico de recuperación para hombres que fueron víctimas de abuso físico/sexual en el pasado. Una de las llaves del éxito de los programas de recuperación es reunir personas con experiencias similares que también tienen metas y objetivos parecidos. Nuestra experiencia común es una historia de abuso y nuestra meta es comenzar o mantener la recuperación. Para nosotros la recuperación tiene dos aspectos. Necesitamos sanar de los traumas que nos hicieron en el pasado y también necesitamos sanar de la influencia que estas experiencias pasadas continúan teniendo en el presente.

Para el recién llegado, el programa puede ser un lugar para reconocer aspectos centrales resultantes de su abuso pasado. También puede recibir validación y una comprensión que lo ayudarán a elegir acciones apropiadas en respuesta a las circunstancias de su vida.

Para "los de casa" estos hombres que tienen las mismas luchas pero que ya comenzaron el camino a la recuperación, pueden proveer un lugar en el cual continuar su proceso de recuperación.

Uno de nuestros objetivos es brindar un sano ambiente de apoyo. El líder solo no puede lograrlo, tiene que ser con el esfuerzo del grupo. Respetamos y reconocemos el derecho de cada hombre a estar donde necesita estar en su camino a la recuperación. Reconocemos la sensibilidad que necesitamos tener con cada miembro de este grupo.
Por lo tanto, tenemos algunos recordatorios que no son ofensivos pero que resguardan la seguridad y el anonimato de cada asistente." "Lo que escuche aquí, déjelo aquí."

Como en cualquier otro grupo de recuperación Cristo-céntrico, creemos que por nuestra participación al escuchar activamente, comentar y aplicar los pasos y los principios a nuestra vida, el Espíritu Santo nos guiará a un mayor entendimiento, salud e integridad.

No estamos aquí para leer, predicar, arreglar ni dar terapia. Estamos aquí para contar nuestra historia. No reunimos para compartir nuestras debilidades porque es a través de ellas que adquirimos fortaleza. Eclesiastés 4:9-12 (NVI) dice: "Más valen dos que uno porque obtienen mas fruto de su esfuerzo. Si caen, el uno levanta al otro. ¡Ay del que cae y no tiene quien lo levante! Si dos se acuestan juntos entrarán en calor; uno solo ¿cómo va a calentarse? Uno solo puede ser vencido, pero dos pueden resistir. ¡La cuerda de tres hilos no se rompe facilmente!

Rendir cuentas es otra ventaja que tiene reunirnos como grupo. Podemos ver los adelantos que otros honestamente nos dicen de su recuperación. "Los de casa" o los mentores pueden ayudarnos a ver dónde estamos estancados o proveernos una segura "caja de resonancia" que podremos escuchar nosotros mismos.

Desarrollar un sistema de apoyo es integral al programa. Encontramos que no estamos solos. Otros nos cuentan historias similares. El apoyo puede extenderse al incluir llamadas telefónicas a otros miembros dispuestos del grupo. El apoyo también puede incluir buscar un mentor para recibir estímulo adicional.

Una importante ventaja es la oración de apoyo. Podemos unirnos en oración contra cualquier fortaleza de Satanás que nos esté alejando de la madurez cristiana o limitando nuestra recuperación.

Cuando nos reunimos compartimos los regalos espirituales.

Una última ventaja es que juntos multiplicamos el ser testigos de Jesucristo. No somos un accidente. Dios nos creó para reflejar la gracia y el amor de Jesucristo en la medida en que nos movemos hacia nuestra recuperación.

Celebremos la Recuperación
Mujeres en recuperación de abuso físico/sexual.

Este es un grupo Cristo-céntrico de recuperación para mujeres que fueron víctimas de abuso físico/sexual en el pasado. Una de las llaves del éxito de los programas de recuperación es reunir personas con experiencias similares que también tienen metas y objetivos comunes. Nuestra común experiencia es una historia de abuso y nuestra meta es comenzar o mantener la recuperación. Para nosotros la recuperación cubre dos aspectos. Necesitamos sanar de los traumas que nos hicieron en el pasado y también necesitamos sanar de la influencia que estas experiencias pasadas continúan teniendo en el presente.

Para la recién llegada, el programa puede ser un lugar para reconocer aspectos centrales resultantes de su abuso pasado. También puede recibir validación y más comprensión que la ayudarán a elegir acciones apropiadas para practicar los principios y pasos entre otras mujeres cristianas.

Para "las de casa" estas mujeres que tienen las mismas luchas pero que ya comenzaron el camino a la recuperación, pueden proveer un lugar para continuar su proceso de recuperación.

Uno de nuestros objetivos es brindar un sano ambiente de apoyo. La líder sola no puede lograrlo, tiene que ser con el esfuerzo del grupo. Respetamos y reconocemos el derecho de cada mujer a estar donde necesita estar en su camino a la recuperación. Reconocemos la sensibilidad que necesitamos tener con cada miembro de este grupo.

Por lo tanto, tenemos algunos recordatorios que no son ofensivos pero que resguardan la seguridad y el anonimato de cada mujer presente." "Lo que escuche aquí, déjelo aquí."

Como en cualquier otro grupo de recuperación Cristo-céntrico, creemos que por nuestra participación al escuchar activamente, comentar y aplicar los pasos y los principios a nuestra vida, el Espíritu Santo nos guiará a un mayor entendimiento, salud e integridad.

No estamos aquí para leer, predicar, arreglar ni dar terapia. Estamos aquí para contar nuestra historia. Nos reunimos para compartir nuestras debilidades porque es a través de ellas que adquirimos fortaleza. Eclesiastés 4:9-12 (NVI) dice: "Más valen dos que uno porque obtienen mas fruto de su esfuerzo. Si caen, el uno levanta al otro. ¡Ay del que cae y no tiene quien lo levante! Si dos se acuestan juntos entrarán en calor; uno solo ¿cómo va a calentarse? Uno solo puede ser vencido, pero dos pueden resistir. ¡La cuerda de tres hilos no se rompe facilmente!

Rendir cuentas es otra ventaja que tiene reunirnos como grupo. Podemos ver los adelantos que otras honestamente nos dicen de su recuperación. "Las de casa" o las mentoras pueden ayudarnos a ver dónde estamos estancadas o proveernos una segura "caja de resonancia" que podremos escuchar nosotras mismas.

Desarrollar un sistema de apoyo es integral al programa. Encontramos que no estamos solas. Otras nos cuentan historias similares. El apoyo puede extenderse al incluir llamadas telefónicas a otros miembros dispuestas del grupo. El apoyo también puede incluir buscar una mentora para recibir estímulo adicional.

Una importante ventaja es la oración de apoyo. Podemos unirnos en oración contra cualquier fortaleza de Satanás que nos esté alejando de la madurez cristiana o limitando nuestra recuperación.

Cuando nos reunimos compartimos los regalos espirituales.

Una última ventaja es que juntas multiplicamos el ser testigos de Jesucristo. No somos un accidente. Dios nos creó para reflejar la gracia y el amor de Jesucristo en la medida en que nos movemos hacia nuestra recuperación.

Nos agradaría recibir noticias suyas.
Por favor, envíe sus comentarios sobre este libro
a la dirección que aparece a continuación.
Muchas gracias.

Vida@zondervan.com
www.editorialvida.com